Warum Ödipus keinen Ödipus-Komplex und Adonis
keinen Schönheitswahn hatte

Andreas Marneros

Warum Ödipus keinen Ödipus-Komplex und Adonis keinen Schönheitswahn hatte

Psychoanalyse und griechische Mythologie – eine Beziehungsklärung

Andreas Marneros
Bonn, Deutschland

ISBN 978-3-662-56730-2   ISBN 978-3-662-56731-9 (eBook)
https://doi.org/10.1007/978-3-662-56731-9

Die Deutsche Nationalbibliothek verzeichnet diese Publikation in der Deutschen Nationalbibliografie; detaillierte bibliografische Daten sind im Internet über http://dnb.d-nb.de abrufbar.

© Springer-Verlag GmbH Deutschland, ein Teil von Springer Nature 2018
Das Werk einschließlich aller seiner Teile ist urheberrechtlich geschützt. Jede Verwertung, die nicht ausdrücklich vom Urheberrechtsgesetz zugelassen ist, bedarf der vorherigen Zustimmung des Verlags. Das gilt insbesondere für Vervielfältigungen, Bearbeitungen, Übersetzungen, Mikroverfilmungen und die Einspeicherung und Verarbeitung in elektronischen Systemen.
Die Wiedergabe von Gebrauchsnamen, Handelsnamen, Warenbezeichnungen usw. in diesem Werk berechtigt auch ohne besondere Kennzeichnung nicht zu der Annahme, dass solche Namen im Sinne der Warenzeichen- und Markenschutz-Gesetzgebung als frei zu betrachten wären und daher von jedermann benutzt werden dürften.
Der Verlag, die Autoren und die Herausgeber gehen davon aus, dass die Angaben und Informationen in diesem Werk zum Zeitpunkt der Veröffentlichung vollständig und korrekt sind. Weder der Verlag noch die Autoren oder die Herausgeber übernehmen, ausdrücklich oder implizit, Gewähr für den Inhalt des Werkes, etwaige Fehler oder Äußerungen. Der Verlag bleibt im Hinblick auf geografische Zuordnungen und Gebietsbezeichnungen in veröffentlichten Karten und Institutionsadressen neutral.

Umschlaggestaltung: deblik Berlin

Gedruckt auf säurefreiem und chlorfrei gebleichtem Papier

Springer ist ein Imprint der eingetragenen Gesellschaft Springer-Verlag GmbH, DE und ist ein Teil von Springer Nature
Die Anschrift der Gesellschaft ist: Heidelberger Platz 3, 14197 Berlin, Germany

Wir sind nur die Interpreten von Interpretationen.

(Platon – Montaigne – George Steiner, Philosophen
von der griechischen Antike bis zur Gegenwart)

*Es gibt also nie von vornherein eine analytische Theorie, auf die man sich
stützen könnte, sondern im Nachhinein eine mögliche Theoriebildung,
immer unumgänglich, aber nie gesichert.*

(François Roustgang, französischer Philosoph und ehemaliger Psychoanalytiker,
ehemaliges Mitglied der Freud'schen Schule von Paris)

*Es gibt den analytischen Diskurs: spitzfindig, gekünstelt kompliziert, um Sie,
den Nicht-Analytiker, zu verblüffen und auf Distanz zu halten …*

(So beginnt die französische Psychoanalytikerin Christiane Olivier ihr Buch „Jokastes
Kinder. Die Psyche der Frau im Schatten der Mutter")

Der Umgang mit einem Ernährer

Man muss prinzipiell und trotz aller Vorbehalte der Psychoanalyse dankbar sein; es gibt viele und gewichtige Gründe dafür. Einer davon ist, dass sie einen Beitrag dazu leistet, dass der griechische Mythos bis in unsere Zeit – die unter anderem eine Zeit des intellektuellen Fast Food ist – lebendig und wirksam bleibt. Aber auch die Rolle des griechischen Mythos für die Psychoanalyse ist immens. Um es im Geiste von George Steiner auszudrücken: Die Psychoanalyse nährt sich vom griechischen Mythos. Eine besondere Beziehung zwischen den beiden ist schon zu Beginn der Psychoanalyse entstanden und hat bis heute Bestand. Und so ist die Neugierde, zu erfahren, wie die Psychoanalyse ihren Ernährer behandelt, mehr als berechtigt.

Bei genauerer Betrachtung der Art, wie Psychoanalytiker mit dem griechischen Mythos umgehen, drängen sich einige Fragen auf, die mit der Glaubwürdigkeit psychoanalytischer Methoden und der Zuverlässigkeit von theoriebildenden und komplexschöpfenden Psychoanalytikern zu tun haben. Bei allem Respekt vor den Leistungen der Psychoanalyse müssen manche bohrende und manchmal unangenehme Fragen gestellt werden, um die Beziehung zwischen Psychoanalyse und griechischem Mythos zu klären. Die schwerwiegendsten aller diesbezüglichen Fragen sind die folgenden drei, die eng miteinander verbunden sind:

Gibt es eine Beziehungsstörung zwischen diesen beiden Kulturgütern des Abendlandes?

Gibt überhaupt ein konkreter griechischer Mythos das her, was eine konkrete psychoanalytische Theorie behauptet?

Und die letzte Frage, die gravierendste:

> Wird der griechische Mythos manchmal gebeugt, um ihn passend zu einer bestimmten Theorie zu machen?

Auf der Suche nach Antworten auf diese Fragen wird eine Expedition in die original-griechischen und in lateinische Quellen griechischer Mythen unternommen, um exemplarische psychoanalytische Theorien, die sich in der Form von Komplexen konkretisieren, zu beleuchten. Die Ergebnisse dieser Expedition werden in diesem Buch dargestellt.

Bonn
Februar 2018

Andreas Marneros

Danksagung

Frau Professor Dr. Anke Rohde und Dr. Valenka Dorsch gilt mein herzlicher Dank für die Lektorierung und wertvolle Anregungen.

Inhaltsverzeichnis

1	**Mythos und Mitos**	1
	Die enttäuschte Faszination und die andauernde Dankbarkeit	1
	Der griechische Mythos – ein Archetypenarchiv der Menschheit	3
	Der Ernährer der Psychoanalyse. Aber wer ist gemeint?	5
2	**Der Königs-Komplex**	11
	Freuds „Heureka!"	11
	Der Stoff einer Tragödie, die Geschichte eines Opfertäters	21
	An Freuds Quelle	28
	Die Erfindung des Ödipus-Komplexes: Fragen über Fragen!	38
3	**Der Iokaste-Komplex**	49
	Die Entdeckung von Iokastes vaginalen Lustgefühlen	49
	Eine Beziehung zwischen Michelangelo und Iokaste	55
	Die arme Iokaste	58
4	**Laios und die Komplexe der drei Väter**	61
	Der Laios-Komplex – des Ödipus-Komplexes Vater	61
	Der Minos-Komplex - Wie man zum Vater eines Monsters gemacht wird	67
	Josef, Maria und Jesus – die Vorbilder der geteilten Elternzeit	76

5	**Der Antigone-Komplex**	79
	Antigone an der Grenze	79
	Antigone, die Ikone der Anorexie?	83
	Antigone, ein Symbol der Subordination?	85
	Antigone und Athena: Starke Frauen oder schwache Vaterkomplex-Trägerchen?	88
	Athena, vor der Himmel und Erde erschaudern	91
	Antigone, die Mutterlose oder die Furchtlose?	93
6	**Elektra: Des Ödipus geistige Schwester**	99
	Der Elektra-Komplex	99
	Die verschiedenen Elektras	108
	Und was nun? Hat Elektra einen Elektra-Komplex oder nicht?	116
7	**Der Orestes-Komplex**	123
	Der Orestes der „Eumeniden"	124
	Euripides Orestes	125
	Der verneinte Komplex	127
	Der umstrittene Komplex	129
8	**Der Medea-Komplex**	133
	Medea, eine Vorstellung	133
	Zur Quelle des Medea-Komplexes	137
	Der Medea viele Komplexe	145
	Ein Exkurs zum Medea-Syndrom	155
9	**Der Achilles-Komplex**	159
	Ödipus soll einen Achilles-Komplex haben! Die Sexualserienmörder auch!	159
	Der Achilles-Mythos. Aber … welcher Mythos?	162
10	**Der Midas-Komplex**	175
	Eigentlich müsste es eine klare Sache sein	175
11	**Der Prometheus-Komplex**	181
	Der Schicksalsmythos des Abendlandes in den Händen der Psychoanalyse	181
	Wie Freud Prometheus Riesenpenis entdeckt. Und den Verzicht auf Homosexualität	184

Erziehung als Beherrschung und der Schöpfer-Komplex	189
Der Prometheus-Komplex als Ödipus-Komplex des intellektuellen Lebens	192
Die DDR auf der Couch. Diagnose „Prometheus-Komplex"!	194

12 Der Ikaros- und der Solar-Komplex 199
Geflogen oder nicht geflogen 199
Der Ikaros-Komplex 203

13 Der Persephone-/Kore-Komplex 209
Das Grundthema des Mythos 209
Persephone im „Homerischen Hymnos an Demetra" 210
Persephone bei Ovid 214
Die Komplexe der Psychoanalyse 216
Der Persephone-Komplex und das monosexuelle Kind 217
Der Persephone-Komplex als Angst vor dem Verlust der Jungfräulichkeit 219

14 Der Pygmalion-Komplex 223
Ein multifunktionaler König aus Zypern 223

15 Der Adonis-Komplex 231
Der Adonis-Mythos 231
Ein Adonis-Komplex voll zwanghafter Überzeugungen 233
Ein etwas anderer Adonis-Komplex 237

16 Der Phädra-Komplex 239
Die Geschichte von Phädra und Hippolytos 239
Der Phädra-Komplex 242

17 Der Mitos des Mythos 245

Bibliografische Anmerkungen 247

Sachverzeichnis 257

1

Mythos und Mitos

Die enttäuschte Faszination und die andauernde Dankbarkeit

Das Wort Mitos löst bei mir immer eine Gedankenkette aus: „Ariadne → Theseus → Minotauros → Labyrinth → Rettung!". Es handelt sich um den berühmten „Ariadne-Mitos", besser bekannt als „der Faden der Ariadne". Und im Alltagssprachlichen noch besser bekannt als „der rote Faden". Mit diesem „Faden" hat das kluge Mädchen Ariadne ihren geliebten Theseus aus den Irrgängen der Behausung von Minotauros geleitet, ihn aus dem dunklen Labyrinth gerettet. Nach vollendetem Werk, nach dem Sieg über den anthropophagen Halbmenschen Minotauros, führte der Ariadnefaden Theseus zum hellen, rettenden Ausgang.

So etwas habe ich mir auch erhofft — Licht und Ausgang und Rettung aus den Irrungen und Wirrungen einer Faszination. Und so nahm ich den Mitos des Mythos und machte mich auf zu einer ganz persönlichen Expedition, deren Etappen und Stationen manchen bekannt sein könnten; ich werde sie noch benennen.

Doch zunächst will ich zu erklären versuchen, was ich mit diesem zugegebenermaßen etwas kryptischen Beginn meine. Zuerst das mit der Faszination:

Die Faszination war eine studentische. Sie entstand damals, zu unserer Studentenzeit in unseren Studentenbuden. Damals, das waren die sechziger und siebziger Jahre des vorigen Jahrhunderts. Und damals waren das Denken, die Hoffnungen, die Sehnsüchte der meisten Studenten revolutionär orientiert. Auch meine. Allerlei Haltungen und allerlei Heilslehren wurden von uns als Ausdruck revolutionären Denkens etikettiert und bewundert, nicht selten unkritisch. Auch die Psychoanalyse gehörte dazu und wurde somit von uns adoptiert. Sicherlich, aus heutiger Sicht und mit heutigem Wissensstand würde man unser damaliges Wissen darüber als rudimentär, als embryonal bezeichnen, ja auch als tendenziös angelegt. Was es wohl auch war. Und dazu noch naiv. Aber gerade das machte die Faszination umso größer. Freud gehörte zu unseren Helden, neben unseren anderen damaligen – unbewaffneten und bewaffneten – Helden. Letztere waren die bekannten politischen Revolutionäre des zwanzigsten Jahrhunderts. Mit dem wenigen Geld, was wir zur Verfügung hatten und das nicht einmal für richtiges Essen reichte, kauften wir in preiswerten Editionen auf holzigem Papier auch Freuds Werke. „Das Unbehagen in der Kultur", „Totem und Tabu" und manch anderer Titel – alle in griechischer Übersetzung – begleiteten meine vielen Umzüge. Ein halbes Jahrhundert lang.

Die Faszination der Theorien Freuds überlebte allerdings das Damals nicht lange. Nachdem ich mit meiner Ausbildung als Psychiater begonnen hatte, entdeckte ich eine ganz andere Realität des Psychischen. Die studentische, sich als revolutionär wähnende Faszination der Psychoanalyse nahm ab. Die Reifung der Intellektualität und die Vermehrung des eigenen Wissens taten ein Übriges: Die Faszination verlor schließlich ihre Strahlkraft und vor allem ihre Überzeugungskraft vollständig. Sie brach zusammen, und ich fühlte mich von ihr enttäuscht, getäuscht und verraten. Und so wurde ich zu einem Kritiker, gar einem Apostaten, einem Abtrünnigen also. Gerade merke ich, dass mir beim Schreiben spontan und ohne jegliches Nachdenken der griechischstämmige, religiös gefärbte Begriff „Apostat" und nicht der synonyme, aber neutrale deutsche Begriff „Abtrünniger" eingefallen ist. Hat etwa die Verbindung mit der Religion eine tiefere, eine freudianische Bedeutung?

Aus *„Freuds Mythographie der Seele"*,[1,2] blieb in mir viel Mythographie – im wörtlichen und übertragenen Sinne. Aber wenig Freud'sche Psychographie und noch weniger Psychopathographie.

---

[1] So George Steiner S. 13.
[2] Alle Zitate im Text sind kursiv geschrieben.

Der griechische Mythos – ein Archetypenarchiv der Menschheit

Und dann ist da diese Geschichte mit den griechischen Mythen. Es gibt eine verblüffende Übereinstimmung zwischen den Gelehrten, von der Antike bis zur Gegenwart, die Walter Jens treffend so formuliert hat: *„Der griechische Mythos, dachte ich vor Jahren in einem Gespräch mit Albert Camus …, das ist vielleicht die einzige, die letzte und unverlierbare Sprache, in der wir uns noch verständigen können"*. Es ist seit Jahrhunderten eine Erkenntnis von allgemeiner Gültigkeit geworden: Die griechischen Mythen transportieren Botschaften durch die Äonen, von Menschen zu Menschen, von Epoche zu Epoche[3]. Für alle Menschen, nicht nur für wenige Eingeweihte. In allen Epochen, nicht nur in der vergleichsweise kurzen postpsychoanalytischen Zeitperiode.

Zur Zeit ihrer Entstehung, meist schon lange bevor die Schrift sie verewigte, hatten die Mythen klare praktische Ziele: zu informieren, zu erklären, zu erziehen und auch zu unterhalten. Sie wurden vorgetragen im hellen griechischen Licht der Agora, des Marktplatzes also, vor allen Menschen – viele davon waren Marktfrauen und Bauern, Hirten und Laufburschen – und nicht nur vor den auserwählten Mystagogen, den Besitzern des Geheimwissens, in halbdunklen Mysteriengewölben. Um ihren klaren Ziele zu erreichen – zu informieren, zu erklären, zu erziehen und auch zu unterhalten – mussten die Mythen klare Botschaften beinhalten. Sie mussten einfach strukturiert, anschaulich formuliert und leicht verständlich sein. Sonst hätten sie ihre Ziele kläglich verfehlt, ihre Botschaften wären in der Dunkelheit verloren gegangen, auch für uns. Die Menschen, die sie erdachten und erzählten, und die Menschen, die zuhörten und sie ihrerseits weitererzählten, sprachen eine einfache Sprache. Sie verstanden auch nur eine einfache Sprache. Hesiod, einer der Ur-Väter der Mythologie, der seine Werke selbst als didaktisch und erzieherisch bezeichnete, war ein einfacher Hirte. Ganz anders aber Gedanken und Sprache der – im Sinne Steiners – *„psychoanalytischen Mythographen"*, den Mystagogen der Neuzeit: Nur Eingeweihte in den tiefenpsychologischen Mysterien können ihre Deutungen einigermaßen verstehen. Als ich damals den verschlungenen Wegen der psychoanalytischen *„Mythographie der Seele"* folgte, die eigentlich zum Licht führen sollten, habe ich mich in den dunklen Labyrinthen der idiosynkratischen Auslegung der Mythen fast

---
[3]S. Marneros: „Feuer für ausgebrannte Helden...".

immer verloren gefühlt. Ein Beispiel dafür ist etwa Sigmund Freuds „*Die Gewinnung des Feuers*"[4].

Meine Beziehung zu meiner jugendlichen intellektuellen Liebe bleibt bis jetzt ambivalent, fast antithetisch. Wut und Dankbarkeit gleichzeitig. Dankbarkeit wofür?

Oh, es gibt viele Gründe, warum ich, warum wir alle der Psychoanalyse gegenüber Dankbarkeit empfinden müssen. Ja, Dankbarkeit! Eine Dankbarkeit, die unabhängig davon sein sollte, ob wir noch zu deren Gläubigen oder schon zu den Apostaten und Ungläubigen gehören.

Dankbarkeit etwa, weil sie neue, weitere Horizonte des menschlichen Denkens ermöglicht hat.

Dankbarkeit, weil sie neue Wege des Verständnisses eröffnet hat.

Dankbarkeit. weil sie uns von manchen Restriktionen befreit hat.

Dankbarkeit, weil sie uns manche Ängste genommen hat.

Dankbarkeit trotz allem.

Dankbarkeit aber auch wegen manchen spezifischen Günden.

Einer der spezifischen Dankbarkeitsgründe ist die Transfer- und Rettungsfunktion der Psychoanalyse. Bestandteile der Ursprünge unserer abendländischen Kultur nämlich werden auf dem Floß der Psychoanalyse bis in unsere Tage transferiert und damit gerettet. Wichtige Passagiere, die auf dem psychoanalytischen Transferfloß mitfahren, kommen aus der unerschöpflichen Schatzkammer der griechischen Mythologie. So trägt die Psychoanalyse dazu bei, dass die mythischen Schätze nicht Gefahr laufen, in unserer digitalisierten, pragmatisch-optimierten Gesellschaft des intellektuellen Fast Food völlig unterzugehen. Sicherlich ist es nicht das alleinige Werk der Psychoanalyse, dass der griechische Mythos lebt und unsere Kultur prägt; dass er nicht zum esoterischen Wissen von Feininteressierten, von Hochgebildeten oder gar ausschließlich von Experten mutiert.

Zweifelsohne tragen viele Faktoren dazu bei. Der wichtigste ist der griechische Mythos selbst, dieses Transportvehikel von panepochalen und pankulturellen, ja pananthropischen Botschaften, so wie Walter Jens es ausdrückte. Darüber hinaus sind die griechischen Mythen ein Archiv psychologischer Archetypen der Menschheit, die bis jetzt und wahrscheinlich bis in alle Zukunft in uns und in unserem Alltag erkennbar sind[5]. Also keineswegs

---

[4]S. Kapitel „Der Prometheus-Komplex".

[5]S. Marneros: „Mein Bruder Sisyphos, mein Freund der Minotauros. Archetypen der griechischen Mythologie psychologisch erzählt".

das alleinige Werk der Psychoanalyse, aber <u>auch</u> das der Psychoanalyse. Man braucht nur die unzähligen psychoanalytischen Bücher und Publikationen in den verschiedensten Sprachen dieser Welt anzuschauen, die griechische Mythen als Bestandteil oder Ausgangspunkt gewählt haben.

Der griechische Mythos ist in der Tat ein Ernährer der Psychoanalyse, wie George Steiner uns anschließend sagen wird.

Der Ernährer der Psychoanalyse. Aber wer ist gemeint?

Die Beziehung zwischen Psychoanalyse[6] und griechischem Mythos ist also eine reziproke: die Psychoanalyse trägt zum Transfer des griechischen Mythos in die Gegenwart bei, aber sie nährt sich auch von ihm. Um wieder mit George Steiners Worten zu sprechen: *„Die Psychoanalyse nach Freud und Jung hat sich buchstäblich von griechischen Mythen genährt. Sie hat das Archaische zum Rohmaterial und zur Substanz der Kontinuitäten der menschlichen Psyche gemacht .... Immer mehr können wir in den modernistischen Bewegungen des Abendlandes einen Hunger nach 'Anfängen', nach einer Rückkehr zu archaischen, vor allem griechischen Quellen wahrnehmen."*

Damit ist eine besondere Beziehung zwischen Psychoanalyse und griechischem Mythos unverkennbar. Ich habe mich aber gefragt:

> **Einige Fragen**
> Wie gut ist die Beziehung zwischen den beiden?
> Ist das eine intakte und harmonische Beziehung? Oder handelt es sich doch um eine Beziehungsstörung?
> Und eine für manchen vielleicht ketzerische Frage: Könnte es sogar sein, dass manche Psychoanalytiker den griechischen Mythos ungewollt, aus Unwissen oder Halbwissen oder gar gewollt beugen, um eine Beziehung zwischen ihm und ihrer eigenen Theorie herzustellen?

---

[6]Um eine Kompliziertheit des Textes und Beeinträchtigung des Lesensflusses zu vermeiden sind mit dem Begriff „Psychoanalyse" auch die „Analytische Psychologie" C. G. Jungs und, wenn auch selten, andere tiefenpsychologische Richtungen gemeint.

Und dann habe ich mir bei der genaueren Betrachtung der psychoanalytischen Interpretationen von griechischen Mythen weitere damit verbundene Fragen gestellt:

> **Weitere Fragen**
>
> Welcher Mythos ist jeweils gemeint?
>   Welche der unterschiedlichen, manchmal widersprüchlichen Variationen eines Mythos war Objekt der jeweiligen psychoanalytischen Theoriebildung bzw. Fernanalyse?

Um diese Fragen zu beantworten, habe ich mich vor einigen Jahren auf eine Expedition mit fünf Etappen gemacht. Den Ertrag jeder Etappe habe ich niedergeschrieben. Manche davon sind manchen schon bekannt[7]. Zuerst erforschte ich die Mythen, die Gegenstand der griechischen Tragödien sind. Das bot sich an: Der König der psychoanalytischen Komplexe, der Ödipus-Komplex, entspringt schließlich aus Sophokles „König Ödipus". Und auch andere Komplexe, wie etwa Elektra-, Iokaste-, Laios-, Orestes-, Prometheus-, Antigone- oder Phädra-Komplex, um nur einige zu nennen, haben ihre Wurzeln in den Werken der drei großen griechischen Tragiker – Äschylos, Sophokles, Euripides. Das war meine erste Etappe[8]. Dann ging die Suche weiter, durch die Werke des Ur-Vaters der abendländischen Kultur, durch die Werke Homers also. Das waren die zweite und dritte Station[9,10]. Als vorletzte, vierte, Etappe vor der Endstation der Expedition folgte schließlich ein Streifzug durch die Synthesen verschiedener Mythenvariationen, so wie sie bis in unsere Zeit überliefert wurden. So etwa als „der" Sisyphos-Mythos oder „der" Minotauros-Mythos oder „der" Midas-Mythos usw.[11] Mit „der" meine ich eine Synthese der verschiedenen Variationen zu einem mythischen Thema. „Der" Mythos nämlich als eine einzige Form, ohne jegliche Variation, ist selten, sehr selten. Die Regel ist, dass es verschiedene Variationen gibt, mit häufig voneinander abweichenden Inhalten, ja sogar variierenden Namen, Topographien, Mitwirkenden bis hin zu Variationen hinsichtlich des Geschlechts der Akteure. Das ist

---

[7] Wir werden ihnen manchmal während dieser Etappe als zitierte Quellen begegnen.

[8] Was ich dabei gelernt und gefunden habe, findet sich in „Irrsal! Wirrsal! Wahnsinn! Pesönlichkeit, Psychose und psychische Konflikte in Tragödien und Mythen".

[9] Sie wurden von mir dokumentiert in: „Homers Ilias psychologisch erzählt. Der Seele erste Worte" und in

[10] „Homers Odyssee psychologisch erzählt. Der Seele erste Irrfahrt".

[11] „Mein Bruder Sisyphos, mein Freund der Minotauros".

kein Wunder, wenn man Folgendes berücksichtigt: Die meisten der griechischen Mythen sind zwischen 4000 und 3000 Jahre alt, selten jünger als 2500 Jahre. Viele von ihnen wurden uns aber überliefert als variierender Stoff durch jüngere literarische, mythographische, philosophische oder gar theologische Werke, über historische oder geographische Darstellungen, wie auch als Nacherzählungen durch epigonale Schreiber der römischen, der frühchristlichen, der byzantinischen oder sogar der spätbyzantinischen Zeit. Neukreationen und Auslassungen, Divergenzen und Widersprüche, Verkürzungen und Erweiterungen, Vereinfachungen und Bereicherungen sind deshalb unvermeidbar.

Aber genau das macht die exakte Benennung der Quelle zur conditio sine qua non bei jeder theoriebildenden Berufung auf *„den Mythos"*!

Ein Zusammenflicken verschiedener Mythenvariationen, um daraus ein Patchwork zu kreieren, mag in vielerlei Hinsicht behilflich und legitim sein. Aber nicht, um daraus eine konsequenzenreiche psychoanalytische – oder auch sonstige – Theorie abzuleiten, die bei einer anderen Mythosvariation eventuell ihr Gegenstück fände!

Was ich damit sagen will: Wenn jemand ein Syndrom, einen Komplex, eine Theorie aus einem Mythos ableitet, dann muss er offenlegen, welchen Mythos in welcher Variation aus welcher Quelle er meint.

Nehmen wir ein zufälliges Beispiel, nehmen wir den Ikaros-Komplex. Will jemand aus dem Ikaros-Mythos einen Ikaros-Komplex ableiten, dann ergibt sich etwas Unterschiedliches, je nachdem ob der Komplexschöpfer beispielsweise Apollodor oder Ovid oder Diodor als Quelle heranzieht. Und etwas anderes, falls er sich auf Paläphatos oder Pausanias beruft. Und wiederum etwas ganz anders, wenn man Hyginus folgt. Leitet man die Theorie von den ersten beiden Autoren ab, dann ist die Basis die Geschichte des Jungen, der den Rat des Vaters missachtet, zu hoch fliegt und ins Meer stürzt. Geht man von Diodors „Historischer Bibliothek" aus, dann ist die Erstellung <u>eines</u> Komplexes unmöglich: Zuerst berichtet er nämlich, Ikaros habe den Tod beim unvorsichtigen Aussteigen aus einem Fluchtschiff gefunden; fühlt sich dann aber verpflichtet, auch die *„so unglaubliche Fabel"* seinen Lesern nicht vorzuenthalten, nämlich die mit dem Flug und dem Sturz. Paläphatos wiederum erklärt den Tod des Ikaros als eine Folge der Verfolgung durch Minos Flotte, wobei Ikaros Schiff kenterte. Auch Pausanias führt den Tod des Jugendlichen auf ein Schiffsunglück zurück, allerdings verursacht durch die Unerfahrenheit des Ikaros. Und Hyginus schließlich weiß überhaupt nichts von all diesen Unglücken, sondern berichtet, dass Vater Dädalos – ob mit dem Sohn Ikaros zusammen, enthält er uns vor – durch den dankbaren Theseus wieder in seine Vaterstadt Athen zurückgebracht wurde[12].

Es stellt sich also die große Frage: Woraus wird dann der Ikaros-Komplex abgeleitet?

Der Inhalt des Komplexes muss kompatibel sein mit der jeweiligen Variation eines Mythos. Mindestes mit einer! Anders also als bei der genannten vierten Etappe meiner Expedition musste ich bei der letzten, der fünften Etappe, meine Suche darauf richten, die möglichst unverfälschte „Original-Variation" des Mythos zu finden – übrigens des Öfteren in Originalsprache.

Bei der Untersuchung der Beziehung zwischen griechischen Mythen und Psychoanalyse gibt es allerdings noch ein weiteres Problem: Es gibt kaum einen bekannten und weitverbreiteten griechischen Mythos, der nicht von irgendeinem Psychoanalytiker zu irgendeiner Zeit in irgendeinem Land psychoanalysiert wurde. Hätte ich mich bei meiner Expedition bei jeder mythisch-psychoanalytischen Begegnung aufgehalten, dann hätte ich das Endziel kaum erreicht. Ich habe mich also entschieden, nicht alle mythisch-psychoanalytischen Darstellungen, sondern nur „Komplexe" – damit sind eponyme psychoanalytische Komplexe gemeint – zu berücksichtigen, die aus einem griechischen Mythos abgeleitet wurden. Dazu habe ich auch in ganz wenigen Fällen meiner Suche kurz angehalten, etwa bei Freuds „Gewinnung des Feuers" oder Léon Wurmsers „Pygmalions Psychoanalyse"; wenn faktisch ein Komplex gemeint und beschrieben, aber nicht als solcher benannt wurde. Allerdings erwies sich selbst die Konzentration auf „Komplexe" nicht unbedingt als leichtes Unterfangen. Bis Ende der fünfziger Jahre des vorigen Jahrhunderts sollen nämlich 95 (!) solche eponymen Komplexe beschrieben worden sein[13]. Eine Auswahl nach Wichtigkeits- bzw. Bekanntheitsgrad musste also stattfinden. Dies habe ich versucht. Die Auswahl werde ich in den kommenden Kapiteln vorstellen. Und manchmal, wenn die Autoren von „Syndrom" sprechen, aber aus der Beschreibung erkennbar ist, dass sie „Komplex" meinen, habe ich es ebenfalls in meine Komplexe- Sammlung aufgenommen.

---

[12] S. Kapitel „Der Ikaros- und der Solar-Komplex".
[13] S. Vaessen MIJ.

An dieser Stelle noch eine wichtige Klarstellung:

> **Das Ziel**
>
> Das Ziel dieses Buches ist es zu klären, ob der Schöpfer/die Schöpferin eines psychoanalytischen Komplexes sich unabhängig von der Richtigkeit der darin enthaltenen Theorie berechtigterweise auf den namensgebenden griechischen Mythos beruft. Oder ob dieser angepasst oder gar gebeugt wurde, um ihn mit der kreierten Theorie kompatibel zu machen. Die inhaltliche Trefflichkeit der diskutierten Komplexe steht hier also nicht zur Debatte. Auch zu ihrer Existenz wird keine Stellung genommen – selbst wenn es mir manchmal schwerfallen wird.
>
> Neutralität ist geboten. Man folgt dabei, ein bisschen scherzhaft ausgedrückt, dem Abstinenz-Prinzip der Psychoanalyse. Allerdings hoffe ich auf Nachsicht für manche kleinen Seitenhiebe, nur so für die Würze.

Doch bevor wir zu den einzelnen Komplexen kommen, noch ein Letztes:

Es ist sicherlich richtig, dass kein Mythos konkretistisch verstanden werden darf – dann ist er kein Mythos mehr.

Kein Mythos darf zur rigiden monolithischen Überlieferung werden – dann ist er keine Botschaft mehr.

Wahr ist aber auch, dass kein Mythos manipuliert werden darf, um Theorien und Ansichten zu untermauern – dann wird aus der Weisheit der Urquelle eine manipulierte Meta-Erzählung.

Kein Mythos darf gebeugt werden, um passend für eine Theorie oder Ansicht gemacht zu werden. Denn dann ist der griechische Mythos – frei nach George Steiner – nicht mehr der segensreiche Ernährer, sondern das misshandelte und missbrauchte Opfer. Auch der Psychoanalyse.

Und auch folgendes ist richtig:

Über den mythischen Wolken ist die Deutungsfreiheit grenzenlos!

Das ist Segen und Fluch zugleich.

Segen, weil dadurch das Denken, die Kreativität, die Fantasie, die bisherigen Horizonte erweitert werden.

Fluch, weil dadurch der wissenschaftliche Beweis durch Interpretation, vielleicht könnte man sogar sagen Glauben, ersetzt wird.

Mit dieser Erkenntnis soll hier die angekündigte letzte Etappe der Expedition in das Reich von Mythos und Psyche starten.

2

Der Königs-Komplex

Freuds „Heureka!"

König Ödipus von Theben[1] wurde von der Psychoanalyse auch zum König der tiefenpsychologischen Komplexträger auserkoren. Bekanntermaßen war Sigmund Freud höchstpersönlich der Königsmacher. Und dann erreichte der Ödipus-Komplex die höchste Stufe der Anerkennung: Er wurde zur Existenzberechtigung der Psychoanalyse überhaupt. Kein Ödipus-Komplex, keine Psychoanalyse! Diese These vertrat Anna Freud[2] – Tochter, Verwalterin, Erbin, Analysandin und Exegetin des Vaters. Und noch dazu – mindestens nach Ansicht der Wiener Psychoanalytiker – des Vaters ödipale Antigone. Beides, Annas Ansichten zu Ödipus und die der Wiener-Psychoanalytiker zu Anna-Antigone, werden uns in Kürze wieder begegnen.

Beim erstmaligen Lesen von Freuds initialer Mitteilung zu seiner Entdeckung, die er mit den Worten ankündigte „*Ein einziger Gedanke von allgemeinem Wert ist mir aufgegangen*"[3], hatte ich spontan eine bildhafte Assoziation: Der berühmte Sprung des Archimedes aus der Badewanne,

---

[1] Eigentlich ist die ältere deutsche Schreibweise des Namens, Oidipous nämlich, richtiger, weil sie näher am griechischen Original (Οἰδίπους) ist.

[2] Wie uns Jeffrey M. Masson versichert, Herausgeber der ungekürzten Briefe Sigmund Freuds an Wilhelm Fließ und Mitglied des Direktoriums des Freud-Archivs, und zwar in seinem Buch: „Was hat man dir, du armes Kind, getan?"

[3] Brief Freuds an Wilhelm Fließ von 15. Oktober 1897, nachzulesen entweder in Freuds: „Anfänge der Psychoanalyse 1887–1902. Briefe an Wilhelm Fließ", oder in. Masson: „Sigmund Freud. Briefe an Wilhelm Fließ. 1887–1904. Ungekürzte Ausgabe".

wie er dann nackt durch die Straßen von Syrakus läuft und ruft: „*Heureka! Heureka!*" – „*Ich hab's gefunden! Ich hab's gefunden!*". In auf mich ähnlich wirkender Manier verkündete Sigmund Freud Ende des 19. Jahrhunderts seine Entdeckung: Er habe selbst einen Ödipus-Komplex! Genauso wie Ödipus einen gehabt habe – König Ödipus, der aus Sophokles Tragödie. Doch nicht nur Ödipus und er selbst! Jeder, aber jeder „*menschliche Neuankömmling*" auf Erden habe einen Ödipus-Komplex, wobei Freud offensichtlich „menschlich" mit „männlich" gleichsetzt.

Als erstes verkündete Freud sein Heureka seinem sehr guten Freund Wilhelm Fließ aus Berlin – einem damals noch sehr guten Freund, später jedoch verstoßen und verschwiegen. Bald darauf tat Freud seine Entdeckung der ganzen Welt kund. Und seitdem, seit Ende des 19. Jahrhunderts bis heute, 21. Jahrhundert, beherrscht sie nicht nur die psychoanalytische Welt. Sie wurde in den meisten Sprachen der Welt verkündet. Allerdings nicht immer philharmonisch, sondern auch kakofonisch, nicht immer wortgetreu, sondern auch modifiziert, paraphrasiert und manchmal bis zur Unkenntlichkeit entstellt. Und manchmal wird sie auch von Psychoanalytikern als Waffe gegen Psychoanalytiker eingesetzt.

Freuds Heureka – inzwischen hatte es auch offiziell den Namen „Ödipus-Komplex" bekommen – wurde zur tragenden Säule der vom Entdecker des Komplexes[4] gegründeten bzw. mitbegründeten Psychoanalyse. Freuds Heureka erreichte viele weitere Kreise; auch die seiner Kritiker und Polemiker. Und derjenigen Anhänger, die zwar den Komplex kritisierten, aber Freud ansonsten verehrten. Auch Kreise gebildeter Laien – oder die, die sich für solche hielten – nahmen den Komplex des Ödipus in ihr Inventar auf. Auf dem Boulevard wurde Freuds Heureka ebenfalls gesichtet, allerdings nicht ganz ungeschminkt und nicht immer unentstellt. Manche stellten Freuds Ödipus neben Jesus und erklärten beide zu „*Sinngestalten der westlichen Kultur*"![5]

---

[4]Was ein Komplex ist, wissen vermutlich viele Leser dieses Buches. Diese Fußnote ist für die, die es gerne vollständig haben. Der Begriff „Komplex" wurde in der Psychiatrie vom Hallenser Psychiater Theodor Ziehen (1894) eingeführt und dann intensiv vom Züricher Psychiater C. G. Jung verwendet. Die verschiedenen tiefenpsychologischen Richtungen verwenden den Begriff in verschiedenen Variationen. Die Komplettierungspflicht muss den gemeinsamen Nenner aller Komplex-Verständnisse finden, der so aussehen könnte: Als Komplex wird in der Tiefenpsychologie eine Gruppe von Vorstellungen, in der Regel verdrängte, verstanden, die als zusammenhängendes Ganzes in gegenseitiger Verbindung stehen und das Denken, Fühlen und Handeln eines Menschen, vorbei an seiner bewussten Kontrolle, beeinflussen. Komplexe entstehen in der Regel aus konflikthaften Situationen der frühen Kindheit.

[5]Etwa Gerhard Vinnai tut es, in seinem Buch „Jesus und Ödipus", S. 7.

Ob der alte König damit einverstanden wäre? Und vor allem: Ob der weise[6] Sophokles seine Freude daran hätte?

Auf jeden Fall ist der Ödipus-Komplex zu einer Art von Quintessenz der Psychoanalyse geworden, wenn man Anna Freuds Behauptung Glauben schenken will. Sie schrieb im Jahre 1981 an Jeffrey Masson, dass die Preisgabe des Ödipus-Komplexes der Preisgabe *„der gesamten Bedeutung der bewussten wie der unbewussten Phantasien"* gleichkäme. *„Danach hätte es meines Erachtens keine Psychoanalyse mehr gegeben."*[7]

Erstaunlich ist, wie einfach und unkompliziert, trotz der verwirrenden Literaturschlacht, die hyperkomplexen Wünsche des Ödipus-Komplexes zu formulieren sind:

Tod dem Vater, Sex mit der Mutter!

Kein Wunder also, dass diese aufregende tiefenpsychologisch fundierte „sex and crime story" die Gemüter so bewegt.

Solche ungeheuerlichen Wünsche sollen wir alle, die das Kreuz der Männlichkeit tragen, einmal gehabt haben? Ja doch, sagt Freud, ausnahmslos alle. Wir wollen es bloß nicht wahrhaben.

Glückliche, blütenreine Mädchen, dachte ich damals als junger Mann bei meinen ersten Begegnungen mit der neu entdeckten Faszination. Und ich war dabei voll des Neides und der Scham. Von wegen glückliche blütenreine Mädchen, rief mir später die weitere Lektüre psychoanalytischer Literatur zu. Die Erfindungskraft von freier Assoziation und kreativer Komplexschöpfung hat mich eines Besseren belehrt: Mädchen haben zwar keinen Penis, dafür aber den Penisneid. Und sie haben auch einen Ödipus-Komplex, allerdings mit gegensätzlichen Adressaten und unter anderem Namen. Aber dazu später mehr.

Auch wenn diese geschlechtliche Gleichberechtigung kein Trost für die Kreuzträger der Männlichkeit ist, kann uns etwas Anderes beruhigen: kleinkindliche Wunschfantasien entdeckter ödipaler Abscheulichkeiten schaffen normalerweise nicht den Sprung in die Wirklichkeit. Tragisch allerdings ist, dass Ödipus, der König, einen Schritt weiter ging als andere phantasierende Knaben. Im Gegensatz zum (fast) gesamten männlichen Rest der Menschheit der letzten vier Jahrtausende hat er sich die ihm von Freud attestierten frühkindlichen Wünsche vollständig erfüllt.

Er hat in der Tat seinen Vater ermordet und seine Mutter geehelicht!

---

[6]So soll das Orakel von Delphi Sophokles einmal bezeichnet haben!
[7]Nachzulesen in Jeffrey M. Masson: „Was hat man dir, du armes Kind, getan?" S. 135–136.

Und so etwa drei, vier Jahrtausende später bekamen die Knabenphantasien auch einen Namen: Den des Königs! Und somit wurden sie der bis dahin diesbezüglich ignoranten Menschheit namentlich bekannt.

Mit diesem Komplex des Königs und dem König der Komplexe und seiner Geschichte wollen wir – und das müssen wir auch – uns ausnahmsweise ausführlicher beschäftigen als mit allen anderen nachkommenden Komplexen. Ich bitte um Verständnis dafür.

Die kurze Geschichte einer Entdeckung

Leonard Jackson wundert sich – offensichtlich aber bloß scheinheilig –, warum alle vom Ödipuskomplex sprächen, nicht aber von anderen Protagonisten der griechischen Tragödien, die mit Ödipus vergleichbare, beeindruckende und erdrückende Lebensgeschichten aufzuweisen hätten. Und er fragt[8]: *„Warum sprechen wir nicht auch von einem Agamemnon-Iphigenia-Komplex, dem Klytämnestra-Komplex, dem Agave-Komplex, dem Medea-Komplex, dem Alkestis-Komplex?"*[9]. Abgesehen davon, dass manche der Komplexe, die er als nicht beschrieben annimmt, doch beschrieben wurden, kennt der scheinheilig fragende Jackson auch gleich die Antwort der Freudianischen Psychoanalyse darauf: *„Der Ödipus-Komplex ist einfach zentral in der menschlichen Natur und die anderen nicht."*[10]

Was ist es, was in der menschlichen Natur so zentral sein soll? Fassen wir in aller Kürze zusammen, was uns Unmengen von Literatur beigebracht haben:

> **Der Komplex, der zentral in der menschlichen Natur sein soll**
> In seiner ursprünglichen Form besagt der Ödipus-Komplex folgendes: In einer früheren Genitalphase (etwa zwischen dem 3. und 4. Lebensjahr, mal etwas früher, mal etwas später) entwickelt der kleine Junge Inzestwünsche der Mutter gegenüber, für den Vater aber Hass- und Eifersuchtsgefühle.

---

[8] S. Kapitel „Der Antigone-Komplex", Abschnitt „Antigone, ein Symbol der Subordination?".
[9] Deren Schicksale kann ich hier nicht erzählen, aber ich habe es schon bei der im Einführungskapitel erwähnten ersten Station meiner Expedition getan. Man findet es in dem dort zitierten Buch „Irrsal! Wirrsal! Wahnsinn!".
[10] Leonard Jackson, wie vorher.

Diese gegensätzlichen Gefühle den Eltern gegenüber bleiben für den Jungen nicht ohne Konsequenz. Der Vater, Objekt des Hasses und der Eifersucht, ist nämlich für den kleinen hassenden und eifersüchtigen Jungen ein übermächtiger und gefährlicher Rivale. Davor hat der Knabe Angst, er fürchtet etwa die Kastration als Strafe. Gelingt es ihm nicht bald, sich über sein dunkles Geheimnis Klarheit zu verschaffen und sich davon zu lösen, sondern schleppt er es mit sich durchs Leben, dann hat er Probleme.

Er wird ein Fall für den Psychiater! Eventuell sogar für den Richter! So wie Ödipus ein Fall sowohl für die göttliche als auch für die menschliche Justiz wurde.

Der Ödipus-Komplex erfuhr wie viele andere Theorien, Vermutungen, Spekulationen oder gar echte Entdeckungen im Verlauf der Jahre manche Entwicklungen und Variationen, Zustimmungen und Anfeindungen, Akzeptanzen und Ablehnungen. Sicherlich ist alles das sehr interessant, zumindest teilweise, aber für das Ziel dieses Buches muss es ohne Bedeutung bleiben.

> **Zur Kompatibilität mit dem Mythos**
>
> Ziel des Buches ist es, wie vorher angekündigt, zu klären, ob der Schöpfer/die Schöpferin eines psychoanalytischen Komplexes sich unabhängig von der Richtigkeit der darin enthaltenen Theorie berechtigterweise auf den namensgebenden griechischen Mythos beruft. Oder ob dieser angepasst oder gar gebeugt wurde, um ihn mit der kreierten Theorie kompatibel zu machen.
>
> Deswegen soll hier jede Beschäftigung mit der Frage der inhaltlichen Trefflichkeit des Ödipus-Komplexes – wie auch aller anderer ausgewählten Komplexe – vermieden werden.

Wann und wie kam es eigentlich zu Freuds Verkündung der Ödipus-Komplex-Entdeckung?

Wenn nicht alles täuscht, war es am 15. Oktober 1897, mit – vermutlich – erstem Adressat Wilhelm Fließ[11].

Auch das „Wie" der Entdeckung ist durch den Entdecker bestens bekannt geworden: Erstens durch Zurückgreifen auf Erinnerungen an seine nackte Mutter in einer fernen, fernen Zeit, und zweitens durch seine Selbstanalyse[12].

---

[11] In dem bekannten Brief, w. o.
[12] Ebenda.

Es muss noch dazu gesagt werden, dass die Ankündigung der Freud'schen Entdeckung eine Vorgeschichte hatte, eine sehr kurze, genauer gesagt eine nur zwölftägige, allerdings nicht weniger sensationell als das eigentliche Heureka. Sigmund Freud schreibt offenbar erstmals davon in einem Brief vom 3. Oktober 1897 an seinen *„teuren Wilhelm"*[13].

An dieser Stelle sei eine kurze Parenthese gestattet, um den damals *„teuren Wilhelm"* und vermutlich ersten Empfänger der bahnbrechenden Botschaft aus Wien vorzustellen. Dieser war ein Otorhinolaryngologe, Facharzt für Hals-Nasen-Ohren-Heilkunde also. Wilhelm Fließ war darüber hinaus auch Liebhaber — und manchmal sogar Urheber — verschiedener Skurrilitäten. So etwa entwickelte er eine Theorie, dass Nasenbluten mit der Menstruation wie auch der Masturbation in Verbindung stehe. Er habe eine Beziehung zwischen Nase und weiblichen Geschlechtsorganen entdeckt. Er glaubte, dass Sexualprobleme durch chirurgische Eingriffe an der Nase gelöst werden könnten. Und er entwarf verschiedene numerologische Theorien – die übrigens auch Sigmund Freud zeitweise teilte. Fließ glaubte, dass Krankheiten sich aus den Zyklen von 23 Tagen bei Männern und 28 Tagen bei Frauen erklären ließen: Nasenbluten, Nasensekretion, Menstruationsprobleme, Angina, Zahnen, Zahnausfall, melancholische Phasen, sexuelle Impotenz, Todeszeitpunkte. Und (!) auch literarische Inspiration.[14] Irgendwie merkwürdig, dass ein Fachfremder und dazu ein meines Erachtens so skurriler Typ mit numerologischen, rhinosexuellen, nasomenstrualen und sonstigen außergewöhnlichen Orientierungen von Freud auserwählt wurde, als erster von seiner sensationellen Entdeckung zu erfahren! Oder vielleicht gar nicht so merkwürdig?

Wie auch immer, in dem Vorankündigungsbrief von 3. Oktober 1897 klagt Freud seinem Freund gegenüber zunächst, wie miserabel es mit seiner psychiatrischen Praxis, *„dem Geschäft"*, wie er es selbst nannte, stehe. Eine Klage, die er übrigens auch in anderen Briefen an Fließ wiederholt. Dann aber schreibt er, wie seine Libido *„gegen"* seine Mutter erweckt worden sei. Er schreibt:

„… dass später (zwischen 2 und 2 ½ Jahren) meine Libido gegen matrem erwacht ist, und zwar aus Anlass der Reise mit ihr von Leipzig nach Wien, auf

---

[13]Noch heute zu lesen etwa in: „Aus den Anfängen der Psychoanalyse, 1887–1902, Briefe an Wilhelm Fließ". Leider durch Anna Freud gewaltig verkürzt und zensiert, wie der Herausgeber der ungekürzten Auflagen (1986 und 1999) und Mitglied des Direktoriums des Freud-Archivs, Jeffrey M. Masson, glaubhaft versichert. Besser, viel, viel besser also die vollständige Auflage.

[14]S. etwa bei Jeffrey M. Masson in „Was hat man dir, du armes Kind, getan?" Dort findet man auch interessante Informationen über die gekürzten und zensierten Freud-Briefe an Wilhelm Fließ. Oder auch bei Michel Onfray: „Anti Freud".

welcher ein gemeinsames Übernachten und Gelegenheit, sie nudam zu sehen, vorgefallen sein muss."[15]

„Mutter" und „nackt" im Lateinischen, als ob die Verhüllung der nackten Mutter in fremdsprachige Worte die Enthüllung verhindert und die nackte Mutter weniger nackt macht?

Übrigens, so nebenbei gesagt, diese „*mater nuda*" bzw. „*nackte Mutter*" wird später vom Sohn Sigmund verdächtigt, dass sie mit ihrem Stiefsohn Philipp seine Schwester Anna gezeugt habe[16] und nicht mit seinem „perversen Vater", wie Freud seinen Vater wenige Monate nach dessen Tod bezeichnete.[17]

Zwölf Tage, nachdem Freud seinem Freund die Geschichte mit seiner nackten Mutter berichtete, am 15. Oktober 1897 also, kommt die eigentliche Verkündung des Freud'schen Heureka. Freud schreibt wieder einen Brief an Fließ, worin er zuerst klagt, er habe viel Zeit, nicht nur um Briefe zu schreiben, sondern auch um nachzudenken, („*Meine Praxis lässt mir unheimlicherweise noch immer sehr viel Zeit*"). Und dann kommt die Ankündigung:

„*Ein einziger Gedanke von allgemeinem Wert ist mir aufgegangen. Ich habe die Verliebtheit in die Mutter und die Eifersucht gegen den Vater auch bei mir gefunden und halte sie jetzt für ein allgemeines Ereignis früher Kindheit, … die griechische Sage greift einen Zwang auf, den jeder anerkennt, weil er dessen Existenz in sich verspürt hat. Jeder der Hörer war einmal im Keime und in der Phantasie ein solcher Ödipus …* "[18]

Nach dieser ersten Erwähnung des Königs macht Freud Ödipus zu seinem ständigen Begleiter und den „Ödipus-Komplex" zu seinem großen Hit – wie seine ödipusgespickten Publikationen uns eindringlich belegen. Und so beginnt auch der „Ödipus-Komplex" seine Karriere als Evergreen der Psychoanalyse, entweder als Chorlied der Getreuen oder Schwanengesang der Abtrünnigen oder Schmähgesang der Polemiker. Dass er auch zum Gassenhauer für Voyeuristen wurde, war zu erwarten; seine „sex and crime"-Qualitäten prädestinieren ihn dafür.

---

[15] In Briefe an W.F., w. o.
[16] Die teilweise bedrückende Geschichte der Familie Freud wird beeindruckend dargestellt von Marianne Krüll, aber auch, obwohl mehr oder weniger polemisch, von Michel Onfray.
[17] Ebenfalls in den schon zitierten Briefen.
[18] Ebenda.

Sigmund Freud ist unerschütterlich von der Allgemeingültigkeit und dem Zwangscharakter seiner Entdeckung überzeugt, aber auch von dem gefährlichen Potenzial, das sie in sich trägt. Er sieht als Aufgabe jedes *„menschlichen Neuankömmlings"* – wobei er, wie schon erwähnt, mit menschlich wohl nur männlich meint – die Bewältigung des von ihm neu entdeckten Komplexes. Sonst drohe, wie er in seinen späteren Schriften, etwa seiner „Traumdeutung" behauptet, die Psychoneurose.

Wie Sigmund Freuds Komplex den Namen des Königs bekam

Sigmund Freud hat, wie er ausdrücklich und wiederholt erwähnt, in Anlehnung an Sophokles Tragödie „König Ödipus" seinen Komplex „Ödipus-Komplex" genannt. Er sah eine frappierende Parallelität zwischen dem von ihm beschriebenen psychologischen Komplex mit dem Inhalt von Sophokles Tragödie:

„Das Altertum hat uns zur Unterstützung dieser Erkenntnis einen Sagenstoff überliefert ... ich meine die Sage von König Ödipus und das gleichnamige Drama des Sophokles."[19]

Übrigens sieht Freud in Sophokles Tragödie eine Parallele zur Psychoanalyse: *„Die Handlung des Stückes besteht nun in nichts anderem als in der schrittweise gesteigerten und kunstvoll verzögerten Enthüllung – der Arbeit einer Psychoanalyse vergleichbar ..."*[20] Zu dieser Parallele der kunstvoll verzögerten Enthüllungen werden wir später zurückkehren. Allerdings sei schon hier – ganz nebenbei – bemerkt: Parallelen laufen eben parallel, sie treffen sich nie, zumindest nicht im vom Menschen überschaubaren Raum.

In Freuds Augen stellt eine Szene aus Sophokles Dichtung *„den Schlüssel der Tragödie"* dar. Es handelt sich um die Szene, in der Iokaste, Ödipus Ehefrau und Mutter, was er aber noch nicht weiß, versucht, ihm die Angst zu nehmen, dass er, wie das Orakel einst prophezeite, seine Mutter ehelichen wird. Freud zitiert die entsprechenden Verse:

„Denn viele Menschen sahen auch in Träumen schon.
sich zugestellt der Mutter: aber wer alles dies.
für nichtig achtet, trägt die Last des Lebens leicht."
(V. 981 ff).

---

[19]Ebenfalls in „Die Traumdeutung" S. 265.
[20]Ebenda, S. 266.

Auch zu diesem „*Schlüssel der Tragödie*" werden wir später zurückkehren. Ob allerdings der erwähnte „*Schlüssel*" auch für uns das Tor öffnet, das Sigmund Freud gefunden zu haben glaubte, bleibt noch offen.

Freud meint zu wissen, warum Sophokles „*König Ödipus den modernen Menschen nicht minder zu erschüttern weiß als den zeitgenössischen Griechen*". Denn „*es muss eine Stimme in unserem Innern geben, welche die zwingende Gewalt des Schicksals in ‚Ödipus' anzuerkennen bereit ist... Sein Schicksal ergreift uns nur darum, weil es auch das unsrige hätte werden können, weil das Orakel vor unserer Geburt denselben Fluch über uns verhängt hat wie über ihn.... König Ödipus, der seinen Vater Laios erschlagen und seine Mutter Iokaste geheiratet hat, ist nur die Wunscherfüllung unserer Kindheit.*"[21]

Es ist sehr lobenswert, dass Sigmund Freud seine Quelle so genau benennt und zitiert. Nicht nur, weil er uns dadurch viel Arbeit erspart, die uns die Suche nach der richtigen Quelle, die seine Theorie speist, sicher gemacht hätte. Der Ödipus-Mythos ist nämlich ein uralter Mythos, der vermutlich 4000 Jahre alt ist[22], und seitdem unzählige Male – mal mit kleinen, mal mit größeren Modifikationen – wiedererzählt wurde.

Seine schriftliche Quelle ist schon in den ersten geretteten literarischen Werken des Abendlandes zu finden, denen von Homer und von Hesiod. Diesen beiden aber lagen wahrscheinlich zwei ältere, leider nicht mehr erhaltene Epen, „Oidipodeia" und „Thebais", zugrunde[23]. In der „*Ilias*" erwähnt Homer den Namen Ödipus im 23. Gesang (V. 679–680), und zwar in Verbindung mit den Wettkämpfen, die Achilles zu Ehren seines gefallenen Freundes Patroklos veranstaltete. Einer der Teilnehmer war Euryalos, „*der einst kam nach Theben, zum Leichenfest des erschlagnen Ödipus, und dort besiegte er alle Kadmeier*"[24].

Im 11. Gesang der „*Odyssee*" (V. 271–280) berichtet Homer, dass Odysseus bei seinem Gang in die Unterwelt dort auch Ödipus Mutter, die er Epikaste nennt[25], begegnete:

„*Und auch Epikaste, des Ödipus herrliche Mutter,*
sah ich, die ahnungslos den Frevel vorbrachte, dem eignen

---

[21]Ebenda, S. 267.
[22]Reichlich Informationen darüber findet man bei W.H. Roscher.
[23]Ebenda.
[24]a) Nach einer Übersetzung der Ilias durch Thassilo von Scheffer.
  b) „Kadmeier" als Bezeichnung für die Bewohner von Theben: „Die von Kadmos, dem Gründer des Staates, Stammenden"-.
[25]So auch andere Quellen. Da jedoch Sophokles, Freuds Quelle, den Name Iokaste verwendet, möchten wir es auch tun.

Sohn sich zu vermählen: denn er, nach des Vaters Ermordung,
nahm sie zum Weib; doch machten es bald die Götter den Menschen
kund. Er aber beherrschte das Volk der Kadmeier im schönen
Theben voll Qual und Leid nach dem schrecklichen Ratschluss der Götter;
doch Epikaste enteilte zu Hades, dem mächtigen Torwart.
Hoch vom Balken knüpfte sie sich die tötende Schlinge,
jammergequält; doch ihm beließ sie auf Erden der Leiden
Fülle, wie sie stets dem Fluch der Mutter entsteigen."[26]

Noch eine kurze Bemerkung zur „herrlichen Mutter", das Thema wird uns nämlich bei der Darstellung des „Iokaste-Komplexes" beschäftigen: Andere Übersetzer verwenden auch andere Adjektive, etwa „schöne Mutter". Im griechischen Original benutzt Homer das Epitheton „καλή" (kalé), die weibliche Form von „καλός" (kalós). Dieses Wort hat immer positive Bedeutungen, wobei ihre Kernbedeutung „gut" ist. Um diese Kernbedeutung scharen sich verschiedene andere positive Bedeutungen, wie etwa die beiden schon erwähnten *(„herrlich", „schön")*, wie auch „gutherzig", „tugendhaft", „qualitativ gut", „tadellos", „anständig", „wertvoll", und ähnliches. Diese Erläuterung wird uns später bei der Darstellung des „Iokaste-Komplexes" nützlich sein.

Hesiod erwähnt in seinem Gedicht „Werke und Tage" in Vers 163 so nebenbei den Namen Ödipus, allerdings ohne nähere Angaben. Homers Werke werden in die Zeit zwischen dem 11. und 9. Jahrhundert v. Chr., die von Hesiod um das 8. Jahrhundert v. Chr. datiert. Erwähnung findet der Mythos auch in den „Olympischen Oden II" von Pindars „Epinikia" („Die Siegesgesänge") aus dem 5. vorchristlichen Jahrhundert:

„So hat einmal den Laios sein unglücklicher Sohn getötet,
als er mit ihm zusammentraf, und das alte, in Pytho[27]
verkündete Orakel erfüllt" (V. 38–40).

Weitere nicht erhaltene vorsophokleische Dichtungen zum Thema sind in diversen antiken Quellen erwähnt.[28] Allerdings bleibt uns, weil Freud seine Quelle so genau benennt, eine weitere Expedition in die vor- wie auch nachsophokleische Ära erspart.

Sophokles Tragödien „König Ödipus", auf die Sigmund Freud explizit Bezug nimmt, und „Ödipus auf Kolonos" gelten als Höhepunkt und Vollendung der Ödipus-Mythen, aber auch als Inspiration für Nachahmungen und Variationen in den folgenden Jahrhunderten bis heute.

---

[26]Ebenfalls nach einer Übersetzung der Odyssee durch Thassilo von Scheffer.
[27]Poetische Bezeichnung für das Orakel von Delphi.
[28]S. bei Roscher.

Also redlich und lobenswert, was Freud mit der Benennung seiner Quelle und der Beschränkung auf die sophokleische Variation des Mythos getan hat. Aber auch gefährlich. Gefährlich, wenn man eine einfache und naive Frage stellt:

Hatte Ödipus überhaupt einen Ödipus-Komplex?

Und wenn man noch konkreter wird:

Hatte König Ödipus nach Freuds explizit genannter Quelle einen Ödipus-Komplex?

Oder:

Meint Sophokles tatsächlich, was Freud sagt?

Die Antwort darauf erkennt man schon allein durch den Titel dieses Buches. Doch warum ist die Antwort so ausgefallen wie im Buchtitel? Folgen wir ihr in die Tragik des Mythos und die Schönheit von Sophokles Tragödie. Suchen wir so lange, bis wir den von Sigmund Freud erwähnten berühmten „*Schlüssel*" zum Ausgang finden.

Der Stoff einer Tragödie, die Geschichte eines Opfertäters

Laios der Sünder, Ödipus das Opfer und ein perfider Neonatizidversuch

Am Anfang des Ödipus-Mythos, der den Stoff für Sophokles Tragödie lieferte, steht ein zwar aus Verzweiflung entstandener, aber doch abscheulicher und perfider Neonatizid, die Tötung eines Neugeborenen also. Oder vielmehr ein versuchter Neonatizid, weil es ungewollt beim Versuch blieb – Zeus sei Dank. Das Baby, Ödipus, wurde gerettet. Eine Rettung allerdings mit schlimmsten Spätfolgen.

Dem versuchten Neonatizid ging folgende Geschichte voraus[29]:

---

[29] Sophokles Tragödie „König Ödipus" setzt zwar mit dem Ausbruch der Pest in Theben während der letzten Tage der Ödipus-Herrschaft an, darin verflochten findet sich aber auch der größte Teil der Vorgeschichte des Dramas. Relevante Elemente, die aus anderen Quellen gewonnen wurden, werden kenntlich gemacht.

Ein Sohn wird geboren – und ausgesetzt

Laios, König von Theben, Sohn des Labdakos, aus dem mythischen Stamm des Kadmos, Gründer von Theben, lebt in kinderloser Ehe mit Iokaste. Beide wünschen sich sehnlichst ein Kind. Laios befragt das Orakel von Delphi, ob er mit seiner Frau Kinder bekommen wird.

Das Orakel gibt ihm die verheerende Antwort, dass er zwar einen Sohn bekommen werde. Allerdings werde er durch die Hand dieses Sohnes sein Leben verlieren.

Dies war eine Entscheidung des Gottvaters Zeus, die mit der besonderen Lebensgeschichte von Laios zu tun hatte.

Laios fand nämlich nach dem frühen Tod seines Vaters und dem Putsch eines Rivalen gegen seinen Vormund Lykos als Jugendlicher Zuflucht am Hofe des Königs und Namensgebers von Peloponnes, Pelops. Jahre später, nach dem Tod des kinderlosen Putschisten, kehrte Laios nach Theben zurück und übernahm den ihm zustehenden Thron. Bei seiner Rückkehr nach Theben hatte Laios einen Knaben entführt; Chrysippos, den unehelichen Sohn seines Wohltäters Pelops[30].

Vielleicht war Laios pädophil, vielleicht aber auch nicht. Wir wissen ja, dass im alten Griechenland die enge Beziehung zwischen einem Erwachsenem und einem Knaben – Sexualität inklusive – kein seltenes und erst recht kein präjudizierendes, d. h. kein eine sexuelle Perversion belegendes Phänomen war. Ausdruck von Undankbarkeit seinem Wohltäter gegenüber war es allemal. Chrysippos kam jedenfalls einige Zeit nach der Entführung um; wie genau bleibt allerdings ungeklärt. Manche sagen, der Junge konnte die Entführung und deren Folgen nicht ertragen und habe sich das Leben genommen. Andere aber behaupten, er sei im Auftrag der ihn hassenden Stiefmutter und legitimen Ehefrau von Pelops, Hippodameia, umgebracht worden. Sie habe ihre Söhne Atreus und Thyerstes dazu angestiftet[31], ihren Stiefbruder Chrysippos zu töten – Erbschaft und solche Dinge seien der Grund gewesen; manche sagen sogar, sie habe es eigenhändig getan[32]. Sicher ist eines: Der Entführung durch Laios folgte der Tod des Jungen. Pelops entdeckte das Komplott, woraufhin Hippodameia, um dem Zorn des Ehemannes zu entgehen, Suizid beging. Pelops verfluchte nicht nur seine beiden Söhne, die Mörder Atreus und Thyerstes, die wie auch ihre Nachkommen danach viel Unheil im Leben erfuhren, sondern auch Laios. Er möge nie einen Sohn zeugen. Werde ihm aber doch einer geboren, so solle Laios durch die Hand seines eigenen Sohnes umkommen. Zeus erhörte Pelops Fluch, wie wir schon gesehen haben, und fügte sogar noch etwas hinzu, wie wir bald sehen werden.

Laios und Iokaste hören also mit Entsetzen den Spruch des Orakels und sind sofort entschlossen, das Schicksal mit allen Mitteln abzuwenden. Es lohne sich nicht, für ein Kind einen so hohen Preis zu zahlen, ist das Ergebnis ihrer

---

[30]So erzählen es viele Autoren, unter anderen auch Apollodor in seiner „Bibliotheke" (III, 44), oder Hyginus (Fabula 85).

[31]Die beiden Herren werden wir wiedertreffen, wenn wir den „Atreus-Komplex" besprechen.

[32]Die Plethora der Autoren, die über die unterschiedlichen Variationen von Chrysippos Tod berichten, findet man bei Roscher.

gemeinsamen Überlegungen. Danach verhütet Iokaste trotz des weiter bestehenden Kinderwunsches. Doch sie wird schwanger. Das Königspaar von Theben ist sehr beunruhigt, als Iokaste die Schwangerschaft bemerkt, allerdings gibt es noch eine letzte Hoffnung: das Kind könnte ein Töchterlein sein. Das Orakel identifizierte ja ohne Zweifel einen Sohn als den zukünftigen Vatermörder. Und weil damals wie allseits bekannt das Geschlecht eines Kindes erst mit der Geburt feststellbar war, keimt neun Monate lang im thebäischen Königspalast nicht nur die Liebesfrucht, sondern auch die Hoffnung. Doch ein Sohn wird geboren! Die in Panik geratenen Eltern entscheiden: Das Kind muss weg! Doch sie bringen es nicht fertig, das Neugeborene selbst zu töten. Jemand muss also in das Geheimnis eingeweiht werden und die schmutzige – und nicht minder traurige – Arbeit für die beiden Staatsoberhäupter erledigen. Das Los fällt auf einen sehr treuen und loyalen Hirten. Ihm übergibt Iokaste den neugeborenen Sohn mit dem Auftrag, ihn auf dem wilden Berg Kithäron auszusetzen und dort sterben zu lassen.

Der Hirte des Königspaares erweist sich nicht nur als treu und loyal, sondern auch als barmherzig. Den Kampf zwischen Loyalität und Barmherzigkeit gewinnt die Letztere. Der gute Hirt bringt es nicht fertig, das Neugeborene den wilden Tieren zum Fraß zu überlassen! Statt das hilflose Baby auszusetzen und es damit dem Tode zu weihen, vertraut der barmherzige Sklave des Königs – nicht gekauft, sondern hineingeboren, wie er stolz über sich sagt – es einem fremden, aber genauso barmherzigen Hirten an. Ohne die geringste Andeutung zur Herkunft des Kindes zu machen. Es ist ein Hirt von Polybos, dem König von Korinth, der mit der königlichen Herde gerade auf dem Berg unterwegs ist. Der gute korinthische Hirt kümmert sich liebevoll um das Baby und gibt ihm den Namen Ödipus.

Aber warum Ödipus Ödipus heißt? Eine regelrechte Gelehrtenschlacht um die Etymologie des Namens „Ödipus" (Οἰδίπους) tobt seit der Antike[33]. Um diese Frage zu beantworten, sei hier ein kleiner Exkurs zur Herkunft des Namens „Ödipus" erlaubt:

Ein kleiner Exkurs zur Herkunft des Namens „Ödipus"
Ohne uns in diese etymologische Schlacht hineinzustürzen, wollen wir die zwei Hauptpositionen der Kontrahenten nennen. Die einen sagen, Ödipus bedeute „Schwellfuß", die anderen meinen, die etymologische Wurzel des Namens in „Der Wissende" zu erkennen. Erstere stützen sich vor allem auf drei Verse in Sophokles „König Ödipus": Als der korinthische Hirt das Baby übernahm, habe er eine entsetzliche Entdeckung gemacht: Die beiden Füßchen des Neugeborenen seien durchbohrt und zusammengebunden gewesen! Die dicken geschwollenen Füßchen seien dann der Anlass für die Namensgebung gewesen: *„Da schnürt' er* [Laios] *ihm die Fußgelenke ein"* (V. 718). *„Ich machte der durchbohrten Füßen Spitzen frei"* (V. 1034), *„Nach diesem Umstand hieß man dich den, der du bist."* (V. 1036).

---

[33]Ebenda.

Die Zweifel an der Schwellfuß-Theorie werden durch die Sinnlosigkeit der Tat gefüttert. Durchbohrt? Die zarten Füßchen des nicht einmal drei Tage alten Babys zusammengebunden und dazu noch durchbohrt? Wozu diese Grausamkeit?

Logisch bleibt sie sinnlos.

Wie wäre es denn, wenn wir der anderen schon erwähnte Namensdeutung folgen, nämlich der des „Wissenden". Davon gibt es wiederum zwei Richtungen. Nach der einen ist der Name Ödipus eine Kontamination von zwei Worten, nämlich von *„oidein"* (οιδείν, sprich: ödin oder idin oder oidin), was „wissen" bedeutet, und „dipous" (δίπους, sprich: dipus), was der „Zweibeinige" heißt. Letzteres ist bis heute noch in der griechischen Sprache entweder ein Epitheton zu oder gar Synonym für „Mensch". Nach dieser Erklärung bedeutet Ödipus „der wissende Mensch" – eine Anspielung auf die immer wieder erwähnte Weisheit des rätsellösenden Protagonisten, der sogar der Sphinx und ihrem von den Musen erlernten Geheimwissen überlegen war und sie durch sein Wissen vernichtete. Eine Andeutung, der sich auch der Seher Teiresias in Sophokles „König Ödipus" bei seinem Disput mit Ödipus bedient (V. 300–462). Manche Anhänger dieser etymologischen Theorie meinen gar, dass nur das „οιδείν" (ödin oder idin oder oidin) eine Bedeutung hätte, und „-pus" eine Namensendung ohne Bedeutung sei. Die beiden letzteren Strömungen sehen in Ödipus also den „Wissenden", aber nicht den „Schwellfuß".

Die lieben falschen Eltern und die verkehrte Flucht

Wie auch immer. Setzen wir die Erzählung vom Schuldigen Laios und vom Opfer Ödipus fort:

> **Ödipus Versuch, dem Schicksal zu entfliehen**
>
> Nachdem der empathievolle korinthische Hirt das todgeweihte Neugeborene aufgepäppelt hat, kommt ihm plötzlich eine wunderbare Idee: Er könnte nicht nur eine gute Tat vollbringen, indem er das zum Tode verurteilte Baby rettet, sondern gleich noch eine zweite. Er könnte zwei ihm sehr liebe Menschen glücklich machen. Das Königspaar von Korinth, seine Herrschaft, war nämlich kinderlos und deshalb sehr unglücklich. Mit dem geretteten Baby könnte er ihre Sehnsucht erfüllen. Zurückgekehrt nach Korinth übergibt er das Baby König Polybos und dessen Gemahlin Merope[34], die darüber tatsächlich sehr, sehr glücklich sind.

---

[34]Nach manchen Mythographen heißt sie Periboia (etwa bei Apollodor, III, 49 oder bei Hyginus „Fabulae" 66, 67, oder auch bei manchen künstlerischen Darstellungen). In Sophokles Tragödie aber Merope.

Das korinthische Königspaar zieht das fremde Neugeborene mit großer Liebe auf, wie ein eigenes Kind. Davon, dass es sich um ein Königskind handelt, haben sie nicht die geringste Ahnung. Sie beschließen, sich sowohl Ödipus als auch allen anderen gegenüber als die leiblichen Eltern auszugeben. Einige Korinther hegen aber doch den Verdacht, das Ödipus nicht das leibliche Kind des Königspaares sei. Und wie das Schicksal es so will, hat das folgenschwere Konsequenzen: Als junger Mann nämlich gerät Ödipus einmal in Streit mit einem anderen Jugendlichen, der ihn mit den Worten beleidigt, er sei kein eheliches Kind, geschweige denn ein Königskind.

Schwer getroffen fragt Ödipus daraufhin das Königspaar eindringlich nach seiner Herkunft. Polybos und Merope jedoch bleiben dabei, dass er ihr eigenes, leibliches, heißgeliebtes Kind sei. Ödipus will es schließlich genau wissen. Und so macht er sich eines Tages auf den Weg nach Delphi, um vom Orakel die Wahrheit zu erfahren. Das Orakel gibt ihm zwar keine Antwort auf die Frage nach seiner Herkunft und seinen wahren Eltern, offenbart ihm aber stattdessen ein neues, weitaus grauenvolleres Unglück, das ihm droht:

Er wird seinen eigenen Vater töten, seine eigene Mutter heiraten und mit ihr Kinder zeugen!

Das mit dem Ehelichen der Mutter ist übrigens die Zugabe, die Zeus dem Fluch des Pelops noch hinzufügte, wie es vorhin angedeutet wurde. Pelops Fluch lautete: Laios solle keine Nachkommen haben, und wenn ja, dann solle er von seinem eigenen Sohn getötet werden. Zeus fügte die Strafe mit dem Ehelichen der Mutter und der Zeugung der gemeinsamen Kinder hinzu.

Ödipus, verwirrt von diesen schrecklichen Neuigkeiten, beschließt, als wahr zu akzeptieren, dass Polybos und Merope seine leiblichen Eltern sind. Sonst hätte das Orakel ihm das doch gesagt, oder? Aber diesen lieben Menschen, seinen Eltern, dem Königspaar von Korinth, droht durch ihn, den Sohn, ein so grauenvolles Schicksal! Er trifft auf der Stelle die Entscheidung, das mit allen Mitteln zu verhindern. Nie wieder wird er nach Korinth zurückkehren, um den lieben Eltern – und sich selbst – das prophezeite grauenvolle Schicksal zu ersparen.

Gedacht, gesagt, getan.

Vom Opfer zum Täter: Vatermord und Inzest

Ödipus irrt in Zentralgriechenland herum und meidet den Süden, wo Korinth liegt. Auf diese Weise hofft er, seinen Eltern nie mehr zu begegnen und somit dem Schicksal zu entfliehen. Aber wir erfahren in Fortsetzung seiner Geschichte auch folgendes:

Der Opfertäter

Eines Tages kommt Ödipus in Phokis in der Nähe von Delphi auf eine enge Straße, die in einer Dreiweggabelung mündet. Plötzlich sieht er in dieser bergigen und schwer zugänglichen Gegend einen Wagen direkt auf sich zukommen. Vor dem Wagen geht ein Herold, und auf dem Wagen, neben dem Lenker, sitzt ein älterer Herr, allerdings ohne irgendwelche Attribute, an denen zu erkennen wäre, dass er ein hohes Amt bekleidet. Ödipus kann deshalb nicht wissen, dass es sich um den König von Theben handelt, dass es Laios ist, sein ihm unbekannter leiblicher Vater. Die Gruppe besteht aus fünf Reisenden, die nach einer Pilgerfahrt zu Apollons Heiligtum aus Delphi zurückkehren. Der Wagenlenker und der alte Mann versuchen mit harschen Worten, Ödipus dazu zu bringen, den Weg zu verlassen, damit der Wagen passieren kann. Es kommt schließlich zu einem wilden Handgemenge, in dessen Verlauf Ödipus in Notwehr hart zuschlägt. Er tötet bei dem Kampf vier der fünf Fremden, darunter auch den ihm unbekannten leiblichen Vater König Laios.

Doch einer kann entkommen. Und dieser bringt die Nachricht nach Theben, sagt allerdings nicht die ganze Wahrheit – wohl aus Angst, dass er der Feigheit bezichtigt wird: Er berichtet der Königin und dem Volk, dass viele Räuber, deutlich in der Überzahl, den Wagen überfallen hätten. Und als später Ödipus in Theben ankommt und die Herrschaft übernimmt, fleht dieser Diener inbrünstig, fast panikartig, Königin Iokaste an, sie möge ihn aufs Land schicken. Auf das Feld und ins Weideland, aber so weit wie möglich vom Königspalast entfernt. Iokaste erfüllt seinen Wunsch, ohne ihn zu hinterfragen, auch wenn er ihr merkwürdig erscheint. Der Diener erkennt wohl in Ödipus den Gegner vom Scheideweg und befürchtet, dass seine Erzählung von den vielen Angreifern als Lügengeschichte entlarvt wird.

Nach dem blutigen Zwischenfall am Scheideweg setzt Ödipus seine Wanderung zunächst fort, völlig ahnungslos, wer die Opfer sind. Die Leichen werden von einem fremden Mann aus Plataä entdeckt, der jedoch nicht erkennt, um wen es sich handelt und aus welcher Stadt oder Familie die Unbekannten stammen. Er begräbt die Toten pietätvoll an einer dafür geeigneten Stelle in der Nähe. Anonym, ohne das Grab zu kennzeichnen. Das ist der Grund, warum die Suche nach dem König und seinen Begleitern ergebnislos bleibt.

Nachdem schließlich alle Versuche, König Laios zu finden, fruchtlos bleiben, übernimmt Kreon, der Bruder von Königin Iokaste, die Staatsgeschäfte. Auch die Suche nach den Mördern wird bald eingestellt. Die Stadt hat nämlich weit größere Sorgen in dieser Zeit. Sie wird geplagt von der Sphinx, einem geflügelten Ungeheuer, das vorn wie eine junge Frau und hinten wie ein Löwe aussieht. Sie hat sich vor den Toren der Stadt eingerichtet und stellt jedem, der diese Stelle passieren muss, ein Rätsel, eines von den vielen, die sie von den Musen gelernt hat. Wenn der Betroffene das Rätsel nicht lösen kann, wird er sofort von der Sphinx verspeist. Erst wenn jemand des Rätsels Lösung kennt, wird damit die Sphinx vernichtet. Viele tapfere und kluge Männer stellen sich der Herausforderung, doch niemand kann das Rätsel lösen. Und so werden sie alle von der Sphinx verschlungen, darunter auch ein Sohn Kreons.

Nach dem Verlust seines Sohnes und dem Tod unzähliger anderen Thebäer – und unter dem Druck eines drohenden Volksaufstandes – beschließt Kreon, den von ihm verwalteten Thron zur Disposition zu stellen. Derjenige, der

2 Der Königs-Komplex

die Stadt von der Sphinx erlöst, soll der neue König von Theben werden und Iokaste, die verwitwete Königin, zur Frau nehmen, um auch die formelle Legitimation dafür zu haben. Ödipus, der von dem Ungeheuer, aber auch von der Belohnung gehört hat, beschließt, sich der Gefahr zu stellen. Er wird zur Sphinx gehen und das gefährliche Experiment der Rätsellösung wagen.

Gedacht, gegangen, gewagt!

Er will die Stadt aus der schrecklichen Lage befreien. Eine mutige Haltung sicherlich, da bis dahin niemand dem Verderben durch die Sphinx entgehen konnte. Und edel dazu natürlich, weil Ödipus mit der Stadt nichts zu tun hat – zumindest meint er das. Der arme, edle Ödipus kann nicht ahnen, dass er bloß ein Spielzeug in den Händen der Götter ist!

Ödipus besiegt die Sphinx!

Wie, darüber gibt es die unterschiedlichsten Erzählungen aus einer Vielzahl von unterschiedlichsten Quellen: Die einen erzählen, es sei zu einem Zweikampf zwischen Sphinx und Ödipus gekommen, wobei Ödipus die Sphinx getötet habe. Manche berichten, er habe sie mit einem Speer durchbohrt, andere wiederum, dass er sie mit einer Keule erschlagen habe. Wieder andere behaupten, er habe ihr Haupt mit einem Schwert abgeschlagen; und noch andere, dass er sie mit einem einfachen Stein erschlagen habe.[35] Die häufigste und wohl bekannteste Variation, auch von Sophokles in „König Ödipus" übernommen, ist die des Rätsellösers.

Danach präsentiert die Sphinx Ödipus ein Rätsel:

„Was ist es, das eine Stimme hat und am Morgen vierfüßig, am Mittag zweifüßig und am Abend dreifüßig ist? Das aber auch umso schwächer ist, je mehr Füße es benutzt?"[36]

Ödipus löst das Rätsel, ohne lange nachzudenken:

„Der Mensch ist das", antwortet er der Sphinx. *„Am Morgen seines Lebens geht er auf zwei Füßen und zwei Händen, weil er noch so schwach ist. Dann aber wird er kräftig und geht auf zwei Beinen. Am Abend seines Lebens jedoch braucht er die Hilfe eines dritten Fußes, nämlich eines Stocks, weil er im Alter schwächer wird."*[37]

In dem Moment, wo Ödipus die Lösung des Rätsels ausspricht, stürzt die Sphinx in die felsige Tiefe und stirbt.

So wird Theben gerettet und Ödipus König des Reiches, nachdem er durch die Heirat mit Königin Iokaste auch die Legitimität dazu erlangt hat. Mit Iokaste, seiner ihm unbekannten leiblichen Mutter.

In Theben fühlt sich Ödipus sicher. Er hofft, dass er dadurch dem Fluch und seinem Schicksal entfliehen kann. Er hat keinen persönlichen Kontakt mehr zu seinen vermeintlichen Eltern Merope und Polybos.

---

[35] Die verschiedenen Variationen der Vernichtung der Sphinx durch Ödipus sowie ihre Quellen kann man etwa im wiederholt zitierten Roscher finden.
[36] Es gibt verschiedene Formulierungen des Rätsels, die aber im Kern ähnlich sind. Die hier präsentierte Formulierung ist sehr nahe an der von Apollodor in seiner „Bibliotheke" überlieferten Formulierung (III, 53): *„Er hat eine Stimme, wird vierfüßig, zweifüßig, dreifüßig."* (Nach der Übersetzung von Christian Gottlob Moser und Dorothea Vollbach). Oder: *„Was ist das? Es hat eine einzige Stimme und ist bald vierfüßig, bald zweifüßig, bald dreifüßig."* (Nach der Übersetzung von Ludwig Mader).
[37] W. o. (III,54).

> Iokaste kann ihm, obwohl sie deutlich älter ist als Ödipus, vier Kinder schenken: die Söhne Polyneikes und Eteokles und die Töchter Antigone und Ismene. Damit ist die Entwicklung eines Opfers zum Täter abgeschlossen.
> Ein Opfertäter ist entstanden!
> Doch das Schicksal hat sein zerstörerisches Werk noch längst nicht beendet. Es folgen zwar zunächst einige glückliche Jahre, dann aber brechen für Theben wieder furchtbare Zeiten an. Die Pest dezimiert Ödipus Königreich …

… Und hier setzt Sophokles „König Ödipus", Freuds Quelle, an.

An Freuds Quelle

Eine Falle für den schuldlos Schuldigen

„Als schrittweise gesteigerte und kunstvoll verzögerte Enthüllung, der Arbeit einer Psychoanalyse vergleichbar", bezeichnet Sigmund Freud, wie schon erwähnt, die Handlung von Sophokles Tragödie.

Wie aber sieht diese sophokleische Enthüllungsarbeit aus?

Ist sie tatsächlich der Arbeit einer Psychoanalyse vergleichbar? Rätselhafte Mysterien des Unterbewussten entschlüsselnd?

Die dunklen Tiefen des Unbewussten beleuchtend?

Die sibyllinische Traumsymbolik zerlegend?

Wer Antworten auf diese Fragen sucht, kann sie finden. Er braucht nur Sophokles bei seiner Enthüllungsarbeit zu folgen.

Tun wir es also.

Ödipus, der durch seine Weisheit und Selbstlosigkeit Theben von der Plage der Sphinx befreit hat, ist ein guter, mitfühlender, erfolgreich regierender König, wie das Volk der Thebäer – in der Gestalt des Chores in Sophokles Tragödie – bestätigt. Er hört auch jetzt auf die Bitte seines Volkes und versucht, Theben von dieser neuen Plage, der Pest, zu befreien. Er schickt Kreon, Königin Iokastes Bruder, nach Delphi, um Rat vom Orakel zu erlangen (V. 1–86).

Kreon kommt mit dem Spruch des Orakels zurück. Es sei hier bemerkt, dass Ödipus Kreons Vorschlag, ihm den Orakelspruch unter vier Augen mitzuteilen, ablehnt und Kreon auffordert, den Spruch in aller Öffentlichkeit bekannt zu geben. Der König habe nichts vor seinem Volk zu verbergen. Vor allem, weil er die Verantwortung für die Leute habe, die mehr Leid zu ertragen hätten als er – das ist Ödipus Devise (V. 87–94). Und so wird, dem Wunsch des sich über jeden Verdacht und Schuld erhaben fühlenden Ödipus entsprechend, der Spruch des Orakels öffentlich:

„König Laios ist vor vielen Jahren ermordet worden, und zwischen den Thebäern gibt es einen Frevler, der den Mord am König zu verantworten hat. Um diese Blutschuld zu tilgen, muss er von den Thebäern aus dem Land geworfen und geächtet werden. Oder sogar hingerichtet werden, um Mord mit Mord zu sühnen." (V. 96–104).

Ach ja, Laios. *„Vom Hören weiß ich es; gesehn hab' ich ihn nie"*[38] (V. *105*) war Königs Ödipus erster, mit unerschütterlicher Überzeugung vorgetragener Kommentar zum Orakelspruch. Er erkundigt sich ausführlich über die Todesumstände des ihm unbekannten Königs (V. 106–131). Er ordnet eine Untersuchung an, um den Täter ausfindig zu machen. Er sieht durch die Wiederaufnahme der seit vielen, vielen Jahren eingestellten Ermittlungen aus der Zeit, bevor er den Thron bestieg, die Chance, den Fall doch noch zu klären. So könnte er das Land zum zweiten Mal retten und sich damit noch mehr als Retter und guter König profilieren. Aber er sieht darin auch einen Beitrag zu seiner eigenen Sicherheit. Denn Ödipus glaubt: Wenn der Mörder einmal einen Mord an einem König verübt hat, warum nicht auch ein zweites Mal? Und dann könnte er an der Reihe sein. So initiiert er mit großem Schwung die Suche nach dem Mörder seines Vorvorgängers auf dem Thron. Ödipus arbeitet intensiv, effektiv und transparent an der Aufklärung des Falles (V. 132–146). Gerade die Suche nach dem Königsmörder ist der dramaturgisch spannendste Kern von Sophokles Tragödie. Ödipus selbst gerät dabei aber immer mehr ins Zentrum der Ereignisse.

Der schuldlos Schuldige verstrickt sich zunehmend tiefer und tiefer in der Falle, die er selbst für Mörder gelegt hat. Der Täter, der nicht ahnt, dass er ein Täter ist, tappt freiwillig in die selbst gelegte Falle!

Die aufrichtige Empörung des ahnungslosen Täters

Die Falle beginnt sich zu schließen, nachdem klar wird, dass jemand die Wahrheit kennt, bevor sie ermittelt wird. Nämlich der blinde Prophet Teiresias, der Vergangenheit und Zukunft sehen kann. Doch der behält das ihm von den Göttern anvertraute Wissen zunächst für sich.

Ödipus verlangt, dass Teiresias erzählt, was er weiß, und zwar öffentlich (!). Der Seher bittet den König, ihn nicht dazu zu zwingen; es wäre besser für alle, wenn er für immer schweigt. Doch Ödipus will auf jeden Fall

---

[38]Die verwendeten Zitate aus Sophokles „König Ödipus" folgen einer vom Verfasser teilweise leicht modifizierten Übersetzung aus dem Griechischen von Wilhelm Willige.

und um jeden Preis die Wahrheit und nur die Wahrheit wissen. Er selbst, Thebens Retter und des Staates weiser und gerechter Regent habe ja nichts zu befürchten!

Teiresias zögert weiterhin. Erst nach Druck und Provokation durch Ödipus, der am Ende den blinden Propheten beschuldigt, die Tat angestiftet zu haben, ja eventuell sogar selbst der Mörder zu sein, offenbart er die Wahrheit – in aller Öffentlichkeit und in unbändigem Zorn:

„Der Mörder des Mannes, nachdem du forschst, bis du!" (V. 362).

Der Frevler ist König Ödipus selbst! Dessen Empörung ist nach dieser ungeheuerlichen Enthüllung unbeschreiblich. Im Volk herrscht blankes Entsetzen, doch es hält zu seinem König und hofft auf einen Irrtum. Ödipus tobt: Der Prophet sei böse, und mit Kreon zusammen habe er ein Komplott gegen ihn geschmiedet, damit Kreon wieder den Thron besteigen könne. So lautet des empörten Königs zorniger Vorwurf. Und er droht den angeblichen Verschwörern mit schlimmen Konsequenzen (V. 316–633).

Königin Iokaste versucht, zwischen Kreon und Ödipus zu vermitteln, und berichtet, was sie über Laios Tod – aus der Erzählung des davongekommenen Begleiters – weiß. Als Ödipus von Iokaste hört, dass Laios an einer Dreiweggabelung getötet wurde, beginnt in ihm der Verdacht zu keimen, dass doch er selbst der Mörder des fremden Königs sein könnte. Er verlangt von Iokaste, den von ihr zitierten davongekommenen Begleiter zurück in die Stadt zu beordern, um ihn befragen zu können. Iokaste erfüllt ohne Zögern den Wunsch ihres Ehemannes (V. 634–770).

Und so beginnt eine detektivische Ermittlungsarbeit, die dazu führt, dass die Wahrheit Stückchen für Stückchen ans Licht kommt.

Einer der wesentlichen Aspekte von Ödipus Tragik besteht darin, dass seine Flucht *vor* dem Fluch unwissentlich zu einer Flucht *in* den Fluch wurde. Etwas, was Ödipus selbst nicht wahrnehmen wollte und zunächst auch nicht wahrnehmen konnte. Sein eigenes unerschütterliches Wissen war dabei sein Schutz. Dieses Wissen besagte *„nachweislich"*, dass er der Sohn des korinthischen Königspaares ist – so *„nachweislich"* natürlich, wie jeder von uns in den Vor-DNA-Zeiten bezüglich seiner Eltern sicher sein konnte. Wir wussten, wer unser Vater ist, weil wir unserer Mutter glaubten; und wir wussten, wer unsere Mutter ist, weil wir den Zeugen unserer Geburt glaubten. Das Wissen ist in diesem Fall nichts anderes als bloßes Glauben. Nachdem auch das damalige oberste Äquivalent zum heutigen DNA-Labor, das Orakel von Delphi, die Bekanntmachung seines Wissens verweigerte, verschmolzen bei Ödipus Glauben und Wissen in der für ihn einzig gültigen Gewissheit: Seine Eltern sind Polybos und Merope, König und Königin von Korinth, und niemand anderes. Infolgedessen schien die einzige Rettung vor dem Fluch die Flucht – im Unwissen darüber, dass diese Flucht in den Fluch führen würde.

Des Wunschdenkens Hoffnungsritter

Insofern ist Ödipus Erleichterung verständlich, als plötzlich während der fieberhaften Fahndung nach dem Mörder von Laios ein Bote aus Korinth auftaucht und ihm die Nachricht bringt, sein Vater Polybos sei in hohem Alter eines natürlichen Todes gestorben, und er solle jetzt dessen Thron erben. Trotz der Trauer um den geliebten Vater überwiegt die Erleichterung bei Ödipus. Er glaubt, dem Schicksal des Vatermörders entgangen zu sein (V. 924–973).

Bei Iokaste steigert sich die Freude sogar bis zum Triumph über diese fehlerhaften Priester des Orakels, die so etwas Falsches prophezeit haben.

Das Orakel hat sich geirrt! Sie hat es immer gewusst!

Ach, und mit dem Ehelichen seiner alten Mutter ist dann sicherlich dasselbe zu erwarten, also auch Fehlanzeige, versichert ihm die triumphierende Iokaste.

Dem korinthischen Boten, der Ödipus die zwar traurige, aber Erleichterung stiftende Nachricht bringt und auch den Wunsch der Korinther übermittelt, er möge ihr König werden, antwortet Ödipus, er könne das nicht tun. Er berichtet dem Boten vom Spruch des Orakels und bittet um Verständnis dafür, dass er nicht nach Korinth zurückkehren wird, solange seine Mutter Merope noch lebt. Er wolle auch der noch so unwahrscheinlichen Möglichkeit, seine sehr alte Mutter zu ehelichen, entgehen (V. 984–1001).

Der Bote erwidert darauf mit fast triumphierendem Ausdruck:

Nichts sei leichter als den beunruhigten König zu beruhigen.

Er sei ja gar nicht der Sohn von Polybos und Merope!

Er brauche sich also keine Sorgen zu machen! Er könne jederzeit nach Korinth kommen, weil dort keine derartige Gefahr auf ihn laure (V. 1002–1025).

Der Bote entpuppt sich nämlich als derselbe Hirt, der damals das ausgesetzte Baby dem korinthischen Königspaar brachte. Er berichtet dem schockierten Ödipus ausführlich von seiner Rettung und wie er ihm von einem Hirten des Laios übergeben wurde. Sogar den Namen Ödipus habe er ihm gegeben, fährt der Hirt fort; wegen seiner geschwollenen Füßchen habe er ihn „Schwellfuß" genannt (V. 1026–1045).

Ödipus ist wie vom Blitz getroffen! Sein Schutzgebäude stürzt zusammen – oder zumindest ein wesentlicher Teil davon.

Damit folgt der erfreulichen Nachricht unmittelbar die katastrophale Neuigkeit, die durch weitere dramatische Erkenntnisse in ihrer tragischen Dimension komplettiert wird: Der Diener, der Laios auf seiner Pilgerreise nach Delphi begleitet hatte und mittlerweile auf dem Land lebt, wird dem König vorgeführt. Und er bestätigt ohne Zweifel, dass König Ödipus selbst der Mörder von König Laios ist. Und dann entpuppt sich dieser Diener nicht nur als Laios Begleiter bei seiner letzten Fahrt, sondern auch noch als der barmherzige Hirt, der den Auftrag seines Königspaares Laios und Iokaste, ihren neugeborenen Sohn auszusetzen, nicht erfüllt hatte. Ergebnis der Gegenüberstellung der beiden Hirten ist eine einwandfreie Rekonstruktion der Übergabe des Neugeborenen vom thebäischen an den korinthischen Hirten (V. 1110–1185).

Ödipus will die Wahrheit wissen. Ein Verhör folgt dem anderen. Er insistiert, bohrt und fragt nach, tut alles, um die Wahrheit zu erfahren. Durch seine Verhöre bringt Ödipus Iokaste zur Verzweiflung. Sie hat nämlich bereits vor Ödipus die entsetzliche, zerstörende Wahrheit erkannt und gerät dadurch in einen hochemotionalen Zustand. Sie unternimmt einen letzten Versuch, ihren Sohn und Ehemann zu retten – irgendwie als Wiedergutmachung des Unheils, das sie mit angestiftet hat – in dem sie ihm pathetisch rät, die Wahrheit nicht weiter zu erforschen (V. 1055–1072).

Sie wünscht ihm, dass er nie die Wahrheit erfahren möge.

Das verblendende Wunschdenken

Doch Ödipus hört nicht auf Iokastes Rat, er rebelliert gegen sie und sucht erbittert weiter nach der Wahrheit. Inzwischen ist er auf einer durch Wunschdenken durchtränkten Suche nach einer erhofften, ihn entlastenden Wahrheit. Seine verbissene Suche, seine erbarmungslosen Verhöre treiben schließlich Iokaste zum Suizid. Um es mit den Worten von Wolfgang Christlieb auszudrücken: *„Ödipus … tut etwas, wogegen Jokaste sich aufbäumt, wovor ihr schaudert. Ödipus ist grausam. Ödipus forscht und findet seine Eltern schuldig. Das ist der Kern des Dramas … "*[39].

Auch nachdem Ödipus bisherige Überzeugung durch die Aussagen der Augenzeugen zu bröckeln beginnt, verblendet ihn sein Wunschdenken. Falsche Hoffnungen bringen ihn an die Grenze seiner Erkenntnisfähigkeit. Er, der unbedingt die Wahrheit wissen will und auch alles dafür tut, versucht nun, genau dieser ermittelten Wahrheit zu entfliehen, die Wirklichkeit nicht anzuerkennen. Nur für einen kurzen Moment lässt er die befürchtete Wahrheit zu:

„Unglücklicher ich, mir scheint, ich habe mich selbst in einen furchtbaren Fluch verstrickt, ohne etwas davon zu wissen." (V. 744–745).

---

[39]Christlieb Wolfgang, S. 104.

Doch diese Erkenntnis wird sofort im Keim erstickt, sie wird nicht weiter zugelassen. Der sprichwörtliche Strohhalm soll helfen. Auch dann nämlich, als Iokaste – die, wie schon erwähnt, als erste die schreckliche Wahrheit erkannt hat – im affektiven Ausnahmezustand die Bühne verlässt, um sich in ihren Gemächern zu erhängen, klammert sich Ödipus an den Strohhalm grotesker Rationalisierungen: Es ist ja klar, sie läuft so schamvoll weg, weil er ein Findelkind ist, und wer weiß woher kommt. Es könnte sein, dass er niederer Abstammung ist, und deswegen schämt sich Iokaste, ihn zum Ehemann zu haben (V. 1078–1081).

Doch jedes neue Stückchen Information, jede Faktenkombination und vor allem die Zeugenaussagen und die Zeugengegenüberstellung führen schließlich dazu, dass die schaurige Wahrheit Stück für Stück so offen ans Licht kommt, dass auch er sie nicht mehr verkennen und ausblenden kann.

Schließlich sind die dramatischen Abläufe des Erkennens abgeschlossen. Für Ödipus wie auch für jeden anderen steht schlussendlich fest, dass der ihm unbekannte alte Mann, den er an der Weggabelung getötet hat, sein leiblicher Vater war, König Laios. Und noch dazu, dass dessen Gattin, Königin Iokaste, die er geehelicht hat, weil sie ihm im Verbund mit dem Thron von Theben offeriert wurde, seine leibliche Mutter ist.

Das Orakel hat sich nicht geirrt! Die Hoffnung auf einen Irrtum des Orakels war nur Wunschdenken (V. 1182–1222).

Damit erreicht die Tragödie den Höhepunkt ihrer Dramatik: Iokaste erhängt sich in einem gefühlsmäßigen Ausnahmezustand in den gemeinsamen Gemächern über dem Ehebett. Als Ödipus – ebenfalls im hochemotionalen Ausnahmezustand – mit einem Schwert in der Hand seiner Gattin/Mutter nachläuft und die Erhängte findet, fällt er in uferlose Verzweiflung. Nachdem er ihren toten Körper aus der Schlinge befreit und auf den Boden gelegt hat, reißt er eine goldene Nadel aus dem Gewand der toten Iokaste und sticht sich damit beide Augen aus. Er selbst vernichtet sein Augenlicht (V. 1234–1296).

Die stürmische Art, mit der Ödipus nach einem Schwert verlangt und in die ehelichen Gemächer eindringt (V. 1252–1262), gab späteren Deutern der Tragödie Anlass zu der Annahme – obwohl Sophokles keine konkrete Andeutung in die Richtung macht –, dass er seine Mutter umbringen wollte. Diese Annahme jedoch könnte sich, folgt man Sophokles Worten, relativieren lassen. Erstens durch Ödipus dramatisch-verzweifelte Reaktion, als er seine erhängte Gattin/Mutter sieht, und in der fast liebevoll anmutenden Szene, als er sie aus der Schlinge befreit und auf den Boden legt.

„Doch er, wie er sie sieht, der Arme, brüllt entsetzlich auf und löst den aufgehängten Strick." (V. 1256–1257).

Wäre es nicht paradox, dass jemand, der jemanden mit dem Schwert verfolgt, um ihn zu töten, aber schon tot findet, entsetzlich brüllt – wohl aus Schmerz und nicht aus Enttäuschung, wie aus dem Kontext erkennbar ist – und den toten Körper liebevoll behandelt?

Zum zweiten: Nachdem Ödipus sich selbst bezichtigt, dass er *„etwas Schlimmeres noch als das Schlimmste"* getan hat, bezeichnet er voller Empathie Iokaste als seine *„arme Mutter"*. Und noch dazu zeigt er sich erleichtert, weil er, nachdem er den beiden so etwas angetan hat, weder *„der armen Mutter"*[40], noch dem Vater in die Augen schauen muss, wenn er selbst eines Tages in den Hades kommt und sie dort trifft – denn er ist blind (V. 1371–1373).

Ödipus Unwissen verwandelt sich während der sophokleischen Enthüllungsarbeit also allmählich in Wissen. Eine Umwandlung aber, die sich keineswegs aus der Tiefe des Unbewussten speist. Sie entsteht ausschließlich durch die Konfrontation mit Fakten, Zeugenaussagen und aus der Zeugengegenüberstellung, erwiesenen Handlungsabläufen und deren detektivischer Zusammensetzung. Der akribischen Arbeit fleißiger moderner Ermittlungsbehörden vergleichbar, jedoch nicht den couchbequemen psychoanalytischen Freiassoziationen.

Nach der brutalen Selbstblendung verlangt Ödipus von seinen Dienern, ihn dem Volk zu präsentieren, um seine Schuld und Strafe öffentlich zu machen. Die Diener erfüllen Ödipus, der sich selbst als *„den allerverfluchtesten, den Göttern verhasstesten unter den Sterblichen"* (V. 1345–1346) bezeichnet, seinen Wunsch. Das Volk jedoch reagiert auf das Schicksal des gerechten und geliebten Königs nicht mit Abscheu und auch nicht mit sichtlicher Erleichterung über die bevorstehende Erlösung von der Pestplage, weil der Mörder von König Laios gefunden ist, sondern mit tiefer Trauer und Mitgefühl für das schuldlose Fluchopfer. Sogar sein Schwager Kreon, der vorher von ihm des Komplotts verdächtigt und mit schwerer Strafe bedroht, damit schwer beleidigt worden war, eilt zu ihm, schützt ihn und bringt zum Trost Ödipus Töchter Antigone und

---

[40]An dieser Stelle eine kurze Erläuterung der Bezeichnung „arme Mutter": Im griechischen Original verwendet Sophokles das Wort „τάλαινα" (tálana), die weibliche Form von „τάλας" (tálas). Das bedeutet „die Vielgeplagte", „die Unglückliche", „die Vielgeprüfte" – immer mit einer sehr empathischen Konnotation. „Die Arme" kann es auch bedeuten, allerdings nicht wörtlich gemeint, sondern im eben genannten empathischen Sinne. Diese Erläuterung wird uns vor allem bei der Darstellung des „Iokaste-Komplex" behilflich sein.

Ismene zu ihm. Der Chor beendet Sophokles Tragödie mit einem für den tragischen Protagonisten empathischen Lied:
"..... Dieser Ödipus,
Löser der berühmten Rätsel, der ein Mann war reich an Macht,
dessen Glück die Bürger alle sahen und beneideten,
wie er in des schlimmsten Schicksals Woge nun geraten ist!" (V. 1524–1527).
Und mit dem Schluss, dass kein Sterblicher vor dem Ende seines Lebens als glücklich gepriesen darf, beendet Sophokles seinen „König Ödipus".

Ödipus weiteres Schicksal

In Sophokles *„Ödipus auf Kolonos"* erfahren wir dann vom weiteren Schicksal des tragischen Helden. Der König, der sich selbst geblendet und seines Augenlichtes beraubt hat, übergibt die Verwaltung des Thrones wieder an seinen Schwager – und Onkel – Kreon. Mit dem Vermächtnis, dass dieser ihn seinen Söhnen Polyneikes und Eteokles weitergeben soll, wenn sie ins Mannesalter kommen. Er vertraut ihm auch seine Töchter Antigone und Ismene an.

Nach der Enthüllung des entsetzlichen Geheimnisses wünscht sich Ödipus zunächst nichts anderes als den Tod. Nach seiner Erblindung entscheidet er sich dann aber doch für das Leben und die Verbannung. Als er allerdings allein in seinem Palast sitzt und darauf wartet, in die Verbannung zu gehen, wie das Orakel es verlangt, beginnt er, sich anders zu besinnen. Er habe doch alle diese entsetzlichen Dinge unwissend getan. Er habe nicht gewusst und auch nicht wissen können, dass der von ihm Getötete sein Vater war. Er habe nicht gewusst und auch nicht wissen können, dass die Königin, die er geheiratet hat, in Wahrheit seine Mutter war.

Nichts gewusst und nichts gewollt!

Deshalb sei er mit der Selbsttötung seiner Gattin/Mutter Iokaste, mit der selbst zugefügten schmerzhaften Blendung sowie dem Verlust von Thron und Ansehen genug gestraft.

Er sei schließlich schuldlos schuldig geworden!

Er sei ein schuldlos schuldig gewordener Opfertäter![41]

Er, der unschuldige Ödipus, sei von den Göttern missbraucht worden, um den schuldigen Laios zu bestrafen!

Also genug der Strafe! Warum solle er jetzt als blinder Mann, mittellos und elend, auch noch in die Verbannung gehen?

---

[41]Dazu auch in Marneros „Mein Bruder Sisyphos, mein Freund der Minotauros. Archetypen der Griechischen Mythologie psychologisch erzählt".

Das Mitleid Kreons, des alten und neuen Machthabers, erreicht damit allerdings seine Grenzen, und so befiehlt ihm dieser, endlich in die Verbannung zu gehen. So wie es das Orakel verlangt. Auch seine beiden Söhne nötigen ihn dazu, um die Stadt vor der Pest zu retten. Nur seine Tochter Antigone zeigt große Empathie und Solidarität mit ihm und fühlt sich verpflichtet, ihm in sein Schicksal in der Verbannung zu folgen. Sie will für ihn da sein und ihn pflegen. Die jüngere Tochter Ismene soll bei ihren Brüdern bleiben und sich um sie kümmern.

Elend und hungrig, in bald zu Lumpen gewordenen königlichen Gewändern und zerlöcherten Schuhen, gehen beide ins Exil und irren durch Griechenland. Und so beschreibt Sophokles in seiner zweiten Ödipus-Tragödie „Ödipus auf Kolonos", wie Antigone den Vater (und Bruder), sich selbst dabei aufopfernd, begleitet, beschützt und sich um ihn kümmert. Erst durch Ödipus' Tod werden sie getrennt.

Herr Dr. Ödipus Freud und Frau Dr. Antigone Freud

Apropos, zum Duo Ödipus und Antigone und … und … fällt mir eine kleine Anekdote ein. Nachdem ich mich entschieden habe, sie nicht als gewöhnlichen Klatsch abzuqualifizieren, vor allem in Hinblick auf den noch zu besprechenden „Antigone-Komplex", gebe ich sie an dieser Stelle wieder. Nicht zuletzt auch, um die traurige, sehr traurige, Erzählung über den von den Göttern – und heutzutage auch von anderen – missbrauchten Ödipus aufzulockern. Das ist folgende Anekdote:

Zu Freuds 50. Geburtstag überreichten ihm die Wiener Psychoanalytiker ein Geschenk. Es war eine Medaille, auf deren einer Seite Sigmund Freud und auf der anderen Seite Ödipus abgebildet waren. Ödipus, wie er vor der Sphinx sitzt und das Rätsel löst. Die Zeichnung war umrahmt vom Vers der Schlussszene aus Sophokles „König Ödipus", dem wir oben schon begegnet sind: *„Der das berühmte Rätsel löste und ein gar mächtiger Mann war!"*. Aus Sicht der Psychoanalytiker eine durchaus berechtigte Symbolik: Freud, der Rätsellöser. Der Geehrte habe darauf sehr emotional reagiert, mit deutlichen vegetativen Symptomen, was Anlass zu verschiedenen Interpretationen gegeben habe. Nicht nur die Interpretation als freudige Reaktion oder ähnliches, sondern auch als Ergebnis von Freuds bewusster oder unbewusster, verdrängter oder unverdrängter eigener sexualneurotischer Problematik.[42]

Einige Jahrzehnte später erhielt Freuds Tochter Anna von derselben Gesellschaft in Wien ebenfalls eine Medaille, nun mit der Inschrift „Anna – Antigone"[43]. Die Anspielung auf die Ähnlichkeit der beiden dyadischen

---

[42]Uns wäre es sicherlich fremd, über die Gründe einer solchen Reaktion zu spekulieren. Der Interessierte aber kann das nicht nur in der von Ernest Jones verfassten Freud-Biografie, vermutlich dem Ursprung der Anekdote, sondern etwa auch bei Onfrays „Anti Freud" nachlesen und mehr darüber erfahren.

[43]Damit beschäftigt sich, unter anderen, auch Onfray.

Beziehungen Antigone-Ödipus und Anna-Sigmund war offenbar gewollt und beabsichtigt. Antigone hat ihren Vater in den Jahren des Exils treu und aufopfernd begleitet und sich bis zu seinem Tode um ihn gekümmert. Das Gleiche hat Anna für ihren Vater getan, nicht nur während seiner Exilzeit in London, sondern ein Leben lang.

Die Freud'sche Dyade soll aber viel früher entstanden sein: Als Anna 13 oder 14 Jahre alt war, begann Freud, sie zu den Sitzungen der Psychoanalytischen Vereinigung mitzunehmen, bei denen es laut den Sitzungsprotokollen um anale Sexualität, Inzest, hysterische Verwirrung, Libidoprobleme, sexuelle Perversionen, schädliche Auswirkungen des Onanieren und Masochismus, auch bei Kindern, und Ähnliches ging. Arme, arme Anna! Kann man doch denken!

Auch bevor Freud seine eigene jüngste Tochter Anna neun Jahre lang psychoanalysiert hatte, waren die beiden schon eine enge Dyade[44]. Doch wenn jemand an eine in Freuds Fantasie irgendwie geartete sexualisierte Beziehung denkt, traf dies in gesichertem Maße – folgt man Freuds eigenen Angaben – auf Mathilde, Annas ältere Schwester, zu. In einem Brief an den uns inzwischen bestens bekannten Wilhelm Fließ schrieb Freud am 31.05.1897, also fünf Monate vor der Verkündung seiner „Entdeckung" des Ödipus-Komplexes, dass er davon träume, mit seiner Tochter Mathilde „überzärtlich" zu sein. Vermutlich war Mathilde und nicht Anna Objekt seiner Traumbegierde, weil sie damals zehn Jahre alt war, Anna aber erst zwei. Freud schrieb: „Der Traum zeigt natürlich meinen Wunsch erfüllt, einen pater als Urheber der Neurose zu ertappen, und macht so meinen noch immer sich regenden Zweifeln ein Ende."[45] Wobei er vorher seinem eigenen Vater öffentlich bescheinigt hat, dass er „zu den Perversen gehört"![46]

Wie auch immer, nun haben wir es Schwarz auf Weiß: Von Freud stammt die Enthüllung, dass er den Wunsch hatte, sowohl mit seiner Mutter als auch mit seiner Tochter sexuell zu verkehren.

Von Ödipus haben wir nie derartiges vernommen!

Was für merkwürdige Konstellationen bei den Freuds: Vater Jakob war nach Auffassung von Sohn Sigmund ein „Perverser", der seine Kinder missbrauchte und Verursacher von deren Hysterie war. Mutter Amalia habe ein sexuelles Verhältnis mit Stiefsohn Philipp gehabt, der wiederum sei der Vater seiner Stiefschwester Anna. Sigmund Freud träumt davon, sowohl mit Mutter Amalia als auch mit Tochter Mathilde Sex zu haben und Vater Jakob zu beseitigen. Und noch dazu unterhält er eine engste Beziehung zu seiner unverheirateten Schwägerin Mina, mit der er alleine – Ehefrau Martha muss

---

[44]Damit auch.
[45]In dem schon zitierten Briefwechsel mit Fließ.
[46]Ebenda.

zu Hause bleiben – in Urlaub fährt und die ihm eine Schwangerschaft und einen Schwangerschaftsabbruch zu verdanken habe. Und schließlich bilden Tochter Anna und Vater Sigmund eine neurotische Dyade![47]

Ob all dies der Nährboden für die Transformation der Ödipus-Tragik zum Ödipus-Komplex gewesen sei könnte?

Die Erfindung des Ödipus-Komplexes: Fragen über Fragen!

Sophokles „König Ödipus" ist und bleibt ohne Zweifel ein Meisterstück der Erkenntnisproblematik, des Hoffnungs- und Wunschdenkens des Menschen im Allgemeinen – dieses Rätsellösers, der trotz seiner hohen Intelligenz nicht in der Lage ist, die Realität wahrzunehmen. Wünsche und Hoffnungen regieren und verblenden ihn. Sophokles transportiert seine Botschaften zu seinen Zuschauern und heutigen Lesern mittels der tragischen Ironie: Wir, Leser und Zuschauer, kennen den Mythos und seinen Ausgang. Ein Wissensvorsprung, der mit dem Nichtwissen und dem späteren, durch starke psychologische Abwehrmechanismen eingeschränkten oder sogar völlig verblendeten Wissen des tragischen Protagonisten kollidiert.

Wir wissen, dass Ödipus Sohn und Mörder von Laios ist.

Ödipus selbst hat nicht die blasseste Ahnung.

Wir wissen, dass Iokaste seine Mutter und Ehefrau ist.

Ödipus kennt sie nur als seine Frau, hat aber nicht den geringsten Verdacht, dass sie auch seine Mutter sein könnte.

Wir wissen, dass die vier Kinder, die er mit Iokaste gezeugt hat, nicht nur seine Kinder, sondern auch seine Geschwister sind.

Für Ödipus sind sie seine Kinder, aber er hat keine Ahnung, dass er und sie dieselbe Mutter haben.

Das Spannungsfeld zwischen unserem Wissen und Ödipus Unwissen ist die Basis für ein psychologisch-dramaturgisches Wechselspiel von Erkenntnis und Verleugnung, das sich durch fast die gesamte Tragödie zieht. Als sich im Verlauf die Indizien Stückchen für Stückchen zu einem Mosaik zusammenfügen und es kurz vor der Offenbarung des vollständigen Bildes der schaurigen Wahrheit steht, lässt sich Ödipus noch von einem ja geradezu

---

[47]Alles dies ist in verschiedenen Quellen nachzulesen, affektneutral etwa bei Marianne Krüll, aber auch polemisierend, etwa bei Michel Onfray.

stürmischen Wunschdenken steuern. Bloß nicht zu der bitteren Erkenntnis gelangen, dass er selbst tatsächlich der Mörder seines Vaters ist, ja sogar der Ehemann seiner Mutter und der Bruder seine Kinder! Es kann nicht sein, was nicht sein darf. Es ist für ihn Tabu, ein Tabubrecher zu sein! Er klammert sich an jeden möglichen Strohhalm, um seine Wahrheit „*mein Vater ist Polybos und nicht Laios, meine Mutter ist Merope und nicht Iokaste*", als die einzige gültige zu bewahren und die drohende andere, die „wahre" Wahrheit zu entkräften, sie abzuwehren. Ein faszinierendes psychologisches Wechselspiel zwischen Abwehr und Erkenntnis stellt Sophokles in dramaturgisch großartiger Weise dar[48]. Erst am Ende der Tragödie kann sich Ödipus schließlich der Wahrheit, der objektiven Wahrheit, nicht mehr verschließen. Als er endlich seine Augen dafür öffnet, zersticht er diese Augen, sich selbst blendend.

Die in Sophokles „König Ödipus" dargestellten psychologischen Zusammenhänge besitzen sicherlich immerwährende Aktualität. Die Frage ist aber, ob man bei König Ödipus einen psychopathologischen Komplex feststellen darf, in dem *Ödipus „in einer früher Genitalphase (etwa zwischen dem 3. und 4. Lebensjahr) Inzestwünsche der Mutter – Iokaste – gegenüber entwickelte, während dem Vater – Laios – gegenüber Hass- und Eifersuchtsgefühle in ihm aufkamen".* So wie es der Ödipus-Komplex besagt.

Wohlgemerkt, gegenüber Eltern, die er zu dem Zeitpunkt (um das 3.-4. Lebensjahr) überhaupt nicht kannte.

Mit anderen Worten: Darf man daraus ableiten, dass Ödipus einen Ödipus-Komplex hatte?

Diesen psychopathologischen Komplex – sexuelle Wünsche der Mutter gegenüber, Todeswünsche bezogen auf den Vater – hat Sigmund Freud, wie schon erwähnt, in Selbstanalyse auch bei sich festgestellt und gleich verallgemeinert. Den Komplex, den er bei sich entdeckt haben will, wie auch bei manchen anderen der damals seltenen Besucher seiner Praxis – „*das Geschäft läuft in unheimlicherweise schlecht*" klagte er wiederholt in seinen Briefen an Fließ –, hat er dann auch dem sophokleischen König Ödipus attestiert und ihn nach diesem benannt.

Doch erlaubt Sophokles Tragödie „König Ödipus" so etwas?

Um noch einmal zwei Dinge klarzustellen:

Erstens: Freuds „Ödipus-Komplex" wurde abgeleitet aus Sophokles Tragödie „König Ödipus". Darum muss sich jegliche Spurensuche nach der

---

[48]Leider kann die sophokleische Tiefenpsychologie an dieser Stelle nicht dargestellt werden, weil das den Rahmen dieses Buches sprengen würde. Der Interessierte kann es aber nachlesen in Marneros, „Irrsal! Wirrsal! Wahnsinn!".

Legitimität des „Ödipus-Komplexes" ausschließlich auf Freuds Quelle, die von ihm ausdrücklich benannte sophokleische Tragödie, beschränken. Selbst dann, wenn man in späteren Schriften des Komplexschöpfers, die viele Jahre nach dem Verkündungsjahr 1897 entstanden, Spuren anderer Variationen des Mythos erkennen könnte. Die Vermischung mit Aussagen anderer Quellen vor und nach Sophokles, die eventuell anderes über Ödipus sagen, hat keine Legitimation, weil Freud sich bei der Schöpfung des Ödipus-Komplexes darauf nicht bezog, sondern ausschließlich auf Sophokles Tragödie. Leider gibt es diese Vermischung, sowohl in der psychoanalytischen als auch in der anti-psychoanalytischen Literatur, in extenso.

Zweitens: Es geht nicht darum, ob ein psychopathologischer Komplex, den man „Ödipus-Komplex" nennen will, überhaupt existiert. Auch nicht darum, ob er im Falle der Bejahung seiner Existenz nur individuelle Gültigkeit für seinen Entdecker hat oder ob er doch Allgemeingültigkeit besitzt und jeden menschlichen (männlichen) Neuankömmling betrifft, wie Freud und seine Psychoanalyse behaupten. Das ist nicht die Frage, die wir uns stellen. Die Frage ist viel, viel einfacher. Formulieren wir sie noch einmal:

Wie kam Sigmund Freud dazu, zu meinen, dass Sophokles König Ödipus das Ur-Paradigma für einen psychopathologischen Komplex ist, in dem der Knabe in einem Alter von etwa 3–4 Jahren Inzestwünsche der Mutter gegenüber entwickelt und dem Vater gegenüber Hass- und Eifersuchtsgefühle?

Schauen wir ganz genau hin, was aus der sophokleischen Quelle in Bezug auf die folgenden beiden Themenkomplexe sprudelt:

1. Ödipus wahre Eltern und seine falsche Flucht.
2. Freuds Schlüssel.

Ödipus wahre Eltern und seine falsche Flucht

Das ist die alles entscheidende Frage: welcher Mutter und welchem Vater gegenüber hätte Ödipus die Inzestwünsche bzw. die Hass- und Eifersuchtsgefühle entwickeln können?

Ist es denn nicht leicht, diese Frage zu beantworten? Kann die Antwort eine andere sein als die folgende?

> Wenn Ödipus überhaupt Freud'sche ödipale Gefühle entwickelt hätte, dann hätten die Adressaten nur Polybos und Merope sein können. Seine Adoptiveltern, die er immer, bis unmittelbar vor dem Schluss des Dramas, für seine leiblichen hielt.

Doch von Inzestwünschen oder Hassgefühlen gegenüber den Adoptiveltern ist nirgendwo die Rede! Weder bei Freuds Quelle Sophokles, noch bei irgendeiner anderen Variante des Ödipus-Mythos! Auch nicht bei Freud!

Und wie sollten während seiner frühkindlichen Entwicklung die ihm völlig unbekannten Fremden, Laios und Iokaste, deren Existenz er nicht einmal ahnen konnte, Objekte seines Hasses oder seiner sexuellen Begierde gewesen sein?

Kein Sterblicher hat gewusst, dass die Letztgenannten des Königs leibliche Eltern waren, sieht man von dem schweigenden Propheten Teiresias ab, der als einziger außer den Göttern davon wusste, die Brücke zwischen göttlichem Wissen und menschlichem Wissen darstellend. Selbst Ödipus Lebensretter, Laios barmherziger Hirte, der das Neugeborene nicht ausgesetzt, sondern weitergegeben hatte, konnte nicht wissen, dass der ihm völlig unbekannte Königsmörder am Gabelweg das einst von ihm gerettete Baby war. Er hatte doch das Schicksal des Königskindes nicht weiter verfolgen können, nachdem er ihn dem fremden Hirten übergeben hatte. Und der zweite Retter des Babys, der korinthische Hirt, der das Kindlein Ödipus nannte und ihn dem kinderlosen Königspaar Polybos und Merope brachte, hatte keine Ahnung, wer dessen leibliche Eltern waren. Erst am Ende der Tragödie – und nur durch die Kombination ihrer jeweiligen Teilinformationen – erfuhren die beiden Retter, wen sie gerettet hatten, wer der von ihnen stehende und sie nachdrücklich vernehmende König Ödipus tatsächlich war. Auch Ödipus selbst erfuhr erst am Ende des Dramas durch die Zusammenführung aller Informationen, was wir als Zuschauer oder Leser von Anfang an wissen: Er wurde als höchstens drei Tage altes Baby – Iokaste selbst spricht *„von nicht mal drei Tagen"* (V. 717) – von seinen leiblichen Eltern weggegeben, um auf grausame Weise zu sterben. Seine „Eltern", in Wahrheit die Adoptiveltern Polybos und Merope, haben nie erfahren, von wem das Baby stammt, dass es königliches Blut in sich trägt. Sie wussten bloß von einem ausgesetzten Kind, das die leiblichen Eltern dem Tod übergeben hatten.

Durch das jeweilige Partialwissen wusste also niemand, wer Ödipus wirklich ist.

Weder aus eigenem bewusstem oder unbewusstem Wissen, noch aus direkten oder indirekten Hinweisen von anderen konnte also der kleine Ödipus in der vermeintlichen „ödipalen Phase" etwas von Laios und Iokastes Elternschaft ahnen. Ödipus hat die Begriffe „Vater" und „Mutter" stets mit Polybos und Merope verbunden. Nie mit Laios und Iokaste.

Hätte Ödipus also einen Ödipus-Komplex gehabt, dann wären Merope die sexuell Begehrte und Polybos der aggressiv Verhasste gewesen. Und nicht die ihm unbekannten Iokaste und Laios.

Übrigens man fragt sich darüber hinaus: Wer war denn eigentlich das Objekt der Aggression und wer der Aggressor? War es nicht der Vater, der leibliche, der dem wehrlosen Baby die Füßchen einschnürte, eventuell, obwohl unglaublich, sogar durchbohrte, und es gemeinsam mit der Mutter, der leiblichen, den wilden Tieren zum Fraß überließ? War es nicht dieser Vater, der zusammen mit seiner Gefolgschaft den friedlich wandernden Sohn an der Weggabelung aggressiv attackierte? War es nicht Laios, der den bedrängten Ödipus *„erspäht den Augenblick und fährt ihm mit dem Doppelstacheln mitten übers Haupt"* (V. 808–809). War es nicht der leibliche Vater, der seinen Sohn in eine Notwehrsituation brachte, die mit seinem eigenen Tod endete?

Wäre es also nicht die totale Verdrehung, wenn man den Sohn als den Aggressor und den Vater als das Objekt der Aggression darstellte – wie es Freuds „Ödipus-Komplex" suggeriert?

Ist es mit dem Mythos konform, wenn man aus einem Aggressionsopfer einen Aggressionstäter macht? Sogar zweimaliges Aggressionsopfer, beim ersten Mal willenloses, beim zweiten Mal zur Gegenwehr gezwungen?

Die durch den Spruch des Orakels verursachte Flucht vor dem Fluch war falsch. Dadurch lief Ödipus genau in die Hände des Schicksals, dem er entfliehen wollte. Mit der in Notwehr stattgefundenen Tötung des ihm unbekannten Vaters erfüllte sich der erste Teil der Prophezeiung, ohne dass Ödipus das geahnt hätte. Und was ist mit dem auf die Mutter gerichteten sexuellen Begehren? Suchen wir das bei Freuds Schlüssel.

Freuds *„Schlüssel der Tragödie"*

Der zweite Themenkomplex hängt mit dem sogenannten Schlüssel der Tragödie zusammen.

Sigmund Freud bezeichnet, wie schon erwähnt, als *„den Schlüssel der Tragödie"* Iokastes Worte, dass viele Menschen in ihren Träumen sexuell mit der Mutter verkehren. Er zitiert die Zeilen:

*„Denn viele Menschen sahen auch in Träumen schon
sich zugestellt der Mutter: doch wer alles dies
für nichtig achtet, trägt die Last des Lebens leicht."* (V. 981 ff).

An dieser Stelle muss Freud entschieden widersprochen werden: Die zitierten Verse sind keinesfalls der *„Schlüssel der Tragödie"*! Sie wurden bloß von ihm dazu auserkoren. Sie sind zwar psychologisch nicht ganz unbedeutende Worte, aber im Vergleich zu anderen Sätzen, die eine Schlüsselfunktion für die Entwicklung der Tragödie haben, gehören sie in die zweite oder gar dritte Reihe der Bedeutsamkeit.

Die zitierten Worte Iokastes sind Teil eines Dialoges zwischen ihr und Ödipus (V. 991–1072). Sie werden von Iokaste gesprochen, nachdem Ödipus die Nachricht erhalten hat, dass sein Vater Polybos gestorben ist. Ödipus berichtet Iokaste über die Prophezeiung des Orakels und zeigt seine große Erleichterung darüber, dass sie – zumindest teilweise – falsch interpretiert worden sei. Sein Vater nämlich, der greise Polybos, sei eines natürlichen Todes gestorben, wie gerade ein Bote aus Korinth verkündet habe. Er, Ödipus, solle nun den Thron des Vaters erben. Seine Erleichterung darüber, dass keine Gefahr mehr bestehe, dass er seinen Vater töten könnte, wird bestärkt, wortreich und mit großer Selbstsicherheit, durch Iokaste. Doch seine alte Mutter Merope lebe noch, gibt Ödipus zu bedenken, so dass sich immer noch der zweite Teil der Prophezeiung irgendwie erfüllen und er seine Mutter ehelichen könnte. Auch wenn seine Mutter inzwischen alt sei, man wisse ja nie …

Und dann kommen die von Freud oben zitierten Verse *(„981 ff.")* aus Sophokles Drama – allerdings aus dem Zusammenhang gerissen.

Schauen wir uns die Stelle (V. 971–983) genauer an:[49]

Ödipus	*„…. doch die erteilten Göttersprüche nahm er mit und liegt im Hades, Polybos, und sie sind nichts wert!*
Iokaste	*Habe ich dir das nun nicht schon mal längst vorausgesagt?*
Ödipus	*Du sagtest es; doch mich missleitete die Furcht.*
Iokaste	*Nun nimm von alledem dir nichts zu Herzen mehr!*
Ödipus	*Wie soll mir vor der Mutter Bett nicht bange sein?*
Iokaste	*Was soll der Mensch wohl fürchten, dem des Zufalls Macht*

---

[49] Leichte sprachliche Diskrepanzen zwischen dem von Freud verwendeten Zitat und dem nachfolgenden sind den unterschiedlichen Übersetzern geschuldet. Freud verwendet die Übersetzung von Donner, während dieses Buch, wie schon erwähnt, sich auf die von Wilhelm Willige, überarbeitet von Karl Bayer, stützt – mit leichten sprachlichen Modifikationen durch den Verfasser.

> *gebeut, der aber nichts Gewisses vorhersieht?*
> *Am besten ist es, dahinzuleben, wie man kann.*
> *Doch um die Ehe mit der Mutter sorge dich nicht!*
> *Denn viele Menschen haben wohl in Träumen schon*
> *der Mutter beigelegen. Doch wem alles dies*
> *für nichts gilt, trägt des Lebens Last am leichtesten."*

Iokaste versucht also, Ödipus zu beruhigen, und spricht von einem Traum, den viele Menschen hätten. Sophokles verwendet an dieser Stelle für „Mensch" das Wort „Brotós" („Βροτός"). Damit wird sowohl in der Klassik, wie auch in der kirchlichen Sprache von heute der „Mensch" bezeichnet, ohne Geschlechtsdifferenzierung. Gemeint ist aber in diesen Versen von Sophokles wohl am ehesten der Mann bzw. das männliche Kind. Der Traum, auf den Iokaste hindeutet, ist klar definiert, weder verschlüsselt noch zensiert, oder in einer deutungsbedürftigen Traumsymbolik verhüllt. Er tritt in einer offensichtlichen und unmaskierten Form auf, wie der Psychoanalytiker Georges Devereux in seinem Werk „Träume in der griechischen Tragödie" einräumt. In Freuds Psychoanalyse haben Träume dagegen immer ihre immense Bedeutung als die via regia zum Unbewussten. Der Traum ist danach Ausdruck einer unbewussten Fantasie oder eines unbewussten Wunsches, allerdings nicht in der *„offensichtlichen und unmaskierten Form"* wie Ödipus Traum, worauf neben dem eben zitierten Devereux auch viele andere Psychoanalytiker hinweisen. Dies ist aber ungewöhnlich für das psychoanalytische Verständnis von Traum. Demzufolge sind durch den Traum zum Ausdruck gebrachte Phantasien oder Wünsche für den Menschen im wachen Zustand und bewusst nicht zugänglich. Deswegen der Trick des Unbewussten mit der Maskierung und Symbolisierung. Die unbewussten Wünsche und Gedanken, die durch die Traumbilder transferiert werden, seien durch Symbolisierung, durch die Traumsymbolik, in der Regel bis zur Unkenntlichkeit verändert. Die Traumzensur prüfe nämlich vor der Freigabe, ob alle im Traum zur Darstellung drängenden Triebwünsche und Traumbilder annehmbar seien und zugelassen werden könnten. Die aufgrund von unannehmbaren und verbotenen Inhalten zulassungsunfähigen nähmen dann eine verschlüsselte Form an, um die Zensur passieren zu können. Die „verbotenen" Inhalte erschienen dann zwar im Traum, allerdings in Form harmloser Bilder. Die von Freud psychoanalytisch umgestaltete uralte Kunst der Traumdeutung müsse zu ihrer Entschlüsselung ganze Arbeit leisten, was gut ausgebildete, in einer sehr langen Lernphase dafür spezialisierte Experten benötige.

Für den von Iokaste erwähnten Traum aber braucht man die Psychoanalyse nicht, er ist klar und eindeutig! Nicht maskiert und nicht verschlüsselt! Iokaste gibt eine erfahrungsgestützte Erklärung für den unverschlüsselten, unmaskierten und ihrer Meinung nach auch nicht ungewöhnlichen Traum.

Aber wieso unmaskiert und unverschlüsselt?

War denn in der klassischen Zeit des Sophokles der Mutterinzest zulässig und erlaubt?

Keineswegs! Im Gegenteil, es war nicht nur damals in der klassischen, sondern auch in der vorklassischen, ja sogar mythischen Zeit eine schwere Sünde, die harte Bestrafung nach sich zog, wie uns unter anderem auch der uralte Ödipus-Mythos ohne das geringste Missverständnis lehrt. Ein Mythos übrigens, der viel älter ist als die Zeit, in der das Abendland seine ersten literarischen – und damit auch psychologischen – Worte gesprochen hat![50] Nicht zuletzt um diese schwere Sünde zu verhindern, ist Ödipus ja vor der Prophezeiung geflüchtet.

Und so entstehen die nicht ganz unberechtigten Fragen:

> **Einige neugierige Fragen**
> Warum greift nicht auch in diesem Fall der Traumzensor ein?
> Wieso lässt er solche absolut zulassungsunfähigen, absolut unannehmbaren und absolut verbotenen, ja Tabu-Themen unzensiert und in aller Deutlichkeit zum Ausdruck kommen?
> Warum kann Iokaste ganz selbstverständlich über einen solchen völlig unverschlüsselten Tabuthema-Traum sprechen und ihn als nicht ungewöhnlich bezeichnen?

Vielleicht liegt die Antwort für alle diese Fragen in Iokastes Worten: Harmlos, nichtig, seien solche Träume! Und sie geht sogar einen Schritt weiter, einen sehr wichtigen:

„Doch wem alles dies
für nichts gilt, trägt des Lebens Last am leichtesten."
(V. 982–983).

Oder in der von Freud verwendete Übersetzung, das gleiche bedeutend:
„Doch wer alles dies
für nichtig achtet, trägt die Last des Lebens leicht".

---

[50]Damit sind die homerischen Epen gemeint, in denen zum ersten Mal der uralte Ödipus-Mythos erwähnt wird. In psychologischer Form erzählt in Marneros „Homers Ilias psychologisch erzählt. Der Seele erste Worte" und „Homers Odyssee psychologisch erzählt. Der Seele erste Irrfahrt".

Freuds Komplex und Ödipus Unschuld

Kommen wir nun zum Schluss und ziehen ein Fazit. Dieses Fazit möchte ich im Anschluss um einen Vorschlag – manche werden meinen, einen scherzhaften – erweitern.

Halten wir zunächst folgendes fest:
Unter den beiden schon genannten Voraussetzungen, nämlich

a) dass kein Patchwork von Quellen konstruiert wird und nichts anderes mit der von Freud namentlich genannten Quelle des „Ödipus-Komplexes" vermischt werden darf, und
b) dass man hier keine Stellung zu der Frage nehmen will, ob es einen sogenannten Ödipus-Komplex überhaupt gibt, sondern nur und allein zu der Frage, ob es gerechtfertigt ist, sich dafür auf Sophokles „König Ödipus" zu berufen,

kann folgendes resümiert werden:
Der von Freud benannte *„Schlüssel der Tragödie"* öffnet keineswegs ein Tor zu der Schlussfolgerung, dass Iokaste und Laios, Ödipus leibliche Eltern, Objekte seiner „Wunschfantasien" und „Wunschträume" von „sex and crime" waren.

Das war gar nicht möglich!

Ödipus ödipale Phase – angenommen, dass es so etwas gibt – war Laios- und Iokaste-frei. Hätte er eine gehabt, dann wäre sie Polybos- und Merope-lastig. Schwer vorstellbar, dass ein höchstens drei Tage altes Baby mit Begriffen wie Eltern, Mutter, Vater, Libido, Hass, Eifersucht, sexueller Begierde, sexueller Rivalität und ähnlichem etwas anfangen könnte – nicht einmal unbewusst. Als Ödipus in der Entwicklungsphase des Kleinkindes war, in der sich – nach der Überzeugung ihrer Theorieanhänger – die sogenannte ödipale Problematik herauszubilden beginnt, waren für ihn mit absoluter subjektiver Sicherheit Vater und Mutter Polybos und Merope. Und damit wären sie auch das Objekt seiner Begierde bzw. eifersüchtigen Hasses gewesen!

Ich denke, dass jeglicher Schlüssel der Tragödie die Tür nur zu der einen Erkenntnis öffnet:

> **Ein Opfertäter ohne Ödipus-Komplex**
>
> Ödipus hatte nie einen Ödipus-Komplex! Er wurde ihm bloß angedichtet.
>
> Ödipus war ein Opfer, das unwissend zum Täter wurde! Zum Opfertäter!
>
> Opfer seiner Eltern, der egoistischen und gewissenlosen!
>
> Opfer der Götter, der ungerechten und unbarmherzigen!

Ungerecht und unfair ist aber auch, dass Sigmund Freud einen Aspekt seiner eigenen polymorphen sexuell-neurotischen Problematik – die er sich selbst attestierte – auf König Ödipus transferierte und damit dem Opfertäter den Opferstatus raubte und ihn zum reinen Täter machte!

Sophokles Glückstrauer und Freuds narzisstische Melancholie

Wir können also ruhigen Gewissens schlussfolgern: Aus der von Sigmund Freud angegebenen sophokleischen Quelle sprudelt Vieles und Wertvolles – aber kein Freud'scher „Ödipus-Komplex"!

> ....Des Sophokles Gesicht ist durch freudverursachte Wolken der Traurigkeit bedeckt. *„So ein Perverser war mein König Ödipus nicht! Keinesfalls. Οὐδέ ποτέ! Nie und niemals, also"* – grollt er zornig, aber auch traurig durch seinen lockigen Bart vor sich hin....

Zum guten Schluss noch die versprochene Erweiterung des Fazits, ein augenzwinkernder Kompromissvorschlag, sozusagen: Wie wäre es denn, wenn der sogenannte „Ödipus-Komplex" – unabhängig davon, ob er real existiert, ob er Privatbesitz ist oder Kollektiveigentum – zum „Sigmund-Freud-Komplex" unbenannt wird? Denn Sigmund Freund hatte ihn, wie er uns selbst versicherт; König Ödipus aber sicherlich nicht. Und wie wäre es, wenn wir unter der Bezeichnung „Ödipus-Komplex" nicht mehr Sigmund Freuds Heureka-Entdeckung verstehen, sondern stattdessen den sophokleischen Ödipus-Komplex:

> **Der „Sophokleische Ödipus-Komplex"**
>
> Der Ödipus-Komplex – nach Sophokles – ist der Drang des unwissentlich Belasteten, die Wahrheit über sich selbst zu erfahren, der dann aber durch Wunschdenken die bittere Wahrheit abzuwehren versucht und der schließlich von ihr zerstört wird.

> Und Sophokles Gesicht strahlt wieder das Glück und die Zufriedenheit des richtig Verstandenen aus: *"Jawohl, so jemand ist mein König Ödipus. Und das wäre dann auch ein richtiger sophokleischer Ödipus-Komplex!"* ruft er und streichelt mit seiner rechten Hand, glücklich und zufrieden, seinen halblangen, lockigen Bart. Doch Glück und Zufriedenheit währen nur kurz. Sophokles weiß nämlich, dass die Welt unter „Ödipus-Komplex" weiterhin den „Sigmund-Freud-Komplex" verstehen wird und nicht den sophokleischen. Und so wirft wieder die Freud'sche Wolke den Schatten der Traurigkeit über sein nachdenkliches Gesicht. *"Oder doch nicht?"* Denkt er.... Und lächelt wieder bedeutungsvoll.

Aber

> .... Im Zukunftshintergrund hört man aus der Ferne auch Freuds narzisstisch-melancholisches Murmeln: *"Sie vermuten, dass nach meinem Abtreten meine Irrtümer als Reliquien verehrt werden könnten.... es werden im Gegenteil die Jungen sich beeilen, alles, was nicht niet- und nagelfest aus meiner Verlassenschaft ist, schleunigst zu demolieren."*[51]

Und schon entdecken die Psychiater, Psychologen, Psychosomatiker und – erfreulich, erfreulich – auch Psychoanalytiker (!), was der bekannte amerikanische Psychoanalytiker Robert Stoller, spezialisiert in den sexuellen Perversionen, erstaunt und enttäuscht formuliert:

"Irgendwas stimmt mit der Freud'schen Theorie nicht."[52]

---

[51]So beginnt die französische Psychoanalytikerin Christiane Olivier in ihrem Buch „Jokastes Kinder". einen „Imaginären Diskurs" S. 9.
[52]Ebenda.

3

Der Iokaste-Komplex

Die Entdeckung von Iokastes vaginalen Lustgefühlen

„Laios - Jokaste ….. Jokaste – Ödipus …… Ödipus - Antigone und Ismene …….

So verläuft die griechische Tragödie, die Ursprung und Ende des unglücklichen Helden umschließt, den Freud als Modell für das menschliche Schicksal gewählt hat. Aus dieser an Haupt- und Nebenfiguren so reichen Tragödie hat Freud allein den Ödipus herausgehoben, den Sohn, der der Mörder seines Vaters und der Geliebte seiner Mutter ist: Seine Gefühle, Wünsche, Gewissensbisse schildert uns Freud in aller Ausführlichkeit. Er erzählt uns immer wieder von Ödipus, aber wer kümmert sich um Jokaste, die Nebenfigur? Um sie und ihr Begehren, das sie ins Bett ihres eigenen Sohnes treibt, der Fleisch ist von ihrem Fleisch und der das Geschlecht hat, das sie nicht hat, denn sie ist eine Frau.

Kann man Jokaste, Inbegriff des alten androgynen Traumes der Menschheit, so einfach vergessen? Kann man sie einfach im Dunkel lassen….?"[1]

Nein natürlich nicht!

Und so wurde auch Iokaste von der Psychoanalyse entdeckt.

Offensichtlich machte vor allem ein umstrittener Satz in Sophokles Drama sie für die Psychoanalyse interessant. Und zwar in Vers 1068, in

---

[1]So beginnt die französische Psychoanalytikerin Christiane Olivier das erste Kapitel ihres Buches „Jokastes Kinder", S. 11.

dem Iokaste ihrem Ehemann (und Sohn) wünscht, dass er nie die Wahrheit erfahren möge. Sie erkennt nämlich bereits, wie wir schon aus dem vorigen Kapitel wissen, die entsetzliche, zerstörende Wahrheit schneller als Ödipus und gerät dadurch in einen hochemotionalen Zustand. Sie unternimmt einen letzten Versuch, ihren Ehemann/Sohn zu retten – als eine Art von Begrenzung des Unheils, das sie mit angestiftet hat –, indem sie ihm pathetisch rät, die Wahrheit nicht weiter zu erforschen (V. 1055–1072).

Sie wünscht ihm, dass er nie die Wahrheit erfahren möge.

"Unseliger! Erführst du niemals, wer du bist"[2] (V. 1068).

Dieser Satz beschäftigte schon viele Exegeten. Manche fragen sie sich: *"Wusste Jokaste also von Anfang an etwas über die Herkunft von Ödipus, ihren Sohn und zweiten Ehemann? Über den Tod seines Vaters, ihres ersten Ehemannes? Und über das Verbrechen, das sie mit ihrem Sohn fortwährend beging? Ist Jokaste noch schuldbeladener als Ödipus? Ist Ödipus Jokaste und ihres Begehrens Spielzeug..... Hat Jokaste um den Inzest mit ihrem Sohn gewusst und ihn gewollt?"*[3]

Manche, die es nicht gut mit der armen Frau meinen, sind sich sicher, dass alle diese Fragen mit „Ja" zu beantworten sind. Der Satz der verzweifelten Iokaste sei als Aufruf an Ödipus zu verstehen, endlich mit der Wahrheitssuche aufzuhören und so weiter zu machen. Es stellt sich nämlich die Frage, ob Sophokles Originalformulierung als Aufforderung verstanden werden kann. In seinem Drama verwendet Sophokles in dem zitierten Vers (1068) das Wort „εἴθε" (eíthe). Dieses Wort – in Verbindung mit einem nachfolgenden Verb – bedeutet immer ein Wünschen, etwa im Sinne von „möge" oder „hoffentlich" oder „ich wünsche jemandem". Das Verb, mit dem Sophokles das „εἴθε" verbindet, ist „γνοίης" (gnoies), was „erfährst" bzw. „erkennst" oder „weißt" bedeutet. So ist die einzige Übersetzungsmöglichkeit des zitierten Verses (1068) die im Sinne eines Wünschens, wie etwa:

"Unseliger! Hoffentlich wirst du niemals erfahren, wer du bist." Oder *„Möge..., dass ....".* Oder *„Ich wünsche dir, dass du......"*.

Es handelt sich also um einen Wunsch und nicht um eine Aufforderung. Zur Aufforderung wurde es erst durch eine meines Erachtens unzulässige Umwandlung der ευκτική (evktiké)-Form der griechischen Sprache in προστακτική (prostaktiké), d. h. der Optativ wird zum Imperativ umgewandelt und damit der Wunsch zum Befehl! Aus dem Wunsch machen

---

[2] So eine gängige deutsche Übersetzung des Originals, hier durch Wilhelm Willige.
[3] So etwa Christiane Olivier S. 11–12.

trotzdem manche eine Aufforderung! Auf dieser gewähnten „Aufforderung" bauen Psychoanalytiker, mindestens zum Teil, ihren „Iokaste-Komplex" auf, wie wir in den kommenden Abschnitten sehen werden. Von Aufforderung kann aber keine Rede sein. Es ist eindeutig ein Wunsch, ähnlich wie ein Stoßgebet!

Es ist der verzweifelte Wunsch, den geliebten Mann und ahnungslosen Sohn vor der Katastrophe zu retten.

„Weh' dir, du Unglückseliger! Dies allein noch habe ich dir zu sagen..." (V. 1071).

Das sind die letzten Worte einer todgeweihten Frau, die sich Minuten später erhängt.

Manche lassen aus dieser Umwandlung Fragen entstehen, ähnlich wie die anfangs zitierten von Christiane Olivier: „*Wusste Jokaste also etwas über die Herkunft des Ödipus, über den Tod seines Vaters und das Verbrechen, dass sie mit ihrem Sohn fortwährend beging? Jokaste noch schuldbeladener als Ödipus? Ödipus als Spielzeug Jokastes und ihres Begehrens?*"[4] Manche lassen sie bloß als Fragen im Raum, andere jedoch beantworten sie, unerklärlich selbstsicher, mit einem eindeutigen Ja!

Und so kam es dazu, dass auch Iokaste auf die psychoanalytische Couch gezwungen wurde, nach der Logik: Wo Ödipus ist, da darf Iokaste nicht fehlen. Auch Laios nicht, ihre Tochter Antigone ebenfalls nicht. Dem Ödipus-Komplex folgte, daraus abgeleitet, eine kleine Schar verwandter und weniger verwandter Komplexe. Nachdem Übervater Freud mit dem Ödipus-Komplex den Goldschatz aus der sophokleischen Fundgrube gehoben hatte, versuchten seine Epigonen, ebenfalls davon zu profitieren; auch wenn von Sophokles Schatz nach Freuds Heureka-Ausgrabungen nur kümmerliche Restfunde übrig geblieben sind. Aber immerhin: Epigonen-Glanz! Auch wenn der Vater der Psychoanalyse zu Iokaste so rätselhaft geschwiegen hat.

Kritiker provozieren damit. Aber wir wollen nicht provozieren, sondern aufklären.

Wie auch immer. Nachdem die an den „Ödipus-Komplex" Glaubenden ihn zu einer der tragenden Säulen einer neuen Erkenntnisideologie gemacht hatten, begannen manche von ihnen, ohne großes Aufsehen an einem Iokaste- und einem Laios-Komplex zu basteln. Das Erscheinen der beiden Eltern-Komplexe ging eher geräuschlos über die Bühne, ohne die bebenartige Wirkung ihres Sohn-Komplexes. Der Heureka-Effekt der ersten Erfindung

---

[4]Ebenda.

wurde nicht mehr erreicht – von keinem der Epigonen und von keinem der Nachahmer. Im Sog des Ödipus-Komplexes haben seine Eltern-Komplexe nie dessen Popularität gewonnen. So wie ihre mythischen Namensgeber nie den Bekanntheitsgrad ihres Sohnes erlangt haben.

Auch der Iokaste-Komplex, ebenso der Laios-Komplex, den wir im nächsten Kapitel kennenlernen werden, wird wie der Ödipus-Komplex aus Sophokles Tragödie „König Ödipus" abgeleitet. Damit befinden wir uns in einer sehr komfortablen Lage bezüglich der Darstellung der Komplexe der Ödipus-Eltern. Weil wir nämlich das Wesentliche oder genauer gesagt, fast alles, zum Ödipus-Iokaste-Laios-Dreieck bereits kennengelernt haben, können wir es jetzt kurz und bündig machen.

Beschäftigen wir uns zunächst mit Iokaste, der Königin von Theben, Tochter von Meinokeus, Schwester des Interim-Königs Kreon, Ehefrau des ermordeten Königs Laios, Mutter und Ehefrau von Laios Mörder, dessen Sohn König Ödipus. Anders gelesen: Beschäftigen wir uns mit der *„armen Mutter"* bzw. der *„vielgeplagten Mutter"*, wie Sophokles Ödipus sie empathisch nennt[5]; oder mit der *„herrlichen Mutter"* nach Homers Versen[6]. Die Frage, ob Iokaste etwas über die Herkunft von Ödipus und über seine Rolle beim Tod seines Vaters bzw. ihres Ehemannes wusste und ob sie um den Inzest mit ihrem Sohn nicht nur gewusst, sondern ihn sogar gewollt hat, haben wir eben angerissen.

> **Ein Iokaste-Komplex, der aus inzestuösen Lustgefühlen entspringt**
>
> Als Iokaste-Komplex bezeichnet man inzestuöse Wünsche der Mutter dem Sohn gegenüber, der im verführerischen Verhalten der Mutter seinen Ausdruck findet[7].

Der psychoanalytische Spieß ist umgedreht: Nicht der Sohn begehrt sexuell die Mutter, sondern die Mutter den Sohn! Zumindest sie ihn als erste!

---

[5]Sophokles: „König Ödipus", V. 1373. S. auch Erläuterung im vorigen Kapitel, Abschnitt: „Das verblendende Wunschdenken".

[6]Im 11. Gesang der „Odyssee" (V. 271). S. auch Erläuterung im vorigen Kapitel, Abschnitt: „Wie Sigmund Freuds Komplex den Namen des Königs bekam".

[7]So lautet in etwa die Formulierung des vermutlich ersten Beschreibers des Komplexes, Raymond de Saussure, der ihn als einen Teil des Ödipus-Komplexes definiert. So ähnlich versteht ihn auch der uns schon bekannte Georges Devereux, der den Iokaste-Komplex – wie auch den Laios-Komplex – als komplementär zum Ödipus-Komplex deklariert in: „Träume in der griechischen Tragödie", S. 141.

Erich Wellisch, ein anderer Psychoanalytiker der Fünfzigerjahre des vorigen Jahrhunderts, betrachtet den Iokaste-Komplex als Teil *„der Gruppe Ödipus-Komplex"*. Er argumentiert damit, dass der Ödipus-Komplex eine Kombination von Liebes- und Hassimpulsen sei, die sich unbewusst zwischen allen Mitgliedern der Familie abspielen. Insofern gebe es eine Zahl von Subkomplexen, die die Ödipus-Komplex-Gruppe konstituieren. Wellisch nennt einige davon, so etwa Laios-, Iokaste- und – eben als ein Mitglied der Gruppe – den Ödipus-Komplex, wobei der Laios-Komplex den basalen Aspekt der ganzen Ödipus-Situation beinhalte. Darüber hinaus benennt er als zur Ödipus-Gruppe gehörend den Subkomplex der Tochter (das sei der Elektra-Komplex von C.G. Jung), noch einen Subkomplex des Sohnes (den Orestes-Komplex, wenn die Aggression des Sohnes sich gegen die Mutter richte, beim Ödipus-Komplex sei die Aggression ja gegen den Vater gerichtet) und einen Mutter-Subkomplex (das sei der Medea-Komplex von E. S. Stern; während es beim Iokaste-Komplex um sexuelles Begehren gehe, seien es beim Medea-Komplex destruktive, mörderische Gefühle).[8]

Der Iokaste-Komplex wird – weil er vor dem Ödipus-Komplex entstehe – auch für dessen Bildung beim Knaben verantwortlich gemacht. Der Iokaste-Komplex sei sozusagen der Mutter-Komplex des Ödipus-Komplexes, so wie Iokaste die Mutter von Ödipus war[9].

Seine Entstehung wird dadurch erklärt, dass das Stillen bei der Mutter vaginale Lustgefühle wecke, die Anlass dazu gäben, dass sie inzestuöses Begehren für den eigenen Sohn entwickele[10]. Vaginale Lustgefühle und Wünsche also soll demnach Iokaste dem kleinen, nicht einmal drei Tage alten Ödipus gegenüber entwickelt haben, bevor sie ihn dem Hirten übergab, damit dieser ihn zum Sterben aussetze? Und dann, nachdem der Gerettete als ein ihr unbekannter Erwachsener zurückkehrte und ihr als Ehemann aufoktroyiert wurde, habe sie ihre inzestuösen Wünsche endlich ausgiebig befriedigen können? Früchte der Sünde: zwei Töchter und zwei Söhne.

Es könnte sein, dass Mütter beim Stillen des Babysohnes vaginale Lustgefühle verspüren, die ihnen Anlass zum inzestuösen Begehren des eigenen Sohnes geben. Unser Ziel ist es nicht, dazu Stellung zu nehmen, im Sinne des Abstinenz-Credo dieses Buches, sondern nur, eine Antwort auf die Frage zu finden, ob die zugrunde gelegten Quellen das hergeben. Dennoch

---

[8]Die hier namentlich genannten Komplexe sind in nachfolgenden Kapiteln zu finden.
[9]So etwa Georges Devereux (1953,1985).
[10]Ebenda.

sei eine neugierige Frage an die Vertreter der gerade erwähnten Theorie gestattet: Falls die Stillende vaginale Lustgefühle verspürt – wohl mehr physiologisch als psychologisch, wie eine Andeutung von Georges Devereux vermuten lässt, der sich als Vater des Iokaste-Komplexes betrachtet, aber auch von manchen anderen so gesehen wird. Egal, ob physiologisch oder psychologisch: Beschränkt sich dieses Phänomen nur auf den Babysohn? Das Babytöchterlein vermag so etwas nicht auszulösen? Meine Suche nach einer diesbezüglichen Antwort vonseiten der Konstrukteure bzw. Anhänger des Iokaste-Komplexes blieb erfolglos.

Nun, wie auch immer, halten wir fest: Sophokles macht zwar nicht die geringste Andeutung, dass Iokaste über die wahre Identität des jungen Mannes Bescheid weiß. Auch nicht, dass sie es irgendwie ahnen würde. Er ist der Fremde, der zufällig die Voraussetzungen erfüllt, um Königin und Königreich zu erlangen. Iokaste muss ihn auf Anordnung ihres Bruders und Interim-Königs Kreon in ihr Bett holen, also staatlich aufoktroyiert. Sexuelles Begehren sieht wohl anders aus! Dies scheint für die Anhänger des Iokaste-Komplexes jedoch irrelevant zu sein.

Auch dass uns nicht nur Sophokles, sondern ebenso andere Dichter und seriöse Mythographen ausdrücklich versichern, die Unglückliche sei ahnungslos gewesen, wird nicht zur Kenntnis genommen. Und auch nicht, dass die erste schriftliche Aufzeichnung, die wir dazu haben, nämlich aus der Odyssee, eine andere Sprache spricht. Homer erzählt uns, wie Odysseus in der Unterwelt Iokaste trifft:

„*Des Ödipus herrliche Mutter,*
sah ich, die ahnungslos den Frevel vollbrachte, dem eignen
Sohn sich zu vermählen: denn er, nach des Vaters Ermordung,
nahm sie zum Weib; doch machten es bald die Götter den Menschen
kund."[11]
(Odyssee, 11. Gesang V. 271–275).

Diese „*herrliche Mutter*" beging also völlig „*ahnungslos den Frevel*". Und noch dazu:

„*Beließ Ödipus auf Erden der Leiden*
Fülle, wie sie stets dem Fluch der Mutter entsteigen." (V. 279–280).

Ödipus ist demnach also der von der Mutter Verfluchte, nicht der von der Mutter sexuell Begehrte!

---

[11] Nach der Übersetzung der Odyssee durch Thassilo von Scheffer.

3 Der Iokaste-Komplex

Iokaste hat zwar vor Ödipus begriffen, um was es geht, aber sich dennoch daran beteiligt, den Fall restlos zu klären. Als Ödipus von Iokaste hört, dass Laios an einer Dreiweggabelung getötet wurde, und in ihm der Verdacht zu keimen beginnt, dass doch er selbst der Mörder des fremden Königs sein könnte, verlangt er von Iokaste, den damals davongekommenen Begleiter des Königs zurück in die Stadt zu beordern. Er will ihn befragen. Iokaste erfüllt sehr bereitwillig und ohne Zögern den Wunsch ihres Ehemannes (V. 634–770)[12]. Im Sophokles-Drama erfährt Iokaste wie auch alle anderen Menschen erst nach diesen vielen Jahren, welchen Frevel sie unwissentlich begangen hat. Nachdem nämlich die Götter endlich beschlossen haben, es den *„Menschen kund zu machen"* – durch ihren Propheten Teiresias. Kurz bevor sie ihr Leben selbst beendet; nach der Gegenüberstellung der beiden Zeugen der Geschehnisse, deren Zeuge wir im vorigen Kapitel waren, der beiden Hirten also.

Hätte das denn nicht Grund genug sein sollen für die Komplexschöpfer und Komplexgläubigen, damit aufzuhören, der *„armen"*, *„vielgeplagten"*, *„unglücklichen"* und völlig *„ahnungslosen"* Iokaste inzestuöse sexuelle Fantasien zu unterstellen, die die Quelle nicht rechtfertigt? Und sie schuldig zu sprechen; sogar mit einer besonderen Schwere der Schuld?

Eine Beziehung zwischen Michelangelo und Iokaste

Im Jahr 1968 publizierte der amerikanische Psychoanalytiker Matthew Besdine den ersten Teil seiner Arbeit: „The Jocasta complex, mothering and genius". Die ersten zehn Seiten des 18-seitigen Beitrages beschäftigen sich nicht mit Iokaste, sondern mit Michelangelo Buonarotti, dem genialen Künstler der Renaissance. Es ist zwar kein Wunder, dass Michelangelo den Autor so beschäftigt; der war schließlich sein Lieblingsthema und führte zu seinem Buch „The Unknown Michelangelo", das im Jahre 1985 – ein Jahr vor seinem Tode – erschien.

Aber welche Art Beziehung besteht zwischen Michelangelo und Iokaste? Und was hat der Iokaste-Komplex mit Michelangelos Genialität zu tun?

---

[12] Ich denke, dass gerade diese Haltung Iokastes mäßigend wirkend sollte auf die scharfe Kritik, die auch exzellente Kenner der Sophokles-Tragödie gegen Iokaste üben. Paradigmatisch seien an dieser Stelle Autoren genannt, die ein genaues und vertieftes Wissen von Sophokles Tragödie haben, etwa Klaus Schlagmann oder Micha Hilgers.

Eine mögliche Antwort darauf könnte die Formulierung der „New York Times" vom 17.9.1986 anlässlich von Besdines Tod sein: *„Herr Besdine wurde mit Prägung des Begriffs ‚Iokaste -Komplex' – das ist die Wirkung einer engen Mutter-Sohn-Beziehung auf die Entwicklung des Genies – bekannt."* Michelangelo sei ein Paradebeispiel dafür.

Naja, das mit *„Prägung des Begriffes"* ist so eine Sache. Besdine selbst suggeriert in seiner Arbeit von 1968, dass er in der Tat den Iokaste-Komplex aus der Taufe gehoben habe. Aber fangen wir nicht wieder an zu streiten, wer der erste war und wann. Auf jeden Fall nahm der uns schon gut bekannte Georges Devereux in seinem Buch von 1976 bzw. 1985 keine Notiz von Besdine. Auch nicht von Erich Wellisch, der schon im Jahre 1954 in seinem „Isaac and Oedipus" einen Iokaste-Komplex in den Gruppen der Ödipus-Komplexe taxonomierte, wie wir wissen. Wellisch auch nicht von der älteren Arbeit Devereuxs; Besdine nicht von Devereux und Wellisch; und alle drei nicht von dem alten Raymond de Saussure und seiner 1920er Arbeit. Eine Erfahrung, die man mit Komplexschöpfern – und leider nicht nur mit ihnen – immer wieder machen muss! Aber das ist nur eine Randnotiz an dieser Stelle. Unser Thema ist die Beziehung zwischen Michelangelo und Iokaste bzw. Iokaste-Komplex und Genialität und nicht die Beziehung der Komplexschöpfer miteinander.

Besdine vertritt die Auffassung, dass Michelangelo wegen seiner Mutter zu dem wurde, was er war. Und speziell wegen des *„Bemutterungsprozesses"*, dem er als Kind, vor allem in den prägenden ersten zehn Lebensjahren, ausgesetzt gewesen sein soll. Beweise dafür seien seine Genialität und seine Persönlichkeit. Michelangelos Genialität ist uns allen hinreichend bekannt. Besdine meint außerdem, dass eines der wichtigsten Merkmale von Michelangelos Persönlichkeit seine Homosexualität sei. Obwohl Biografen und Kunsthistoriker sich darüber nicht einig sind, spielt für Besdine die Frage, ob es sich um eine offene oder latente Homosexualität gehandelt habe, keine Rolle. Die Tatsache, dass der Künstler das ganze Leben unverheiratet blieb, seine Männerfreundschaften und vor allem seine Kunst seien starke Belege für seine Homosexualität. Doch wollen wir uns damit nicht aufhalten. Wenn jemand sich weiter in die diesbezüglichen Ideen von Besdine vertiefen möchte, seien die zitierten Arbeiten sowie das erwähnte Buch empfohlen.

Sowohl die Persönlichkeit als auch die Werke von Michelangelo würden von einer *„symbiotischen Mutter"* zeugen – und zwar nicht nur bei ihm, sondern bei vielen anderen genialen Menschen auch, heißt es weiter bei Besdine. Das Muster sei häufig das gleiche: eine starke, dominierende, hyperprotektive, *„intensive"* Mutter und ein abwesender, schwacher, unbeholfener oder höflicher Vater, mit wenig Autorität im Haus. Homosexualität des Sohnes sei dann eine Folge davon.

> **Affekthunger und Iokaste-Komplex**
> Der Iokaste-Komplex ist nach Besdine gekennzeichnet durch einen bei der Mutter bestehenden „Affekthunger" bzw. eine „emotionale Entbehrung", die dazu führe, dass sie eine Form von intensiver, enger, bindender, intimer, exklusiver Symbiose zu ihrem Kleinkind entwickele, welche sich auch nach dem ersten Jahr in pathologischer Form fortsetze. Dies beeinträchtige jedoch den Separations- und Individualisationsprozess des Kindes und seine Entwicklung zu Autonomie und eigenständiger Identität.

Es gebe, so Besdine, viele Gründe für einen *„Affekthunger"* bei Müttern. Einer der wichtigsten aber sei die Rolle als alleinerziehende Mutter. Auch eine Distanzierung zwischen den Eheleuten, die praktisch zur emotionalen Vaterabwesenheit führe oder als Folge realer langer Abwesenheit des Vaters auftrete, sei dafür verantwortlich. Ein weiterer Faktor könne eine starke Sehnsucht, geradezu ein *„Hunger nach Kindern"* in der Vorgeschichte von Müttern mit einem Iokaste-Syndrom sein. Etwa bei später Partnerschaft, Empfängnisschwierigkeiten, Schwangerschaftsabbruch oder Tod eines Kindes.

Die daraus resultierende Art von Bemutterung nennt Besdine *„Iokaste-Bemutterung"*. Die Gründe für die Ausbildung eines Iokaste-Komplexes finden sich nach seiner Ansicht sehr präzise im Iokaste-Laios-Ödipus-Drama selbst: Iokastes Sehnsucht („craving") nach Kindern, Trauer um ein verlorenes Kind, Abstinenz von einem normalen sexuellen Leben wegen des Orakelspruchs, und zuletzt auch der Tod des Ehemannes.

Der Iokaste-Komplex ist nach Ansicht Besdines die Basis für den ungelösten Ödipus-Komplexes des Mannes und wichtiger Faktor bei homosexuellen Entwicklungen. Er sei auch verantwortlich für eine Reihe von weiteren männlichen Problemen, wie etwa Impotenz, emotionale Distanziertheit, Angst vor Verpflichtungen oder Störungen der zwischenmenschlichen Beziehungen und damit auch *„Eheunfähigkeit"*. In Sophokles Drama sei die Schuld von Iokaste deutlich beschrieben und ihre Bestrafung sogar viel schwerer als die von Ödipus.

In seiner zweiten diesbezüglichen Arbeit stellt sich Besdine die Frage, ob auch geniale Frauen eine *„Iokaste-Bemutterung"* erfahren haben. Er vermutet ja, und die Folgen einer solchen Bemutterung seien die gleichen bei Mann und Frau.

Allerdings bleibt uns Besdine meines Erachtens etwas schuldig: Er beschreibt in den zitierten Publikationen das angeblich häufige Vorkommen eines *„Jokasta Mothering"* bei genialen Männern, vermutlich auch Frauen, ohne aber den Zusammenhang zur Genialität genauer zu erklären.

Die arme Iokaste

Ich denke, es bleibt völlig offen, wie Besdine dazu kommt, der *„armen"*, *„vielgeplagten"*, *„unglücklichen"* Iokaste – wie Sophokles und sein Ödipus selbst sie bezeichnen– eine *„Iokaste-Bemutterung"* oder einen Iokaste-Komplex, so wie eben beschrieben, zu bescheinigen und dies auch noch aus Sophokles Drama abzuleiten.

Auch diesmal geht es keineswegs um die Richtigkeit oder Unrichtigkeit eines wie immer gearteten Iokaste-Komplexes. Auch nicht um die Richtigkeit oder Unrichtigkeit der Schlussfolgerungen mancher anderer Psychoanalytiker, dass *„Jokastes Schatten nicht aufhören, uns zu begleiten, von der Wiege bis hinein in unsere intimsten Vergnügungen"* und dass eine Partnerschaftsproblematik nichts anderes sei als *„unsere Schwierigkeiten mit Jokaste"*[13]. Es geht uns hier vielmehr um die Legitimation – man kann nicht müde werden, es immer wieder zu sagen –, ob man all dies aus Sophokles „König Ödipus" ableiten kann und darf.

Die Beschäftigung mit Iokaste setzt sich auch bei den jüngeren Psychoanalytikern fort. So etwa mit der New Yorker Psychoanalytikerin Barbara Stimmel. Sie beklagt nicht nur, dass Iokaste, verdrängt durch ihren Sohn Ödipus, *„komplett ignoriert"* werde, sondern vor allem, dass sie als die Frau dargestellt werde, die gefährlich und kastrierend sei und sich unzulässig verhalte. Eine Frau, die es in jedem Fall zu beschwichtigen oder zu vermeiden gelte. Weiterhin bescheinigt Barbara Stimmel Iokaste, dass sie die Personifikation von fortdauernden entwicklungsmäßigen Bedürfnissen sei. Zur Natur aller Mütter gehöre die universale Sehnsucht nach Wiedervereinigung bei der Trennung von ihren Kindern. In Verbindung mit Ödipus sei Iokaste ein Beispiel für einen perversen Ausgang verbotener Befriedigungsgelüste.

Nun ja, die Trennung der Iokaste vom kleinen Ödipus war alles andere als natürlich. Und die Wiedervereinigung der Mutter mit einem ihr bis dahin

---

[13]So Chistiane Olivier (für beide Thesen).

völlig fremden Mann, der unbekannterweise ihr Sohn war, fand unter der Ägide und aufoktroyiert von Interimskönig Kreon statt. In staatstragender Art und Weise und nicht gesteuert von mütterlichen Befriedigungsgelüsten!

Der amerikanische Psychoanalytiker Naiman behauptet, dass Sophokles Iokaste ihren Sohn dem Ehemann vorgezogen habe. Diese Bevorzugung habe zu Vatermord und Inzest geführt. Die Iokaste-Mütter sollen durch ähnliche Attitüden die soziale und sexuelle Entwicklung ihrer Söhne negativ beeinflussen.

Hat Sophokles Iokaste ihren Sohn dem Ehemann vorgezogen? Ist nicht das Gegenteil der Fall? Um den Gatten zu schützen, hat sie selbst den neugeborenen Sohn dem Diener übergeben, um ihn in den Bergen sterben zu lassen! So sagt es uns Sophokles. Das klingt nicht nach Bevorzugung des Sohnes vor dem Ehemann.

Der Text der Tragödie lässt ebenso wie andere authentische Quellen viele der Deutungen der Iokaste-Komplex-Anhänger, egal welchen der Iokaste-Komplexe bzw. welche der Iokaste-Wirkungen sie als richtig betrachten, nicht zu. Manches scheint der *„armen Iokaste"* bloß unterstellt zu werden. Und manche Deutungen verlassen den Boden sowohl von Sophokles Drama als auch den des ursprünglichen Mythos, dringen in den Bereich des Hineininterpretierens vor. Es könne doch nicht sein, dass Iokaste gar nicht gewusst habe, dass Ödipus ihr Sohn ist, heißt es. Sie habe es doch sicher geahnt, und zwar wegen irgendwelcher Narben an den Fußgelenken; die hätten doch noch existiert, oder?

Und noch viel mehr wird in die Tragödie hineininterpretiert: So sei die Tatsache verdächtig, dass Iokaste bei den Vernehmungen der Augenzeugen schneller als der durch Wunschdenken verblendete Ödipus begriffen habe, um was es eigentlich gehe. Das sei ein Beleg dafür, dass sie es immer gewusst habe, vom ersten Augenblick an, wer der gefeierte Rätsellöser, der Retter von Theben und ihr neuer Ehemann, gewesen sei. Sie habe es bloß nicht verraten, um ihre inzestuösen Neigungen weiter zu befriedigen![14]

Man kann vielleicht alles Mögliche über Iokaste denken: Dass sie eine schlechte Mutter war, herzlos ihrem Sohn gegenüber, Mordkomplizin und manches andere. Obwohl, das sei hier bemerkt, derjenige, der so urteilt, etwas sehr Wesentliches übersieht: Iokaste befand sich bei der Durchführung ihrer scheinbar herzlosen Tat in einer Zwangslage, einem Dilemma. Sie musste nämlich entscheiden zwischen dem langjährigen Ehepartner und dem Neugeborenen. Sie konnte nur das Leben eines von beiden schützen. Und sie

---

[14]Angeklagt wird Iokaste von vielen, auch von Autoren, die ein vertieftes Wissen von Sophokles Tragödie haben, wie die zwei oben zitierten vielwissenden Ankläger Schlagmann und Hilgers.

hat ihre Entscheidung getroffen. Sie entschied sich für ihren Ehemann, mit dem noch viele gemeinsame Jahre vor ihr lagen, und gegen das Neugeborene. In diesem Zusammenhang klingt die Behauptung des amerikanischen Psychoanalytikers Naiman, sie habe den Sohn dem Ehemann „*bevorzugt*", in der Tat sehr befremdlich.

Für die in Sophokles Drama beschriebene „*Bevorzugung*" des Ehemannes zu tödlichen Ungunsten des Sohnes wird Iokaste von vielen verurteilt und beschimpft. Doch hatte Iokaste überhaupt eine Wahl? Konnte sie nach freiem Willen handeln? Egal wie sich Iokaste entschied, einer ihrer Angehörigen musste sterben – „*nach dem schrecklichen Ratschluss der Götter*"[15]. Und außerdem: Ist es denn realitätsnah anzunehmen, dass Iokaste die Rettung des Neugeborenen, selbst wenn sie sich dafür entschieden hätte, gegen den Willen ihres mordbedrohten Ehemannes und Königs hätte durchsetzen können? Gegen ihren durch den Sohn in Lebensgefahr und Panik geratenen Ehemann?

Ist nicht auch Iokaste viel mehr Opfer als Täterin? So wie ihr Sohn/Ehemann Ödipus?

Wie auch immer. Es mag sein, dass die psychoanalytischen Theorien des Iokaste-Komplexes Recht haben und Mütter ihren Söhnen gegenüber inzestuöse Wünsche hegen.

Aber eines ist sicher: Um bei Iokaste in Sophokles Tragödie einen Iokaste-Komplex, eine Iokaste-Bemutterung, eine Iokaste-Beeinflussung zu entdecken, wie sie von den zitierten Psychoanalytikern formuliert wurden, muss man einiges hineininterpretieren!

Aber man weiß ja: die Deutungsfreiheit über den Quellenwolken kann grenzenlos sein.

> …„*Das weiß ich auch*" murmelt Sophokles, und sein nachdenkliches Gesicht wird wieder von einer Wolke der Traurigkeit verdeckt. Der Missverstandene murmelt leise vor sich hin: „*Oh, meine Iokaste. Iokaste, meine arme und des Homers ahnungslose, aber doch herrliche Frau. Warum prügeln sie auf dich ein? Was ist der tiefere psychologische Grund dafür …?*"

---

[15]Mit den Worten Homers (Odyssee, 11. Gesang, V. 276).

4

Laios und die Komplexe der drei Väter

Der Laios-Komplex – des Ödipus-Komplexes Vater

Ebenfalls von der Ödipus-Familie inspiriert und im Fahrwasser des Sigmund-Freud-Ödipus-Komplexes spricht man von einem „Laios-Komplex". Wie bei Iokaste befinden wir uns auch hier in einer bequemen Lage: Die Quelle, aus der der Laios-Komplex abgeleitet wird, ist ebenfalls die uns wohlbekannte Sophokles-Tragödie „König Ödipus". Die Geschichte des Laios kennen wir schon aus dem ersten Kapitel. Die Entstehung dieses Komplexes des Vaters geschah nicht laut und auch nicht mit Wirbelstürme erzeugendem Pathos, wie im Falle des Ödipus-Komplexes[1]. Auch nicht mit Heureka-Ambitionen – obwohl Georges Devereux es ein wenig versuchte. So wie auch manche späteren Beschreiber seine Bedeutsamkeit immer wieder mit starken Tönen betonen.

> **Der Laios-Komplex des verfolgenden Vaters**
>
> Als Laios-Komplex wird eine Neigung des Vaters bezeichnet, den Sohn feindselig-schädigend zu verfolgen. Beim Vater bestehe demnach die Bereitschaft, den Sohn aus Furcht vor ihm – etwa aus Sorge vor Entthronung, Übertrumpfung, Beseitigung oder

---

[1] Man kann sich darüber ausführlicher informieren etwa bei Georges Devereux (1953,1985, S. 341), John M. Ross (1982), Martin Bergmann (1992, S. 311 ff.), Iris Levy (2011), oder Günther Bittner (2012, S. 35–48).

> ähnlichem – zu opfern. Der Laios-Komplex wird wie der Iokaste-Komplex als komplementär zum Ödipus-Komplex[2] oder auch als „Sub-Komplex" desselben betrachtet[3]. Und auch als „Vater" des Ödipus-Komplexes[4].

Die unbewusste Feindseligkeit des Vaters gegenüber seinem Sohn, der Laios-Komplex eben, trete auf, sobald ein Mann mit seiner Rolle als Vater konfrontiert sei. Der Laios-Komplex trage in hohem Maße Schuld daran, wenn der Sohn seinen Ödipus-Komplex nicht bewältigen könne.[5]

Wie der Iokaste-Komplex die Mutter des Ödipus-Komplexes, sei der Laios-Komplex also sein Vater. Damit ist der psychoanalytische Spieß wieder einmal umgedreht:

Wie in Bezug auf Iokaste (nicht der Sohn begehrt sexuell die Mutter, sondern die Mutter den Sohn! Zumindest sie ihn als erste!), so auch in Bezug auf Laios: Nicht der hassende Sohn will den Vater töten, sondern der hassende Vater den Sohn! Zumindest er ihn als erster!

Die psychoanalytischen Spießumdreher werfen in diesem Zusammenhang Freud vor, er habe beides getan: *„Den Ödipus-Mythos expandiert und eingeengt. Expandiert dadurch, des Ödipus Schicksals zum universalen Schicksal der zivilisierteren Männer und Frauen machend. Eingeengt durch Ignorieren der filizidalen Impulse von Laios und Iokaste".*[6]

Im Gegenzug wird Georges Devereuxs Publikation von 1953, in der er den Laios-Komplex einführte, als *„einflussreich in der Psychoanalyse"* gepriesen. *„Er hat damit eine Debatte von zentraler Bedeutung angestoßen: Was kam zuerst, die Hostilität des Kindes gegen den Vater (der Ödipus-Komplex) oder die Hostilität des Vaters gegen das Kind (der Laios-Komplex)?"*[7]

Im Gegensatz zum Ödipus- und zum Iokaste-Komplex kann die Definition des Laios-Komplexes als weitgehend kompatibel zum Inhalt des Mythos bezeichnet werden. Auch diese Feststellung ist im Rahmen unserer Abstinenz-Neutralitäts-Verpflichtung zu verstehen, d. h. fernab von einer Stellungnahme zur Richtigkeit bzw. zur realen Existenz eines solchen Komplexes. In der Tat versuchte Laios zweimal, seinen Sohn zu vernichten: Das erste Mal bewusst, als dieser ein Baby war; das zweite

---

[2] So etwa Devereux 1953, 1985, w.o
[3] So etwa Wellisch, S. 44.
[4] So Martin Bergmann, w. o.
[5] Mehr darüber etwa bei Irene Berkel.
[6] So Martin Bergmann, S. 291.
[7] Ebenda, S. 294.

Mal, ohne zu wissen, dass es sich dabei um seinen Sohn handelt, an der Dreiweggabelung. Erinnern wir uns: Beim zweiten Mal wartete Laios während der Auseinandersetzung darum, wer in dem Hohlweg den Vortritt haben dürfe, auf einen geeigneten Moment. Schließlich schlug er Ödipus mit dem Doppelstachel auf den Kopf. Dies erzeugte die Abwehrreaktion des Sohnes und führte in der Folge zum Tod des Vaters.

Soweit, so stimmig!

Aber:

Einer der überzeugten Vertreter des Laios-Komplexes, Günther Bittner[8], stellt sich die folgende Frage: Warum tötete Laios – ich weigere mich entschieden den Namen Laios so zu schreiben wie er das tut, nämlich „Lajos" –, also noch einmal: Warum tötete Laios seinen neugeborenen Sohn nicht, was für ihn ein leichtes gewesen wäre, statt ihn „nur" auszusetzen? Günter Bittner gibt sich und uns folgende Antwort: Nach der Prophezeiung des Orakels habe Laios einen Kompromiss geschlossen. Wenn er seinerseits vorsorglich das neugeborene Kind getötet hätte, wäre das Problem zwar ein für alle Mal aus der Welt, aber an seinen Händen würde Blut kleben. Also habe er einen Weg gewählt, der nicht todsicher war, ihm aber die Blutschuld ersparte. Er habe diese Lösung gewählt, weil er dem Orakelspruch eine Chance habe geben wollen; denn er habe „*unbewusst*" das von den „*Göttern*" über ihn verhängte Schicksal gewollt (!)[9].

Der so argumentierende Autor verrät uns nicht, woher er seine Sicherheit zu Laios Absichten nimmt. Woher er Laios Großzügigkeit, „*dem Orakelspruch eine Chance zu geben*", ableitet? Der Freud'schen Lehre folgend kommt er zum Schluss, dass die unbewussten Phantasien (diese seien im Laios-Ödipus-Mythos die Orakelsprüche) für Laios das eigentlich Handlungsleitende gewesen seien.

„*'Mein' Laios-Komplex bleibt also fokussiert auf die schicksalsleidende Phantasie: Mein Sohn wird mich umbringen; das muss ich verhindern – und zugleich dem von den Göttern verhängten Schicksal eine Chance geben, dass es doch eintreten kann*".[10] So schreibt er.

Der Schöpfer dieser Formulierung meint, dass wenn Freud recht habe mit seiner Vatermord-Spekulation, dann wäre spiegelbildlich zum Ödipus-Komplex der Laios-Komplex aus der Taufe zu heben: Wer einen Sohn zeuge,

---

[8]Günther Bittner, S. 41–42.
[9]Die beiden Wörter wurden durch den eben genannten Vertreter des Laios-Komplexes in Anführungszeichen gesetzt, das „(!)" ist vom Verfasser.
[10]Ebenda.

habe im Unbewussten allen Grund, um sein Leben zu fürchten. Und manche Väter würden sich tatsächlich so benehmen, als ob sie vom Sohn eine Bedrohung erwarteten.

Redlicherweise berichtet der Formulierer der gerade erwähnten Form des Laios-Komplexes, er habe zuerst gedacht, er sei derjenige, der einen Laios-Komplex aus der Taufe gehoben habe. Dann habe er aber entdeckt, dass nicht seine, sondern eine ältere Publikation die Mutter-Publikation des Laios-Komplexes sei, die von John Ross; die biete aber ein etwas anderes Laios-Komplex-Konstrukt an. In der Tat hat sich der amerikanische Kinderpsychologe John Munder Ross in einem Vortrag, den er zuerst in London und wenige Tage später vor der American Psychoanalytic Association hielt und kurz danach, im Jahre 1982, publizierte, ausführlich sowohl mit dem Ödipus- als auch mit dem Laios-Komplex auseinandergesetzt. Demnach besteht der Laios-Komplex darin, dass Väter, von Phantasien getrieben, grausame Taten an den Kindern verüben, die bei diesen wiederum den Todeswunsch gegenüber dem Vater evozieren. Ross Publikation endet mit der Zusicherung, er wolle uns nicht vom Ödipus-Komplex reinwaschen, aber dazu auf folgendes aufmerksam machen: *„Als Erwachsene ist eine andere Konstellation tödlichen Verlangens und Terror in uns am Werk, dabei uns und die, deren Sorge uns anvertraut ist, berührend. Ich beziehe mich auf den ‚Laius-Komplex'."*

Aber auch diesbezüglich irrt sich Bittner: Ross ist keineswegs der erste Beschreiber eines Laios-Komplexes. Es gibt nämlich, wie schon angedeutet, jemanden, der noch früher, schon in der Mitte des 20. Jahrhunderts, Anspruch hatte auf den Titel „der richtige" bzw. der „eigentliche" Schöpfer des Laios- wie auch des Iokaste-Komplexes zu sein. Besser gesagt sind es gleich zwei Autoren:

Der eine ist der uns schon bekannte Psychoanalytiker Georges Devereux (er selbst bezeichnete sich als Ethno-Psychoanalytiker), der in einem Beitrag von 1953 in dem „International Journal of Psychoanalysis" einen Laios-Komplex vorstelle.

Der zweite ist der Argentinier Juan Dalma, der im selben Jahr wie Devereux in „La Prensa Medica Argentina" ebenfalls einen Laios-Komplex beschrieb. Auch er klagt, dass von der Psychoanalyse die *„symbolische Figur"* des Laios vernachlässigt worden sei, und vertrat die Auffassung, dass es eine Konkurrenz zwischen Vater und Sohn in Bezug auf die Liebe der Ehefrau und Mutter gebe, die eine, häufig unbewusste, negative oder sogar destruktive Einstellung des Vaters dem Sohn gegenüber hervorrufen könne. Diese Konkurrenz verursache einen Teufelskreis von negativen Situationen, etwa familiäre Anspannung, neurotische Störungen und kriminelle Tendenzen, sowohl beim Vater als auch beim Sohn. Ein ungelöster Laios-Komplex könne beim Vater affektive und sonstige psychische Störungen verursachen, wie etwa depressive oder ängstliche Zustände und andere neurotische Störungen, genauso wie der nicht gelöste Ödipus-Komplex. Für diese psychologische Situation des Vaters schlug Dalma den Begriff „*Laios-Komplex*" vor.[11] Auch wenn Devereux gleichzeitig mit Dalma einer der beiden Ersten gewesen sein soll, der einen Laios-Komplex beschrieb und Anspruch auf den Erstbeschreibertitel für den Iokaste-Komplex erhebt, ist Letzteres nicht berechtigt: Wie wir schon wissen, war vermutlich Raymond de Sassure im Jahre 1920 der erste Beschreiber eines Iokaste-Komplexes. Wie auch immer, Devereux erklärte beide Komplexe als komplementär zum Ödipus-Komplex. Allerdings haben sich auch ältere Autoren, wie Otto Rank[12], zur Laios-Iokaste-Ödipus-Komplexität schon früher Gedanken gemacht, ohne expressis verbis einen Komplex zu definieren. Devereux vertritt die Auffassung, dass wie Laios und Iokaste die Eltern des Ödipus sind, so der Laios-Komplex zusammen mit dem Iokaste-Komplex Eltern bzw. Auslöser des Ödipus-Komplexes sind. So äußert sich auch Erich Wellisch ein Jahr später (1954), der in Laios Aggression gegen den Sohn den zentralen Aspekt des Ödipus-Komplexes sieht. Allerdings empfinde ich es als recht frustrierend, dass verschiedene psychoanalytische Autoren immer wieder neue Quellen als Ursprung des Laios-Komplexes angeben. Mit so vielen Vätern wirkt der Laios-Komplex recht vaterlos – im Gegensatz zum Ödipus-Komplex, der einen unangefochtenen Übervater hat.

Devereux versteht so wie Dalma unter Laios-Komplex das, was zu Anfang dieses Kapitels formuliert wurde: Eine Neigung des Vaters also, den Sohn feindselig-schädigend zu verfolgen, und seine Bereitschaft, den Sohn aus Furcht vor ihm zu opfern.

Allerdings irritiert bei der Lektüre der Beiträge von beiden Vätern des Laios-Komplexes einiges, vor allem das Patchwork der Quellen. Dalma nennt in seinem 4-seitigen Beitrag, in dem er auch vier Kasuistiken untergebracht hat, als Quellen nicht nur die beiden Sophokles-Ödipus-Tragödien, sondern auch verschiedene andere Mythologien - griechische, von Odysseus bis Medea, und nicht-griechische -, wie auch mehrere Autoren der Neuzeit, etwa den Mentor von Benito Mussolini, Gabriele D´Annunzio, den Russen Iwan Turgeniev, den deutschen Thomas Mann und weitere

---

[11] Die zitierte Publikation von Juan Dalma wurde für mich vom Psychiater Andrés Calderón aus dem Spanischen übersetzt, dem ich an dieser Stelle dafür herzlich danke.

[12] Otto Rank beschäftigt sich intensiv mit den erdichteten inzestuösen Neigungen der Familie Ödipus, insbesondere mit denen von Iokaste und Laios. Allerdings wurde von ihm meines Wissens kein Laios- oder Iokaste-Komplex expressis verbis konstruiert.

europäische Schriftsteller; bis schließlich zu dem Moses der Bibel. Nach meinem Dafürhalten ist es nicht zulässig, dass man aus den verschiedensten Erzählungen, auch den exotischsten, mit einer Spannweite von etwa drei Jahrtausenden, ein Patchwork zusammenflickt und dies als *den* Mythos präsentiert, um daraus Schlussfolgerungen zu ziehen – so als ob es sich um eine einheitliche Quelle handele. Ähnlich tut das übrigens auch der andere Laios-Komplex-Vater, Devereux. Er verschmilzt Quellen mit einer Spannweite von mehr als anderthalb Jahrtausenden. Die verschiedenen Quellen des 9. und 8. Jahrhunderts vor Beginn unserer Zeit (etwa Homer), und die des 7., 6. und 5. vorchristlichen Jahrhunderts (etwa Äschylos, Sophokles und Euripides) mit denen des 8. Jahrhunderts nachchristlicher Zeitrechnung (etwa der des Kirchenvaters Johannes Damaskenos) zu verschmelzen, ist aus meiner Sicht hochgradig fragwürdig. Das Weltbild eines Homer und seiner Epoche in den Anfängen der abendländischen Kultur ist ein völlig anderes als das der aufgeklärten Klassik, die Sophokles, Euripides, aber auch Äschylos repräsentieren. Ganz zu schweigen vom Weltbild des Heiligen Johannes Damaskenos!

Bei Devereux gibt es noch einen zweiten irritierenden Punkt: Die extreme Sexualisierung, die er in Mythen und Quellen hineininterpretiert. In seinem Beitrag wimmelt es von sadistischen, masochistischen, kannibalischen und anderswie missarteten sexuellen Fantasien. Die sexuelle Symbolik umfasst viel Unappetitliches – Gegenstände, Zustände, Worte und Handlungen. Man habe heterosexuelle Beziehungen zur eigenen Mutter, aber gleichzeitig eine symbolische, doch aktive homosexuelle Beziehung zum Vater…. Und so geht es weiter und weiter.

Ich denke, man kann über die Verallgemeinerung eines Laios-Komplexes denken, was man will. Man kann auch erstaunt sein über die wilden Spekulationen und die orgiastischen Unterstellungen, die um Laios Person in Umlauf gebracht wurden. An den Inhalt kann man glauben oder auch nicht. Aber folgendes kann und muss gesagt werden:

Der Laios-Komplex, sofern er die angebliche Neigung des Vaters meint, den Sohn aus Furcht vor ihm – etwa in Form von Entthronung, Überholung, Beseitigung oder ähnlichem – feindselig-schädigend zu verfolgen und ihn sogar zu opfern, ist nicht inkompatibel mit den Quellen. Der Mythos wurde dabei in seiner zentralen Aussage nicht gebeugt; abgesehen von der Geschichte, Laios habe Ödipus nicht getötet, weil er dem Orakel eine Chance für die Verwirklichung der grausamen Prophezeiung habe geben wollen. Aber sonst wurde Sophokles Text nicht verfälscht. Überkreativ ausgedehnt, breit interpretiert und mit ausschweifenden sexuellen Fantasien geschmückt, ja. Aber nicht gebeugt!

Und um bei den Irritationen zu bleiben: Ich frage mich, so wie viele Psychoanalytiker es auch tun, wieso ignoriert Freud bei der Beschreibung des Ödipus-Komplexes Laios Rolle in Sophokles Tragödie? Psychoanalytiker vermuten als Grund die Befürchtung einer Marginalisierung des Ödipus-Komplexes, und dadurch einer totalen Revision der Psychoanalyse. Freuds Psychoanalyse![13]

> ....Und auf Sophokles nachdenklichem, noch immer von einer Wolke der Traurigkeit bedecktem Gesicht zeichnet sich ein flüchtiges müdes Lächeln ab. *„Mein Laios ist also nicht so inkorrekt gedeutet. Naja, weitestgehend nicht.....*
> *Wenigstens das..."* hört man ihn leise murmeln, nachdenklich die Stufen des Asklepios-Heiligtums, in dem er als Priester dient, hinauf steigend ....

Der Minos-Komplex - Wie man zum Vater eines Monsters gemacht wird

Bittner, der zitierte redliche Autor, der sich so enttäuscht zeigte, als er entdeckte, dass nicht er der Erstbeschreiber des Laios-Komplexes war, ist vermutlich, zumindest nach meinen Recherchen, der Schöpfer zweier anderer tiefenpsychologischer Komplexe, des Minos- und des Josef-Komplexes. Beide stehen jedoch sehr am Rande des Komplexe-Pantheons und sind somit leichter der Bedeutungslosigkeit anheimgegeben. Wir wollen sie trotzdem an dieser Stelle diskutieren, ungeachtet der Tatsache, dass ihre Namensgeber nicht der Ödipus-Familie angehören. Und zwar weil sie – in den Augen ihres Schöpfers – eine Ergänzung zum Laios-Komplex darstellen sollen. Auch die beiden sind Vaterkomplexe, besser gesagt Komplexe der Väter.

Kommen wir zum sogenannten Minos-Komplex, dessen Namensgeber der legendäre gleichnamige König von Kreta ist.

---

[13] Etwa Ross oder Bergmann.

Problematisch dabei ist unter anderen, dass der Minos-Komplex-Schöpfer als Ausgangsmythos seines Komplexes nicht eine der gängigen und bekannten Erzählungen zum Dreieck Minos-Minotauros-Labyrinth nimmt. Er geht stattdessen von der seltsamsten und unbekanntesten aller Variationen des Mythos aus, von einer sozusagen in der Mythen-Gemeinde nicht eingebürgerten Variante. Diese abwegigste und kurioseste von allen Geschichten über den geschichtenreichen Zeussohn Minos, der sich der Komplexschöpfer bedient, wird von ihm wie folgt wiedergegeben:

"König Minos von Kreta … weihte dem Poseidon einen Altar und bereitete das Opfer vor. Dann betete er, dass ein Stier dem Meer entsteigen möge, den er opfern wollte.

Der Stier, strahlend weiß und wunderbar anzuschauen, kam tatsächlich und gefiel dem Minos über die Maßen. Er beschloss, ihn zu behalten und einen anderen stattdessen zu opfern. Poseidon strafte ihn. Er bewegte, dass sich des Minos Gattin in den Stier verliebte und von ihm auf etwas technisch komplizierte Weise (ein früher Fall von künstlicher Befruchtung) den Minotaurus empfing: halb Mensch, halb Stier. Um die Schande zu verbergen, ließ Minos das Labyrinth bauen und zog sich in seinen letzten Lebensjahren mit Gattin und Sohn dorthin zurück."[14]

Ein recht merkwürdiges Ende des Mythos und des Minos! Wenn diese Variante sich eingebürgert hätte, dann wäre ein großer Teil der abendländischen Kultur in Malerei und Bildhauerei, in Poesie und Belletristik, in Theater und Musik nicht existenzberechtigt. Wir hätten keinen heldenhaften Theseus und keine fadenführende Ariadne, keinen fliegenden Dädalos und keinen ins Meer gestürzten Ikaros, keinen auf Naxos die Ariadne entführenden Dionysos und keinen im Meer ertrunkenen Ägeus, d. h. wir hätten auch keine Äqäisches Meer! Und wir hätten eine viel ärmere abendländische Kultur.[15]

Wo hat der Minos-Komplex-Schöpfer so einen Minos-Mythos ausgegraben?

Lassen Sie uns einen Blick auf eine Anthologie aus den zahlreichen mehr oder weniger komplett erhaltenen Minos-Mythen werfen, von den ersten vollständig erhaltenen älteren bis zu einigen jüngeren – damit sind die aus den ersten Jahrhunderten der nachchristlichen Periode gemeint.

Die ältesten nicht fragmentarisch, sondern komplett erhaltenen Erzählungen scheinen die des griechischen Mythographen Apollodor aus der Mitte des zweiten vorchristlichen Jahrhunderts zu sein. Er erzählt:

---

[14]In Bittner.

[15]S. etwa im monologisierenden Dialog mit Minotauros, dargestellt in Marneros „Mein Bruder Sisyphos, mein Freund der Minotauros".

4 Laios und die Komplexe der drei Väter

„… Minos wollte Herrscher von Kreta werden, doch wurde es ihm verwehrt. Da erklärte er, er habe von den Göttern die Herrschaft bekommen, und damit man ihm glaube, fügte er hinzu: alles, worum er bete, geht in Erfüllung. Darauf opferte er dem Poseidon und flehte ihn an, es möchte ein Stier aus der Tiefe heraufkommen, den er dann dem Gott zu opfern versprach. Da nun tatsächlich Poseidon einen Stier erscheinen ließ, erhielt Minos auf diese Weise das Königtum. Den Stier jedoch nahm er in seine Herde und opferte einen anderen. Er war der erste, der Seeherrschaft gründete und fast alle Inseln in seine Gewalt brachte. Poseidon aber zürnte ihm, dass er den Stier nicht geopfert hatte, machte diesen wild und brachte es dahin, dass Pasiphaë in Begierde zu ihm entbrannte. In ihrem Liebesverlangen nach dem Stier gewann sie einen Helfer in Daidalos, der sich auf Bildarbeit verstanden und wegen eines Totschlags aus Athen hatte fliehen müssen. Dieser schuf eine Kuh aus Holz, die sich aufregend bewegte, innen hohl, und bekleidete sie mit der Haut, die er einer Kuh abzog, dann brachte er sie auf den Anger, auf dem der Stier gewöhnlich weidete, und versteckte darin Pasiphaë. Der Stier kam und besprang sie wie eine wirkliche Kuh. Sie gebar den Asterios oder Minotauros, wie er genannt wurde, der das Gesicht eines Stieres hatte, sonst aber ganz wie ein Mensch gebildet war. Gewisse Orakelsprüche veranlassten Minos, ihn im Labyrinth einzuschließen und zu bewachen. Das Labyrinth, das Daidalos geschaffen hatte, war ein Bau, der mit seinen vielfach gewundenen Gängen im Ausgang irren machte."[16]

Die Fortsetzung erzählt Apollodor in der „Epitomé"[17], und zwar wie Theseus mit Ariadnes Hilfe, die von Dädalos einen Tipp bekommen hatte, den Minotauros besiegte und davonsegelte. Und dann:

„Als Minos die Flucht des Theseus und seiner Gefährten erfuhr, schloss er Daidalos als den Schuldigen im Labyrinth ein, zusammen mit seinem Sohn Ikaros, den ihm eine Sklavin des Minos, Naukrate, geboren hatte. Daidalos aber verfertigte für sich und seinen Sohn Flügel…"[18]

Zum Flug von Dädalos und Ikaros erfahren wir näheres im Kapitel „Der Ikaros-Komplex". Vorher aber hören wir, was die alte Überlieferung noch zu Minos Zorn erzählt:

„Daidalos dagegen landete wohlbehalten in Kamikos auf Sizilien. Minos verfolgte ihn und suchte ihn landauf, landab mit einem Schneckenhaus, indem er demjenigen eine reiche Belohnung zusicherte, der einen Leinenfaden durch das Schneckenhaus durchführe. Dadurch hoffte er, Daidalos zu finden. So kam er

---

[16]In „Bibliotheke", III 8–11 nach einer Übersetzung von Ludwig Mader.
[17]I, 9 Übersetzung aus dem Griechischen w. o.
[18]Ebenda, I, 12.

denn auch zu Kokalos nach Kamikos in Sizilien, bei dem sich Daidalos versteckt hielt, und zeigte ihm das Schneckenhaus. Der nahm es und machte sich anheischig, den Faden durchzuführen, worauf er es Daidalos gab. Dieser band den Faden an eine Ameise und ließ sie durchkriechen, nachdem er das Gehäuse durchlöchert hatte. Als Minos den Faden durchgeführt zurückbekam, wusste er, dass Daidalos im Hause weilte, und forderte gleich seine Auslieferung. Unter der Zusage, dieser Forderung nachzukommen, nahm Kokalos zunächst Minos gastlich auf. Beim Baden wurde er dann aber von den Töchtern des Gastgebers umgebracht, in dem sie ihn mit siedendem Pech übergossen. Nach andern fand er den Tod durch kochendes Wasser."[19]

Halten wir schon jetzt fest: Die vermutlich erste komplette Überlieferung der Geschichte durch Apollodor erzählt nicht – wie der Komplexschöpfer behauptet –, „um die Schande zu verbergen, ließ Minos das Labyrinth bauen und zog sich in seinen letzten Lebensjahren mit Gattin und Sohn dorthin zurück." Im Gegenteil. Minos raffinierte Fahndung nach Dädalos wird geschildert, mit Schneckenhaus und Leinenfaden, und Minos grausamer Tod, mit siedendem Pech oder kochendem Wasser!

Ob die vermutlich zweitälteste (Mitte des 1. Jh. v. Chr.) komplette Überlieferung durch den griechischen Historiographen Diodoros von Sizilien die obige Erzählung stützen kann?

Diodor (Diodoros von Sikelia, bekannt auch als Diodorus Siculus) berichtet in seiner „Historischen Bibliothek" auch über Minos, Pasiphaë und Dädalos. Nachdem er im 76. Abschnitt des IV. Buches der Bibliothek über Dädalos Flucht aus Athen wegen des Mordes an seinem genialen Neffen berichtet[20], beschreibt er in Abschn. 77 desselben Buches dessen Ankunft auf Kreta, die Freundschaft mit Minos und dass er, mit seiner Genialität, Pasiphaë, Minos Ehefrau, dazu verhalf, sich mit dem wunderschönen Stier des Poseidons sexuell zu vereinen. Diodor erzählt:

„Minos war nämlich, wie die Sage erzählt, früher gewohnt, jährlich den schönsten Stier seiner Heerde dem Poseidon zu weihen und ihn diesem Gott zu opfern. Da er aber einmal einen vorzüglich schönen Stier hatte, opferte er stattdessen einen der geringeren. Darüber erzürnt, ließ Poseidon die Pasiphaë, die Gemahlin des Minos, in den Stier sich verlieben. Vermitteltest des Kunstwerks von Dädalus mit dem Stier begattet, gebar Pasiphaë den fabelhaften Minotaurus, ein Doppelwesen, das von oben bis an die Schulter die Gestalt eines Stiers hatte, am übrigen Körper aber einem Menschen glich. Zum Aufenthalt für

---

[19]Ebenda I, 14–15.

[20]Diodor nennt Dädalos Neffen „Talos" und nicht „Perdix", wie es allgemein, etwa bei Ovid (VIII, 235–247) und anderen Mythographen, der Fall ist.

dieses Ungeheuer baute Dädalus das Labyrinth, welches gewundene Gänge hatte, deren Ende für Unkundige schwer zu finden war. Hier wurde der Minotaurus gehegt. Seine Speise waren die sieben Jünglinge und sieben Jungfrauen, die von Athen geschickt wurden und von denen wir oben gesprochen haben. Dädalus hörte, Minos habe ihm gedroht, weil er das Bild der Kuh gemacht. Aus Furcht vor dem Zorn des Königs verließ er Kreta; wozu ihm Pasiphaë behülflich war'...".

Und dann erzählt Diodor von der Flucht des Dädalos und seines Sohnes Ikaros, wie sie sich im Kapitel „Der Ikaros-Komplex" finden wird. Wobei Diodor zu Minos Schicksal in Abschnitt IV, 78 seiner „Historischen Bibliothek" erzählt, dass nachdem Dädalos in Sizilien bei König Kokalos ankam, er sich dort geraume Zeit aufhielt. Diodor listet anschließend eine große Liste von Erfindungen auf, die Dädalos in Sizilien gemacht hat. Und dann, in Abschnitt IV, 79:

„Als Minos, der König von Kreta, erfuhr, dass Dädalus nach Sicilien sich geflüchtet, entschloß er sich, ihn mit einem Kriegsheer zu verfolgen. Er rüstete eine ansehnliche Flotte aus, denn er war damals Herr zur See, und fuhr damit von Kreta nach Agrigent, wo er an dem Platze landete, der von ihm den Namen Minoa erhielt. Nachdem er seine Truppen ausgeschifft, sandte er eine Botschaft an den König Kokalus, er sollte ihm den Dädalus zur Bestrafung ausliefern. Kokalus lud ihn zu einer Zusammenkunft ein, versprach ihm in Allem zu willfahren und nahm ihn gastfreundlich auf. Als aber Minos sich badete, ließ ihn Kokalus solange in dem heißen Bade sitzen, dass er des Todes war. Die Leiche überließ er den Kretern, und gab vor, Minos sey im Bade ausgeglitscht und in das heiße Wasser gefallen, auf diese Art sey er umgekommen."

Auch Diodor weiß also nichts von der Erzählung, wonach der sich in Grund und Boden schämende Minos sich selbst samt missratenem Sohn und sündiger Ehefrau im Labyrinth einschloss, und aus der der Komplexschöpfer seinen Komplex schöpfte. Im Gegenteil, Diodor erzählt von einem wütenden, aggressiven, strafwütigen Minos, der den sündigen Dädalos bis ans Ende der griechischen Welt verfolgte und dort ein grausames Ende fand!

Ob aber die jüngeren, die römischen Mythographen etwas von dem im Labyrinth eingeschlossenen Minos samt Frau und Stiefsohn wissen? Die, die alte griechische Mythen synthetisierten, um sie uns als Ganzes zu überliefern, etwa Ovid oder Hyginus? Schauen wir zunächst zu Hyginus, obwohl er aller Wahrscheinlichkeit nach jünger ist als Ovid; man vermutet ihn zwischen der Zeitenwende und dem zweiten nachchristlichen Jahrhundert. Es gibt nämlich einen wichtigen Grund, wie bald zu erkennen sein wird, warum wir Ovid als letzten Zeugen hören sollten.

Hyginus erzählt in seiner 40. Fabula folgendes:

„Pasiphaë, die Tochter des Helios und Gattin des Minos, hatte einige Jahre lang der Göttin Aphrodite nicht die ihr zustehenden Opfer dargebracht. Aus diesem Grunde flößte ihr Aphrodite sündhafte Liebe ein: sie verliebte sich in einen Stier. Da um diese Zeit Daidalos als Verbannter kam, bat sie ihn um Hilfe. Er verfertigte für sie eine Kuh aus Holz und überzog sie mit der Haut einer wirklichen Kuh. Unter dieser Hülle vereinigte sie sich mit dem Stier; aus der Verbindung gebar sie den Minotaurus, mit Stierkopf, darunter Mensch. Darauf erbaute Daidalos für den Minotaurus das Labyrinth mit unauffindbarem Ausgang, in dem er eingeschlossen wurde. Als Minos die Sache erfuhr, warf er Daidalos in Gewahrsam, doch befreite ihn Pasiphaë von seinen Fesseln; so konnte er für sich und seinen Sohn Ikaros Flügel verfertigen und anpassen, worauf sie davonflogen ....“

In der nachfolgenden Fabula (Nr. 41) erzählt Hyginus, wie es dazu kam, dass die Athener *„in jedem Jahr sieben Kinder dem Minotauros schickten zum Verspeisen"*. In Fabula 42 berichtet er, wie Theseus den Minotauros besiegte und mit Ariadne davonflog. In der 43. Fabula stellt er dar, wie Dionysos Ariadne entführte. Und dann, in Fabula 44, erzählt er folgendes:

„Minos hatte durch Daidalos vieles Unangenehme erfahren. Deswegen verfolgte er ihn nach Sizilien und ersuchte den König Kokalos um seine Auslieferung. Dieser sagte sie ihm zu; als aber Daidalos davon erfuhr, bat er die Töchter des Königs um Ihre Unterstützung. Diese brachten Minos um."[21]

Der Römer erzählt also in seinen „Fabulae" nicht, wovon der Minos-Komplex-Schöpfer Bittner fabuliert. Fabuliert? Nein er tut es nicht! Es wäre unredlich, ihm so was zu unterstellen! Allerdings kann man ihm ruhigen Gewissens vorwerfen, dass er die entsprechenden Quellen offensichtlich nicht einmal oberflächlich untersucht hat. Er stützte sich auf die Darstellung eines neuzeitlichen Mythologen. Und er glaubte wohl, dass er sich damit auf wissenschaftliche Mythographie stützt! Er beruft sich nämlich auf von Ranke-Graves, einen nicht ganz unumstrittenen Mythen-Forscher. In der Tat ergibt sich in Ranke-Graves „Griechischer Mythologie" in wenigen Zeilen auch die Variation, die Bittner auswählte[22].

„Minos verbrachte seine restlichen Jahre in dieser unentrinnbaren Wirrnis, die Labyrinth genannt wurde. Mitten darin hielt er Pasiphaë und den Minotauros verborgen."

---

[21]Alle hier zitierten Hyginus-Fabulae nach der Übersetzung von Ludwig Mader.
[22]In Ranke-Graves, 88,g.

4 Laios und die Komplexe der drei Väter 73

Bei seiner Darstellung der eben zitierten exotischen Variation des Minos-Mythos gibt Graves zwei Quellen an, und zwar „Apollodoros III,1, 4" und „Ovid, Metamorphosen VIII,155 ff".

Apollodors Erzählung haben wir schon kennengelernt. Leider war ich nicht in der Lage, die von Graves dargestellte Variation des Minos-Mythos ausfindig zu machen.[23] Bei der angegebenen Stelle von Apollodoros (Teil III der „Bibliotheke") steht, dass Minos „*ihn* [den Minotauros, A.d.V.] *infolge gewisser Orakelsprüche im Labyrinth einschloss, wo er ihn verwahrte.*"

In der anderen von Graves angegebenen Quelle, in Ovids „Metamorphosen" (VIII, 155 ff.), steht jedoch folgendes:

„*Mittlerweile war der Minotaurus, der Schmach seines* [Minos ist gemeint, Anm.d.V.] *Hauses herangewachsen, und der schändliche Ehebruch seiner Mutter zeigte sich offen an der nie vorher gesehenen Erscheinung des gräßlichen Mischlings. Minos beschließt, diesen Schandfleck seiner Ehe vor den Augen der Welt zu verbergen und in einen verschlungenen Bau, ein finsteres Gemäuer zu sperren. Dädalus, weltberühmt als Erfinder und Meister der Baukunst, vollbringt das Werk, setzt verwirrende Zeichen und führt das Auge in die Irre durch krumme, verschlungene Gänge. Gleich wie in Phrygien der klare Strom des Mäander sein Spiel treibt und in unentschlossenem Lauf bald zurück, bald wieder fortfließt, sich selber begegnet und Wellen sieht, die später erst kommen, und nun zur Quelle, nun zum offenen Meer hin seiner unberechenbaren Wasser strömen lässt, genauso zieht Dädalos unzählige Irrgänge und hätte beinahe selbst nicht den Rückweg zum Eingang gefunden, so verwirrend ist sein Bauwerk!*

Hier wird das Ungeheuer, halb Mann, halb Stier, eingeschlossen. Nachdem es zweimal seinen Durst mit Athener Blut gestillt hatte, bezwang es Theseus ...."

Also auch an dieser zitierten Ovid-Stelle keine Rede davon, dass Minos sich zusammen mit Gattin und Sohn, gemeint ist der Minotauros – der allerdings kein Minos-Sohn war – selbst im Labyrinth eingesperrt hat und darin die letzten Jahre seines Lebens verbracht.

Rätselhaft deshalb, wie man zu der sehr ungewöhnlichen, ja in der Tat exotischen Variation des Mythos gekommen ist. Aber Zeus sei Dank, dass wir nicht auf den oben erwähnten großen Teil unserer abendländischen Kultur verzichten müssen.

---

[23]Dafür habe ich das griechische Original (aus der Tusculum Edition) durchsucht sowie die in der Bibliografie zitierten deutschen Übersetzungen. Nachdem ich erfolglos war, führte ich noch verschiedene Stichwortsuchen durch, auch ohne Erfolg. Und dann folgte eine elektronische Suchaktion unter Verwendung der Stichworte „Minos", „Minotauros", „Labyrinth", und „Knossos". Auch dann kein Erfolg!.

> ...Und Minos, der legendäre Herrscher, tobt vor Wut: „*Ich, Sohn von Zeus und Europa, der mächtigste König meiner Zeit, soll das sicherste Gefängnis, das die Welt je gesehen hat, bauen lassen, um mich selbst darin einzuschließen? Dass ich nicht lache, wenn es etwas zu lachen gäbe. Am liebsten würde ich alle diese Ignoranten wegen übler Nachrede in meinem Labyrinth einschließen! Zusammen mit diesem Bastard-Monster, dem Menschenfresser Minotauros, der nicht mein Sohn ist...*"

Erfreulicherweise ist also die erwähnte exotische Variante nicht die richtige. Nichtsdestotrotz: Von ihr wurde der Minos-Komplex abgeleitet.

> **Der Minos-Komplex des beschämten Vaters**
>
> Der Minos-Komplex bestehe darin, „*dass ein Vater sich in und mit seinen Kindern beschämt und damit bestraft sieht. Das sei die sozusagen indirekte Form der Vatertötung: Der Sohn bringt den Vater ins Grab, indem er ihm 'Schande macht' und seine Erwartungen nicht erfüllt. Also eine indirekte, aber doch sehr nachhaltige Art, den Vater zu 'töten'.*"[24]

Nach dem Schöpfer dieses Komplexes sind in der Geschichte von Minos und Minotauros zwei Motive erkennbar: Das eine Motiv sei die Hybris: Minos habe sich das Göttergeschenk der Zeugungskraft als „*Ich-Besitz*" angeeignet. Das andere Motiv sei die Art der Bestrafung, die Minos – angeblich - traf: Er, der lebenslang ein ziemlich freies Liebesleben geführt haben soll und dem „*weißen Stier*" ziemlich ungehemmten Auslauf gestattet habe, müsse sich zuletzt mit den Seinen im Labyrinth, dem Ort der Wirrnis, vor der Welt verbergen. Weil sein Sohn zum Monster geriet. So der Psychoanalytiker.

Aber Minotauros war doch, nach allen (!) Mythenvariationen, nicht Minos Sohn!

Da stellt sich mir noch eine Frage: Wer hat nun den Minos-Komplex? Der Vater oder der Sohn? Der Vater, der „*in und mit seinen Kindern beschämt ist und sich damit bestraft sieht*"? Oder der Sohn, der den Vater ins Grab bringt, „*indem er ihm 'Schande macht' und seine Erwartungen nicht erfüllt*"

---

[24]Nach Bittner.

4 Laios und die Komplexe der drei Väter

und somit *„eine indirekte, aber doch sehr nachhaltige Art, den Vater zu töten"* praktiziert?

Ich vermute, die Antwort lautet: Der Vater hat den Minos-Komplex.

Nach dieser möglichen oder wahrscheinlichen Antwort, so denke ich, folgt eine weitere Frage: Selbst wenn die Geschichte, die mit dem Einschließen von Minos Familie bis zum Lebensende von Vater, Mutter und Sohn im Labyrinth endet, so richtig wäre. Wieso wird daraus ein „Komplex" kreiert? Wie im ersten Kapitel dargestellt, wird als Komplex in der Tiefenpsychologie eine Gruppe von Vorstellungen, in der Regel verdrängte, verstanden, die als zusammenhängendes Ganzes in gegenseitiger Verbindung stehen und das Denken, Fühlen und Handeln eines Menschen, vorbei an seiner bewussten Kontrolle, beeinflussen. Komplexe entstehen danach in der Regel aus konflikthaften Situationen, vermutlich aus der frühesten Kindheit.

Erfüllt die sehr bewusste und zielgerichtete – angebliche – Problemlösung, die Minos mithilfe des genialen Labyrinthbauers Dädalos für die Schandtat seiner Frau gefunden hat - *„Um die Schande zu verbergen, ließ Minos das Labyrinth bauen und zog sich in seinen letzten Lebensjahren mit Gattin und Sohn dorthin zurück"* - die Kriterien eines tiefenpsychologisch definierten Komplexes? Wenn ich mich nicht irre, ist das ganze irgendwie labyrinthisch verwirrend!

… Minos, der legendäre Herrscher, Sohn von Zeus und Europa, der mächtigste König seiner Zeit, fügt glühend vor Zornesröte seinen vorherigen zornigen Worten hinzu: „Ich soll einen Komplex haben, der dazu geführt hat, dass ich mich selbst in ein Mauseloch einschließe? Dass ich nicht lache - ich sage ich es noch einmal, wenn es etwas zu lachen gäbe. Bin ich etwa nicht derjenige, der diesen Verräter, den Dädalos, bis nach Sikelia verfolgt und dort gefunden hat, nachdem ich erfahren habe, dass er der Architekt des Skandals – das mit meinem Frau und dem Stier, meine ich – war? Allerdings erst, nachdem Theseus das Monster mithilfe meiner Tochter besiegt und dann aber meine geliebte Tochter Ariadne verführt und entführt hat. Leider hat der König von Sikelia mir den Schurken Dädalos nicht ausgeliefert, sondern mich dem Tod übergeben. Schade, doch wenigstens hat Dädalos durch den Verlust seines Sohnes einen Teil seiner gerechten Strafe bekommen.

Übrigens werde ich den eines Tages mit Sicherheit kriegen, daran habe ich keinen Zweifel. Ich wurde nämlich post mortem von meinem Vater Zeus zum Vorsitzenden Richter des Obersten Himmlischen Gerichtes im Jenseits erhoben, und damit entscheide ich über die Schicksale der Seelen der Verstorbenen – also auch über die des genialen Schurken Dädalos. Von wegen, ich hätte mich vor Scham in einem labyrinthischen Mauseloch verkrochen! …"

Josef, Maria und Jesus – die Vorbilder der geteilten Elternzeit

Ich habe lange darüber nachgedacht, ob wir ausnahmsweise, ein einziges Mal, die griechischen Mythologie-Gefilde verlassen sollen. Es geht uns ja eigentlich ausschließlich um die Beziehung zwischen Psychoanalyse und griechischer Mythologie. Aus zwei Gründen habe ich mich schließlich für einen kleinen Exkurs auf unserer Expedition entschieden. Erstens: In derselben Publikation des Verfechters bzw. Schöpfers eines irgendwie gearteten Laios- und Minos-Komplexes behauptet dieser, auch der Schöpfer eines weiteren Vaterkomplexes zu sein[25]. Des Josef-Komplexes. Das macht dann eine Triade von Vaterkomplexen. Die Exklusion eines Komplexes aus dieser Gruppe mit der Begründung, er habe keine griechischen Wurzeln, erschiene mir irgendwie anrüchig. Zweitens: Josef ist zwar bekanntlich kein Grieche, sondern ein Jude, und auch die Josef-Maria-Jesus-Sage gehört streng genommen nicht zur griechischen Mythologie. Doch sie wurde griechisch erzählt und der ganzen Welt durch die Evangelisten in griechischer Sprache verkündet. Somit handelt es sich zwar um keinen griechischen, wohl aber um einen griechischsprachigen Mythos. Diese beiden Gründe scheinen mir Alibi genug, um auch den Josef-Komplex hier darstellen zu dürfen.

Die Verwandtschaft der Vaterkomplexe kennt also keine ethnische Grenze. Josef, dem jüdischen Zimmermann, wurde eine Gemeinsamkeit mit den Griechen Laios und Minos attestiert und ein Josef-Komplex kreiert. Offensichtlich teilt der Josef-Komplex auch das Schicksal mit dem Minos-Komplex: Beide stehen, wie schon erwähnt, sehr am Rande des Komplexe-Pantheons und sind somit der Bedeutungslosigkeit anheim gegeben. Auch des Josefs-Komplexes erster Schöpfer ist vermutlich, zumindest wie meine Recherchen zeigen, derselbe wie der des Minos-Komplexes. Die attestierte Gemeinsamkeit zwischen den drei alten Männern - Laios, Minos und Josef - und ihren Komplexen besteht in ihrer Vaterschaftskomplexität.[26]

Jeder kennt die Geschichte von Josef und Maria: Der alte Zimmermann Josef nimmt die junge, sehr junge Maria zur Braut. Schon vor der Hochzeit

---

[25] Das ist Günther Bittner.

[26] Dieses Attest wurde ebenfalls von Günther Bittner erstellt, w. o.

wird sie schwanger. Es sei eine unbefleckte Empfängnis gewesen, heißt es. Gott sei der Kindesvater, nicht Josef, der Verlobte.

In Josefs psychoanalytischem Attest, erstellt vom vermutlichen Schöpfer seines Komplexes, steht folgendes zu lesen:

„*Der Inbegriff des 'Nährvaters', der für das Kind sorgt, aber mit der Zeugung partout nichts im Sinn haben will, ist der neutestamentarische Josef. Maria ist schwanger; Josef weiß, dass er es nicht war, der sie geschwängert hat. Er will Aufsehen vermeiden, gedenkt aber, sie 'heimlich zu verlassen'. Da erscheint ihm im Traum ein Engel mit der Botschaft: 'Fürchte dich nicht, Maria.... zu dir zu nehmen: denn das in ihr geboren ist, das ist von dem Heiligen Geist'* (Matthäus 1; 19,20). *Ich war es nicht, weiß Josef jetzt, aber auch kein anderer Mann, Untreue sei nicht im Spiel. Ein höherer war es: der Heilige Geist.*"

Übrigens, und nur informativ, so nebenbei: Matthäus ist der einzige der vier kanonisierten Evangelisten, der so etwas behauptet.

Eine naive Frage dazu: Im vollständigen Matthäus-Text, da wo im durch den Komplexschöpfer wiedergegebenen Zitat die Pünktchen gesetzt wurden, steht „*Maria, deine Frau*". Vermutlich hat es nichts zu bedeuten, dass er das „*deine Frau*" durch Pünktchen ersetzt hat – ein Schelm, wer Böses dabei denkt! Es sei denn, dass ein psychoanalytisch Geschulter dabei doch etwas tiefenpsychologisch Bedeutsames entdeckt. Übrigens steht im griechischen Originaltext nicht „verlassen", sondern απολύσαι (apolísä), was „entlassen" bzw. „abstoßen" bedeutet. Der Effekt ist natürlich derselbe, die Dynamik aber könnte doch ein wenig anders sein – tiefenpsychologisch betrachtet.

Wie auch immer, in Anspielung auf die Zeugung Jesu und Josefs Rolle dabei beschreibt der vermutliche Schöpfer des Josef-Komplexes ihn – etwas umständlich und nicht so präzise – wie folgt[27].

> **Der Josef-Komplex des ängstlichen Nährvaters**
>
> Die Zeugung eines Kindes sei etwas, das nicht „ich" mache, das nicht in „meiner Verfügungsmacht" liege. Wenn es zustande komme, sei immer etwas im Spiel, dessen man nicht selbst Herr sei: Ein „Höherer" wirke mit, könne man mythologisch sagen. Aber Josef treibe die Selbstverleugnung doch zu weit. Er verstehe nicht, dass der Gott, der da zeuge, der „Gott in mir" sei, kein externaler, außer- oder überweltlicher Gott. Andererseits sei er als Nährvater fein heraus: Er sei der eindeutige Gutmensch, habe seiner Frau nichts „angetan". Die neuen Väter, wie sie heute proklamiert würden, mit geteilter Elternzeit, Abwechseln beim Windelwechsel usw., seien Josef-Väter.

---

[27]Leider bietet uns der Zitierte keine präzisere Definition, die ich hier präsentieren könnte.

Zur Frage, ob man die geteilte Elternzeit und auch manches andere in der Kinderbetreuung Geteilte einem „Josef-Komplex" der Väter zu verdanken hat, wird, getreu dem bekannten Abstinenz-Neutralitäts-Credo dieses Buches, keine Stellung genommen.

Aber dass für Matthäus der Zimmermann Josef nicht Jesus Erzeuger ist, das steht außer Frage. Der Mythos – ich meine natürlich das Evangelium – wurde in dieser Hinsicht weder gebeugt noch verfälscht.

> …Und Matthäus, der Evangelist, schaut verwundert und befremdet in sein Evangelium: „Jesus, Maria und Josef! Was haben die aus meiner guten Botschaft – das ist ja schließlich die Bedeutung des griechischen Wortes Evangelium – gemacht? Die ist doch klar und deutlich und lautet: Jesus ist Gottes Sohn und nicht des Zimmermanns Sprössling. Um diese gute Botschaft der alten Geschichte in die Geschichte der „neuen Väter", mit Windelwechsel und geteilter Elternzeit zu verwandeln, braucht man wahrlich viel mehr Fantasie als ich sie damals hatte. In Jesu und seines Vaters Namen!…"

Die Verwandtschaft der drei Vaterkomplexe, Laios-, Minos- und Josef-Komplex, wird durch Angst geschmiedet, meint ihr Konstrukteur. Alle drei Komplexe basierten auf Ängsten der Väter:

Die Angst *„Mein Sohn bringt mich um"* (Laios).
Die Angst *„Mein Kind wird ein Monster"* (Minos).
Die Angst *„Wie stehe ich denn da, was werden die Leute sagen"* (Josef).
Tja, was werden wohl die Leute sagen!

5

Der Antigone-Komplex

Antigone an der Grenze

Der amerikanische Philosoph und Literaturwissenschaftler George Steiner fragt sich und uns: *"Warum sahen Shelley, Hegel und Hebbel in der mythischen Gestalt der Antigone die ‚höchste Gegenwart', die je in die Menschenwelt gekommen war? Welche Intention steht hinter den wiederholten Andeutungen (bei de Quincey und Kierkegaard sind es mehr als Andeutungen), wonach Antigone als Ebenbild Jesu Christi, als Kind Gottes und Vorbotin der Offenbarung zu verstehen sei?"*[1]

Antigone, Ödipus Tochter und Schwester zugleich, wurde also – durch ein anderes Meisterstück von Sophokles, das als einer der Höhepunkte abendländischer Literatur gilt – zum Symbol. Zum höchsten Symbol, wie die obige Frage George Steiners suggeriert. Symbol für das Erhabene, das Höhere, das Unbeugsame, die Überlegenheit des Prinzips und des Geistes über die Macht der Mächtigen. Aber auch als Symbol der Stärke und der Autonomie der Frau und deren Überlegenheit über die Arroganz und Ignoranz des Maskulinen.

Sophokles „Antigone", woraus sich fast alle Hymnen an Antigone speisen, wird als *"der Vollendung näher als jedes andere von menschlichem Geist geschaffene Kunstwerk"* bezeichnet.[2] Allerdings ist die Persönlichkeit Antigones

---

[1] In seinem Buch „Die Antigonen" S. 14.
[2] Ebenda, S. 13.

unvollständig, wenn sie nicht zusammen mit ihrer Rolle in Sophokles „Ödipus auf Kolonos" betrachtet wird, wobei die angepriesene *„Vollendung"* in den Handlungen der „Antigone" stattfindet.

> ### Eine kurze Darstellung von Sophokles Tragödie „Antigone"[3]
>
> Sophokles Tragödie „Antigone" wurde im Jahr 442 oder 441 v. Chr. auf dem großen Dionysos-Fest in Athen uraufgeführt. Darin wird Antigones ganz außergewöhnliche Persönlichkeit beeindruckend als antithetischer Charakter einerseits zu ihrer Schwester Ismene, die die Rolle der schwachen Frau – zuerst – widerstandslos annimmt, andererseits zu König Kreon, dem Repräsentanten des Staates, der Macht und der Gewalt, dargestellt.
>
> Wie sich schon in „Ödipus auf Kolonos" abzeichnet, kommt es zwischen den Söhnen von Ödipus zum Streit um die Vorherrschaft in Theben. Das Problem soll dadurch gelöst werden, dass beide abwechselnd regieren. Als Eteokles sich weigert, die Herrschaft turnusgemäß an Polyneikes zu übergeben, beginnt eine kriegerische Auseinandersetzung zwischen den beiden Brüdern. Polyneikes zieht mit sechs anderen Fürsten gegen Eteokles in den Kampf (Stoff für Äschylos Tragödie „Die Sieben gegen Theben"). Es kommt zu einem Zweikampf zwischen den Brüdern, in dem sie sich gegenseitig tödlich verletzen. Die anderen Angreifer ziehen sich dann zurück. Der Onkel der beiden Toten, Kreon, übernimmt die Staatsgeschäfte, wie er es vorher schon zweimal gemacht hat. Das erste Mal, nachdem Laios, Ödipus Vater, getötet worden war; damals bis Ödipus König wurde. Das zweite Mal nach Ödipus Abdankung, bis zur Volljährigkeit von dessen beiden Söhnen. Als erste Amtshandlung lässt Kreon Eteokles, den Verteidiger der Stadt, mit allen Ehren bestatten, während er Polyneikes, den Angreifer, als Verräter etikettiert und seine Bestattung verbietet. Dies aber gilt als die höchste Verachtung für einen Menschen und ist auch gegen die göttliche Ordnung. Einem unbestatteten Toten bleibt die Aufnahme in den Hades, in das Reich der Toten also, verwehrt, und so irrt seine Seele ewig durch Zeit und Raum. Kreon verkündet, dass derjenige, der entgegen seinem Erlass Polyneikes bestattet, mit einer entwürdigenden Todesstrafe zu rechnen hat.
>
> Antigone widersetzt sich jedoch diesem Befehl mit der Begründung, dass es andere, übergeordnete Prinzipien und Ordnungen als die der Staatsgewalt gebe. Sie versucht, ihre jüngere Schwester Ismene zu überzeugen und zu motivieren, ihr bei der Bestattung zu helfen. Ismene argumentiert angepasst und rational in dem Sinne, dass zwei schwache Frauen nichts gegen den Erlass des mächtigen Königs auszurichten vermögen. Sie verweigert Antigone die Mitarbeit, und so beschließt diese, die Bestattung des Bruders allein zu bewältigen. Nachdem sie Polyneikes zuerst symbolisch durch Bestreuen mit Staub bestattet hat, dann aber in einem günstigen Moment die richtige Bestattung vollbringt, wird Antigone verhaftet und Kreon vorgeführt. Auf den Vorwurf Kreons, dass sie das Gesetz des Königs missachtet habe, antwortet Antigone, dass sie höher zu bewertenden Gesetzen und Pflichten gefolgt sei. Das Volk,

---

[3]Wie sie ausführlich dargestellt ist in Marneros „Irrsal! Wirrsal! Wahnsinn!"

5 Der Antigone-Komplex

repräsentiert durch den Chor der alten weisen Männer der Stadt, bewundert Antigones intakte Persönlichkeit, ihre Charakterfestigkeit und Willensstärke. Das Staatsoberhaupt jedoch sieht bei ihr Überheblichkeit, Ungehorsam und Missachtung der Gesetze des Staates. Obwohl Antigone seine Nichte und Braut seines Sohnes ist, zeigt Kreon keine Milde. Das Gesetz soll für alle gleich sein. Antigone muss gemäß seinem Erlass zum Tode verurteilt werden.

Es beginnt ein Dialog zwischen Kreon und Antigone (eine sogenannte Stichomythie, d. h. eine Wechselrede), der als einer der ethischen Höhepunkte nicht nur der Tragödie, sondern auch des abendländischen Denkens gilt - als Konfrontation zwischen staatlicher und moralischer Autorität, aber auch zwischen Mann und Frau, Machogehabe und feministischem Selbstbewusstsein. Kreon fragt *„Wer der Männer war es, der das gewagt?"* (V. 248). Und er fällt aus allen Wolken, als die Wächter eine Täterin zu ihm bringen. Er kann es nicht glauben, dass es eine Täterin ist und kein Täter. *„Begreifst du, was du sagst? Ist es Wahrheit, was du sprichst?"*, fällt er dem anklagenden Wächter ins Wort (V. 407). Weil Kreon selbst nach Antigones Geständnis immer noch nicht glaubt, dass eine einzige Frau so stark sein kann, sodass sie allein in der Lage wäre, das ganze Werk einer Bestattung zu bewältigen, verdächtigt er Ismene der Mittäterschaft. Als Ismene sieht, dass ihre Schwester in Todesgefahr ist, übernimmt sie ihrerseits Verantwortung und bezichtigt sich selbst wahrheitswidrig der Mittäterschaft. Sie appelliert an Kreon, das Leben von Antigone zu schonen, unter anderem, weil sie doch die Braut seines Sohnes Hämon ist. Ismenes und auch Hämons Appelle an Kreon sowie der Rat des blinden Sehers Teiresias, der in Kreons Haltung eine Gotteslästerung sieht, haben jedoch keinen Erfolg. Er ist der Meinung, der Erlass eines Staatsoberhauptes sei oberster Wille, und niemand dürfe sich dagegen stellen. Antigone lehnt stolz die solidarische Haltung ihrer jüngeren Schwester ab. Sie bestätigt zwar, dass Ismene sie zum Schluss trotz ihrer anfänglichen Weigerung gebeten habe, mitmachen zu dürfen. Sie, Antigone, habe das aber abgelehnt. Es kommt zu einer langen Grundsatzerklärung von Kreon, der die Richtigkeit seiner Argumente und seiner Entscheidungen, die die staatlichen Gesetze über alles stellen, wiederspiegelt. Während dieser Stichomythie schleudert Antigone stolz Kreon den Satz entgegen, den spätere Generationen bis heute häufig zitieren:

„Nicht zu hassen, sondern zu lieben bin ich geboren." (V. 523).

Antigone, die ihren Prinzipien treu bleibt und ihr Ungehorsam nicht bereut, wird in ein Felsengrab eingeschlossen, um dort langsam zu sterben.

Im Verlauf der Tragödie und unter dem Einfluss der verschiedenen Beteiligten sowie des Volkes, repräsentiert durch den Chor, beginnt Kreon zu wanken und zur Einsicht zu kommen. Mit seinen Dienern eilt er zum Steingrab, wo Antigone eingeschlossen ist. Sie kommen jedoch zu spät. Antigone hat sich erhängt. Die Strafe der Götter lässt nicht lange auf sich warten: Kreons Sohn Hämon gerät in eine schwere Auseinandersetzung mit seinem Vater, als er versucht, seine geliebte Braut Antigone zu retten – Anlass für Sophokles, eine wunderschöne Liebeshymne zu komponieren. Kreon weist seinen Sohn schroff zurück und verliert ihn: Hämon begeht nach Antigones Tod Suizid. Danach tötet sich auch Eurydike, Hämons Mutter und Kreons Ehefrau. Kreon, ein gebrochener Mann, wünscht sich den Tod, aber dieser ist ihm nicht vergönnt.

Es ist sicherlich kein Wunder, dass die sophokleische Antigone bis zum heutigen Tag große Faszination ausübt. Durch die antithetische Charakterdarstellung, die in mancher Hinsicht kontrastierenden Persönlichkeitsstrukturen, Prinzipien und Einstellungen der Protagonisten – Antigone versus Kreon, Antigone versus Ismene – werden Werte umrissen, die Ewigkeitscharakter haben. Das erklärt, warum Antigone eine der am häufigsten bearbeiteten Figuren der griechischen Mythologie ist. Allein acht überlieferte antike Tragödien haben ihr Schicksal zum Thema. Bis heute sind mindestens 40 Dramen, 60 Musikstücke – davon 30 Opern – und unzählige Verfilmungen und Bücher über sie entstanden[4]. Aber nicht nur die Literatur- und Theaterwissenschaft beschäftigt sich damit, sondern auch Psychologen, Psychiater, Psychoanalytiker, Politologen, Soziologen, Feministinnen und in besonderer Weise auch Philosophen. Und zwar nicht nur ältere, in gewisser Hinsicht klassische Philosophen, wie Hegel oder Kierkegaard, sondern auch solche des ausgehenden 20. und des beginnenden 21. Jahrhunderts. Letztere bringen nicht selten Philosophie und Psychoanalyse zum Thema Antigone und Ödipus und manches andere in Tuchfühlung.

So beginnt die amerikanische Philosophin Cecilia Sjöholm ihr Buch zum „Antigone-Komplex" mit einer Frage von George Steiner: „*Was wäre geschehen, wenn die Psychoanalyse Antigone statt Ödipus ausgewählt hätte?*" Sie versucht, die Frage durch die Einführung eines eigenen „Antigone-Komplexes" zu beantworten. Seine Einführung sei auch nötig, weil Freuds Ödipus-Komplex eine Lücke offen lasse: Er sei insuffizient, die weibliche Lust zu erklären. Für sie fungiere der Antigone-Komplex, ausgehend von einem weiblichen Modell, nicht als Alternative zum Ödipus-Komplex und stehe ihm auch nicht „*symmetrisch gegenüber*". Vielmehr sei der Antigone-Komplex unter anderem geeignet, eine Reflexion der inneren Beziehung zwischen Lust und Ethik zu ermöglichen. Eine Reflexion, die mit der Weiblichkeit zu tun habe, sowohl in philosophischer wie auch in psychoanalytischer und literarischer Hinsicht. Cecilia Sjöholm integriert Thesen und Gedanken von Sophokles, Hegel, Heidegger, Simone de Beauvoir und anderen bzw. setzt sich damit auseinander. Leider können wir dieser hochinteressanten Spur nicht folgen, die schnurgerade in philosophische Gefilde führt und uns von unserem Ziel abbringt. Denn das ist ja die Erforschung der Beziehung zwischen griechischer Mythologie und Psychoanalyse und nicht zur Philosophie oder anderen Geisteswissenschaften.

---

[4]Vgl. auch Walther und Hayo, 2004.

George Steiners Frage war auch Anlass zur Definition von weiteren – philosophisch fundierten – Antigone-Komplexen. So etwa beschreibt Vlasta Paulic in ihrer Dissertation, sich dabei unter anderem auch mit Hegel und Lacan auseinandersetzend, einen Antigone-Komplex, wonach Schuld verbunden sei mit der Möglichkeit des Vollbringens einer wahrhaftig ethischen Tat. Eine Tat, die voraussetzt, dass eigene Sehnsüchte nicht aufgegeben werden. Dabei handle Antigone ohne Schuldbewusstsein, weil sie ihre Taten durch ein den staatlichen Gesetzen übergeordnetes Gesetz rechtfertige. Auch wir bleiben wie schon erwähnt unserem übergeordneten Gesetz treu, und das heißt bekanntlich: Nur die Beziehung zwischen psychoanalytischer Komplexbildung und griechischer Mythologie gilt es zu erforschen und uns nicht, fremd und unkundig, in philosophischen Wäldern zu verirren und zu verlieren. Ähnliches gilt für weitere eher philosophisch definierte Antigone-Komplexe. Auch wenn – dies sei hier gesagt – die Grenzen zwischen Psychoanalyse und Philosophie durchlässig und unbestimmt erscheinen.

Patricia Bourcillier ist ein Beispiel dafür. Sie studierte zwar Philosophie und Literaturwissenschaft, lehrt aber Psychoanalyse und Literatur. Sie präsentiert einen Antigone-Komplex als Grundlage der Anorexie. Im Gegensatz zu den vorherigen rein philosophisch definierten Antigone-Komplexen wird dieser Mischling aus Medizin, Philosophie und Literaturwissenschaft kurz dargestellt, allerdings ohne weitere Vertiefung.

Antigone, die Ikone der Anorexie?

Nach eigener Bekundung dem Beispiel der französischen Autorinnen Raimbault und Eliacheff folgend, die den Antigone-Mythos zur Erklärung der Anorexie verwenden, schreibt Bourcillier: *"Damit erhebt sie sich gegen die eingesetzte Ordnung, im Namen der ungeschriebenen Gesetze, die das Gedächtnis verewigen: Rebellion gegen die politische Ordnung bei Antigone, gegen die ärztliche Ordnung bei der magersüchtigen Frau, gegen die familiäre Ordnung in beiden Fällen. Indem Antigone die von Kreon verordneten Gesetze der Menschen widerlegt, stellt sie sich unter die Autorität der unveränderlichen und ewig gültigen Gesetze der Götter. Nun stellen aber die zwei Charakteristika der griechischen Götter – sie leben in einer hermetischen und inzestuösen Welt, und sie sind unsterblich – zwei wesentliche Verwirklichungen infantiler Wünsche dar. Dies ist wahrscheinlich der Grund, warum die Psychoanalyse aus Antigone ein Symbol machte und einen bestimmten Komplex nach ihr benannte: <u>den Antigone-Komplex. Dieser Komplex bezeichnet die Fixierung des jungen Mädchens oder der jungen Frau auf ihren Vater, ihren Bruder oder auf</u>*

ihren Familienkreis, die so stark ist, dass sie ein erfülltes Leben in einer anderen Liebe ablehnt [Hervh. v. Verf.]. Sehr oft wird sie selbst – wie ihre Familie – ein in sich geschlossenes System, das sich gegen jeden Einfluss von außen abschottet. Indem Antigone sich weigert, jemand anderen zu lieben als ihren Bruder - was eine Ablösung ihrer infantilen Fesseln mit sich brächte - bekommt ihr Tod Symbolwert: sie erhängt sich wie ihre Mutter in der Familiengruft, zuvor ‚lebendig eingemauert'...... "[5]

Nachdem die Autorin uns präzise einen Antigone-Komplex aus einer unpräzisen Quelle erklärt – „*die Psychoanalyse*" habe ihn kreiert –, stellt sie die wesentliche Beziehung zwischen Antigone und Anorexie her: „*Wegen der Verletzung von Kreons Verbot, den Bruder zu begraben, wird Antigone zum Tode bzw. zum Schweigen verurteilt. Tote sprechen nicht. Sagen wir nicht auch, ‚verschwiegen wie ein Grab sein'? Viele Erzählungen junger magersüchtiger Frauen bestätigen diese Verurteilung zum Schweigen. ‚Alle wissen es, aber niemand spricht darüber'. Das Schweigen wird ihnen aber nicht nur aufgezwungen, es steckt auch in ihnen selbst. Sie wollen nicht sprechen, und ihre Weigerung zu sprechen klebt an dieser Angst, die in der unergründlichen Vollkommenheit dieser geheimen, mit Sorgfalt geschützten und unerreichbaren Gruft stumm bleiben will. Sie wollen nichts sagen, weil sie nichts zu sagen haben, da gar nichts sagbar ist...*"[6]

Die Autorin sieht bei magersüchtigen Frauen das Bedürfnis nach Gerechtigkeit und nach Rebellion gegen alle die Leute, die die Macht haben „*mit Bezug auf die Familien, die Lehrer, die Ärzte und das ganze Strafsystem der psychiatrischen Kliniken, die das Recht haben, die Leute mit Leib und Seele zu besitzen.*"[7]

Nach dem schon geäußerten Abstinenz-Neutralitäts-Prinzip, uns nicht in die Gefilde der Philosophie und Literaturwissenschaft einzumischen, beschränken wir uns nur auf die Bemerkung:

Naja, man braucht sicherlich ein starkes Rebellionsbedürfnis, um Sophokles Antigone zur Ikone der Anorexie zu stilisieren!

---

[5]Bourcillier S. 80.
[6]Ebenda, S. 83.
[7]Ebenda, S. 86.

Antigone, ein Symbol der Subordination?

Auch die reine Psychoanalyse verlieh Antigone den einen oder den anderen Komplex. So etwa durch die amerikanische Psychoanalytikerin und Psychologieprofessorin Ellyn Kaschak, die einen Antigone-Komplex bei Frauen als Äquivalent zum Ödipus-Komplex der Männer beschreibt und als Subordination der Frau versteht : *„Wie Ödipus das Dilemma des Sohnes darstellt, so personifiziert Antigone das der pflichtbewussten Tochter in einer patriarchalischen Gesellschaft."*[8] Sie entwirft eine *„Antigonale Psychologie der Tochter/Mutter"* – als Analogon zu einer *„Ödipalen Psychologie des Sohnes/Vaters"* –, beides aus der feministischen Perspektive betrachtet[9].

> **Der Antigone-Komplex als weibliche Subordination**
> Der Antigone-Komplex bestehe darin, dass eine Frau sich selbst als eine Extension der relevanten Männer in ihrem Leben betrachte. Das Ergebnis sei, dass sie ihre Bedürfnisse und Wünsche denen des Mannes unterordne. Eine solche *„antigonale Psychologie"* entstehe durch eine Sozialisation der Frau, wonach sie permanent das Wohlergehen ihrer Liebsten – speziell das der Männer ihres Lebens – höher betrachte als ihr eigenes.

Folge des ungelösten – oder noch nicht gelösten – Antigone-Komplexes sei eine Symptomatik der *„Verweigerung"* bzw. der *„Verleugnung"*, die sich unter anderem in Depressionen, Angststörungen, Beeinträchtigungen der Sexualität bis zu ihrer vollständigen Ablehnung und in Essstörungen, vor allem Anorexie, äußere. Zur Behandlung der antigonalen Symptomatik entwirft Kaschak ein *„neues Modell feministischer Psychotherapie"*[10], – worauf jedoch nicht weiter eingegangen wird, weil es nicht zu unserem Thema gehört. Insgesamt betrachtet sie ihre Thesen zur *„antigonalen Psychologie"* als eine Form von *„feministischer Psychologie"*.

Als Quellen für ihr Konzept verwendet sie die uns bekannten drei Sophokles-Tragödien zum Thema („König Ödipus", „Ödipus auf Kolonos", und „Antigone")[11] – die erste für ihr Konzept der ödipalen Psychologie

---

[8]Kaschak S. 57.
[9]Ebenda S. 55–88.
[10]Ebenda S. 210–225.
[11]Sie bezeichnet alle drei genannten Tragödien wiederholt in inkorrekter Weise als „Trilogie". Sie gehören allerdings nicht zu einer Trilogie, sondern sie haben bloß verwandte Themen. „Antigone" ist die ältere Tragödie und wurde mehrere Jahre vor den anderen beiden uraufgeführt.

aus feministischer Perspektive, die zwei letzteren für ihre antigonale Psychologie der Frau. Antigones Verhalten und Einstellungen in „Ödipus auf Kolonos" haben wir im Ödipus-Kapitel schon kennengelernt. Hier nur eine kleine Erinnerungshilfe: Nachdem das Mitleid Kreons, des alten und neuen Machthabers, mit dem blinden und am Boden zerstörten Ödipus seine Grenzen erreicht hat, befiehlt ihm dieser, endlich in die Verbannung zu gehen. So wie es das Orakel verlange. Auch seine beiden Söhne nötigen Ödipus dazu, um die Stadt vor der Pest zu retten. Nur seine Tochter Antigone zeigt große und empathische Solidarität mit ihm und fühlt sich verpflichtet, ihm in sein Schicksal in der Verbannung zu folgen. Sie will sich um ihn kümmern und ihn pflegen. Die jüngere Tochter Ismene bleibt bei ihren Brüdern. Elend und hungrig gehen Vater und Tochter ins Exil und irren durch Griechenland. Sophokles beschreibt in „Ödipus auf Kolonos", wie Antigone sich um ihren blinden Vater kümmert und sich für ihn aufopfert. Erst durch den Tod des Vaters werden sie getrennt.

Gewiss könnte man die Rolle Antigones in „Ödipus auf Kolonos" als Subordination in Kaschaks Sinne bezeichnen. Eine Beugung des Mythos, so wie der in der angegebenen Quelle dargestellt ist, darf man der Autorin also nicht unterstellen. Höchstens kann man sich fragen, ob die Leitmotive für Antigones Verhalten und Einstellungen andere als Subordination sein könnten. Etwa Empathie, Solidarität, Hilfsbereitschaft für den bedürftigen und blinden Vater oder andere ähnliche Edelmotive. Wäre das nicht eine Amputation der Menschlichkeit im Menschen, wenn wir solch einen Ausdruck menschlicher Größe und ethischer Orientierung unter einer negativ konnotierten Verhaltensweise wie Subordination verschwinden lassen? Ist ein solches empathisch-solidarisches Verhalten, wie das von Antigone in „Ödipus auf Kolonos" eine Exklusivität des Weiblichen und unbekannt bei Männern? Trug etwa der Held Äneias seinen blinden alten Vater nicht auf seinem Rücken, nachdem ihre Heimat Troja gefallen war, um mit ihm ins Exil zu gehen? War das bei dem tapferen Recken keine Subordination, anders als bei der tapferen Rebellin? Würde man so eine Haltung, sowohl bei Frauen als auch Männern, nicht geradezu erwarten in einer Gesellschaft, wo die Älteren vonseiten der Jüngeren und insbesondere ihren Kindern hohen Respekt genießen?

Ist es eventuell bloß eine Sache der Perspektive, wenn dort, wo der eine Menschlichkeit sieht, der andere Subordination entdeckt?

Aber nichtsdestotrotz, „Ödipus auf Kolonos" macht eine Deutung *„Subordination",* gleichberechtigt neben anderen Deutungen stehend, möglich. Und damit verbietet sich der Vorwurf der Mythos-Beugung.

Aber bietet auch Sophokles „Antigone" diese Möglichkeit?

Ist die Deutung als Subordination, die uns die amerikanische Psychoanalytikerin liefert, der Grund für den viel gepriesenen hohen Symbolwert von Sophokles Antigone? Der Grund dafür, dass Philosophen sie als *„höchste Gegenwart, die je in die Menschenwelt gekommen war",* *„Antigone als Ebenbild Jesu Christi",* verstehen?"[12]

Faszination durch Subordination?

Ist es Subordination, wenn Antigone von ihrer Schwester Ismene vor den Gefahren gewarnt wird, die entstehen:

„wenn wir die Kraft des Gesetzes,
den Willen der Herrschenden oder ihre Macht missachten"[13].

....und wenn sie Sätze von Ismene hört wie die folgenden:

„... wir Frauen sind nicht geschaffen, gegen Männer zu kämpfen.
Und darüber hinaus sind wir Untertanen von Herrschenden.
Und wir sind verpflichtet, denen zu gehorchen,
auch dann, wenn ihre Gebote nicht gut sind."[14]

....und auch, dass Frauen

„nicht geschaffen sind, Widerstand gegen die Staatsmacht zu leisten."[15]

....und wenn Antigones Haltung und Antwort darauf nichts anderes ist als ein stolzes *„Doch!".*

Ist das wirklich ein Indiz für Subordination?

Ist Antigones stolze Haltung gegenüber dem Machogehabe von Kreon, der die Vollendung einer solchen Tat, derer Antigone beschuldigt wird, als unmöglich für eine Frau erachtet, auch Ausdruck von Subordination?

Sind Antigones Sätze, die sie stolz dem Tyrannen entgegenschleudert, als er von ihr verlangt, den Feind als Feind und nicht als Freund zu behandeln, Ausdruck von Subordination? Wie etwa die folgenden:

„Die Tyrannei ist mit vielen Möglichkeiten gestaltet.
Auch mit der Möglichkeit zu reden und zu handeln, wie sie will."[16]

und:

„Nicht zu hassen, sondern zu lieben bin ich geboren."[17]

Eigentlich hat der ganze Wortwechsel zwischen Antigone und Kreon wie auch zwischen Antigone und Ismene als Kernpunkte das Primat der

---

[12]George Steiner S. 14.
[13]V. 59–60.
[14]V. 62–64.
[15]V. 79.
[16]V. 506–507.
[17]V. 523.

moralischen Pflicht, das Handeln nach dem eigenen Gewissen und nach Prinzipien, die Überlegenheit der moralischen über die staatlichen Gesetze und der Liebe gegenüber dem Hass.

Ist diese Haltung Antigones der Beweis dafür *„dass eine Frau sich selbst als eine Extension der relevanten Männer in ihrem Leben betrachtet"*, und dass sie *„ihre Bedürfnisse und Wünsche denen des Mannes unterordnet"*?[18]. Hat Antigone durch ihr heldenhaftes Verhalten und ihre erhabene Handlung *„gegen ihre eigene Bedürfnisse und Wünsche"* gehandelt? Ist die *„antigonale Haltung"* – um die Worte der Komplexschöpferin zu verwenden – nicht doch etwas viel Höheres als die Subordination einer Frau den *„Männern ihres Lebens"* gegenüber? Entstand die Faszination vieler Generationen von Tragödien-Lesern und Zuschauern nicht etwa durch dieses Höhere?

Subordination kann keine Faszination erzeugen! Höchstens Bedauern und Mitgefühl. Manchmal auch Verachtung.

Antigone und Athena: Starke Frauen oder schwache Vaterkomplex-Trägerchen?

Der amerikanische Psychoanalytiker Benjamin B. Wolman wird von manchen als der Schöpfer eines Antigone-Komplexes angegeben[19], da er drei bis vier Jahrzehnte vor den erwähnten Komplexschöpferinnen darüber publizierte. Allerdings verwendet Wolman in seiner diesbezüglichen Publikation nie die Bezeichnung „Antigone-Komplex", stattdessen aber den Terminus „Antigone-Prinzip". Das werden wir am Ende des Kapitels wieder treffen. In der Regel wird als Antigone-Komplex das verstanden, was uns oben schon begegnet ist, also:

> Eine Fixierung des jungen Mädchens oder der jungen Frau auf ihren Vater, ihren Bruder oder auf ihren Familienkreis, die so stark ist, dass sie ein erfülltes Leben in einer anderen Liebe ablehnt[20].

Andere Psychoanalytiker spezifizieren ihn als einen Vaterkomplex bzw. einen weiblichen Männlichkeitskomplex, mit Aufopferung bis zur Identifikation mit dem Vater bei gleichzeitiger Ablehnung der Mutter, die bis zur

---

[18] Wie Kaschat meint.
[19] Etwa von Leonard Zusne.
[20] Bourcillier, S. 79–80.

5 Der Antigone-Komplex

„*Mutterlosigkeit*" reicht, was immer auch das heißen mag. Fast alle diesbezüglichen Komplexkonstruktionen finden sich aber eher im äußersten Rand des Komplexe-Pantheons. Betrachten wir noch eines davon. Zwar auch von besagtem Pantheon-Rand, doch wie mir scheint nicht so ganz eindeutig ein „Nebenbei-gesagt-Produkt" wie manche andere Randbewohner.

Ich wähle diesen psychoanalytischen Komplex, weil Antigone eine von zwei Namensgeberinnen ist. Man erweist ihr, der sterblichen Tochter von Ödipus und Iokaste, die Ehre, auf einer Ebene mit der unsterblichen mutterlosen Tochter des Zeus zu stehen: mit Athena, Göttin der Weisheit! Es ist der „Athena-Antigone-Komplex"[21].

> **Der Athena-Antigone-Komplex**
> Es handele sich um einen „weiblichen Männlichkeitskomplex", der eine besondere Form der Beziehung darstelle, die einige Frauen zu ihren Vätern haben sollen und durch die sie in ihrer Entwicklung beeinträchtigt würden. Es handelt sich also um eine besondere Form von weiblichem Vaterkomplex, ähnlich dem Elektra-Komplex – den wir bald auch kennenlernen werden. Die starke Bindung zum Vater gehe zulasten der Beziehung zur Mutter und erschwere damit ihre spätere Beziehung zu sich selbst als Frau. Dieser Entwicklung lägen Schwierigkeiten in der frühkindlichen Beziehung zur Mutter zugrunde, die durch eine Idealisierung der Beziehung zum Vater kompensiert würden. Diese idealisierte Bindung erweise sich später, wenn sie bestehen bleibe, als Behinderung für ein erfülltes Leben als Frau. Frauen mit einem Athena-Antigone-Komplex bezögen ihre eigene Bedeutung daraus, die Tochter ihres Vaters zu sein. Sie definierten sich durch den übermächtigen Vater[22].

Manche Frauen würden diese „*psychischen Positionen*" die ihrer Charakterbildung zugrunde lägen, ein Leben lang beibehalten. Bei anderen Frauen gelte dies nur zu bestimmten Zeiten oder in besonderen Lebensabschnitten. Jedes Mal laufe es darauf hinaus, dass sie sich selbst als „*Tochter ihres Vaters*" definierten. Diese Frauen sähen sich weder als Tochter ihrer Mutter, noch als Schwester, Ehefrau oder Mutter – auch wenn sie vielleicht jede dieser Rollen einnähmen. In „*diesem Glaubenssystem*" schreibe die Tochter ihrem Vater große Bedeutung zu. Ihre eigene Wichtigkeit beziehe sie daraus, wie Athena die Reinkarnation seiner Macht zu sein oder ihm wie Antigone seine Bedeutung für die Nachwelt zu sichern[23].

---

[21] Schöpfer dieses Komplexes scheint mir Ronald Britton zu sein.
[22] So Ronald Britton.
[23] Ebenda, S. 102–106.

Ein Charakteristikum des so definierten Komplexes ist seine Fokussierung auf den Vater.

Hoffend, dass das Prinzip der Neutralität der Theorie gegenüber nicht verletzt wird und ohne Stellung zu nehmen, ob der angegebene psychodynamische Hintergrund plausibel ist oder nicht, möchte ich folgendes bemerken: Nicht nur aufgrund meiner klinischen Erfahrung, sondern auch durch Betrachtung von Biografien und Verhaltensbeobachtungen im Alltag scheinen mir die im Rahmen des sogenannten Athena-Antigone-Komplexes bzw. des „weiblichen Vaterkomplexes" beschriebenen Verhaltensmuster nicht realitätsfern.

Soweit so gut. Oder fast so gut: Polyneikes, für den Antigone sich geopfert hat, war ihr Bruder und nicht ihr Vater! Also sah sie sich auch als Schwester. Sie fokussierte sich doch nicht nur auf den Vater, wie der Komplexschöpfer meint.

Also soweit so fast gut!

Aber....

Wurde das Kind auf den richtigen Namen getauft? Mit anderen Worten, ist die Namensgebung „Athena-Antigone-Komplex" zutreffend und den Quellen entsprechend? Gehen wir wieder auf Expedition zu den Quellen der mythologisch getauften tiefenpsychologischen Schöpfung.

Der Schöpfer des Athena-Antigone-Komplexes sieht *„in der triumphierenden Athena, die mutterlos von einem ‚großen Vater' abstammt, und in Antigone, der mutterlosen Stütze eines ‚alternden großen Vaters', die Personifizierung einer psychischen Haltung, die sich manche Frauen zu eigen gemacht haben. In jeder dieser Rollen beziehen sie ihre eigene Bedeutung daraus, die Tochter ihres Vaters zu sein."*[24]

Als ein klassisches Beispiel des genannten Komplexes sei die Beziehung von Anna Freud zu ihrem Vater genannt. Diese besondere Beziehung der „Anna-Antigone" zu ihrem Übervater – wie auch die psychologische Brisanz, die damit verbunden ist – haben wir schon kennengelernt[25]. Und wir wissen auch, dass nicht nur der Vater Freud seine Tochter Anna als „seine Antigone" bezeichnete, sondern die ganze Wiener psychoanalytische Gesellschaft. Und Anna-Antigone Freud nahm die Bezeichnung und die Auszeichnung bzw. die Bezeichnung als Auszeichnung stolz an, wie wir wissen.

---

[24] Ebenda S. 97.
[25] S. Kapitel „Der Königs-Komplex", Abschnitt Ödipus weiteres Schicksal.

Der Name „Athena-Antigone-Komplex" wurde zum einen aus dem Mythos von Athenas Geburt abgeleitet, ohne dass eine konkrete Quelle genannt wird. Zum anderen aus der Rolle Antigones in Sophokles Tragödie „Ödipus auf Kolonos".

Schauen wir uns zunächst den Athena-Mythos an.

Athena, vor der Himmel und Erde erschaudern

Athena und ihr Vater

Athena, die Göttin der Vernunft, der Rationalität, der Weisheit und der Künste, darunter auch der Kriegskunst, entstieg erwachsen und in voller Rüstung dem Haupte ihres Vaters Zeus, des Herrschers über die Götter und Menschen. Sie wird zwar nicht nur von anderen, sondern auch von sich selbst immer wieder als „mutterlos" bezeichnet, aber sie war doch von einer Frau empfangen worden. Nämlich von Metis, der Göttin der praktischen Intelligenz, *die „wissender war als alle Götter und Menschen"*[26]. Es war Metis auch *„beschieden, Kinder voll Geist zu gebären"*[27]. Sie wurde aber von ihrem Mann Zeus verschluckt, als sie mit Zwillingen schwanger war – Athena und einem Bruder. Grund dafür war eine ihm von Themis, Göttin der Gerechtigkeit und Ur-Göttin der Prophezeiung, gegebene Warnung: Der Sohn, den Metis gebären sollte, würde ihn, Zeus, eines Tages vom Thron stürzen. Die Tochter, Athena, wurde auch ohne gebärende Mutter dennoch geboren, nämlich aus dem Kopf von Zeus; der gefährliche Sohn, mit der Mutter verschlungen, aber nicht. Und Athena war *„gleich dem Vater an Kraft des Willens und Klugheit des Rates"*[28]. Es ist sicherlich kein Zufall, dass als Geburtshelfer dabei Prometheus[29], der weiseste und edelste der Titanen, und Hephästos, der Gott des Feuers und der handwerklichen Künste, zu Hilfe kamen:

„*Als durch Hephästos Kunstfertigkeit*
unter dem Schlag des erzgetriebenen Beils Athena oben aus dem Kopf des Vaters herausfuhr
und mit überlautem Schrei den Schlachtruf ausstieß,
Himmel (der Uranos) und Mutter Erde (die Gäa) erschauderten vor ihr."[30]

Bitte beachten wir: „Himmel und Erde erschauderten vor ihr"!

Obwohl Athena also kein Waisenkind war, wurde sie nicht aufgezogen. Sie war vollendet und autark von dem Moment an, in dem sie mit Kriegsgeschrei in die Welt trat und *„Heere ruft und führt sie zum Kampf, die mächtige Herrin, unbesiegbar"*[31]. Sie hatte keine Kindheit, keine Entwicklungsphasen, keine

---

[26]Das meint Hesiod in seiner „Theogonie", V. 887.
[27]Ebenda, V. 894.
[28]Ebenda, V. 896.
[29]Das erzählt uns, unter anderen, auch Euripides in „Ion", V. 455.
[30]Das erzählt uns Pindar in seinen „Olympischen Oden" VII, 35–38.
[31]Ebenda, V. 925.

> Erziehung. Sie war nicht nur unsterblich, wie alle Götter, sie blieb auch immer gleich. Sie hatte nicht schon immer existiert, doch seit ihrer wundersamen Geburt aus dem Haupte ihres Vaters war sie vollständig, eine Erwachsene, ausgestattet mit all ihren Attributen. Und sie habe auch nie geheiratet oder sich anderswie abhängig gemacht.[32]

Der Athena-Antigone-Komplex-Schöpfer behauptet: *„Psychologisch sieht sie [Athena] sich als Inkarnation der Ideen ihres Vaters."* Und *„Ihre eigene Wichtigkeit bezieht sie daraus, die Reinkarnation seiner Macht zu sein"*[33].

Oh, das tut weh!

Ich muss gestehen, mich persönlich schmerzt das. Ich bin nämlich ein begeisterter Bewunderer und Anhänger dieser beeindruckenden Göttin der Weisheit. Aber nicht nur ihre Weisheit, sondern auch ihre Unabhängigkeit und ihre Macht sind legendär. Homers Ilias und Odyssee lesen sich – unter anderem – auch als eine Unabhängigkeits- und Macht-Hymne für Athena! Wie oft steht sie dort konträr zu ihres Vaters Ideen! Wie häufig bringt sie dort ihren Vater dazu, seine eigenen Ideen zu ändern und ihre zu übernehmen! Herrlich, wie im achten Gesang der Ilias Zeus in höchst autoritärem Stil den anderen Göttern verbietet, sich in das Kriegsgeschehen einzumischen, schlimmste Strafen bei Ungehorsam androhend. Athena aber manipuliert ihren Vater und kann ihm eine Ausnahme entlocken:

„.. Mach dir keine Sorge, mein Töchterchen! So ernst habe ich es wiederum nicht gemeint. Was immer ich im Zorn sagte; ich will dir ja freundlich gewogen bleiben."

(VIII. 39–40)

Und die Odyssee ist voll von ähnlichen Szenen, in denen sie des Vaters Willen zugunsten ihres Schützlings Odysseus lenkt!

Unzählige Male demonstriert sie den anderen olympischen Göttern und den Menschen ihre Macht! Alle seriösen Mythographen präsentieren uns eine unabhängige, willensstarke, nach eigener Vernunft und Weisheit, nach eigenem Willen handelnde Göttin, die den Menschen, aber häufig auch anderen Göttern, direkt oder indirekt ihren Willen diktiert. Es tut weh zu hören, dass Athena, diese Tochter einer Mutter der *„doch beschieden war, Kinder voll Geist zu gebären"*, aber sie auch *„gleich dem Vater an Kraft des Willens und Klugheit des Rates"* und die *„Heere ruft und führt sie zum Kampf, die mächtige Herrin, unbesiegbar"* als vom Vater abhängiges Töchterlein apostrophiert wird!

---

[32]Modifiziert aus Marneros „Homers Ilias psychologisch erzählt. Der Seele erste Worte".
[33]Britton, S. 97.

Das ist auch ein Sakrileg gegen die Athena des „Homerischen Hymnos an Athena":

„Pallas Athene will ich besingen, die heilige Göttin,
augenleuchtende, unerbittliche, weisheitserfüllte,
reine Jungfrau, der Städte Erretterin, wehrhaft und mutig….
… Sprang die Göttin hervor aus Zeus unsterblichem Haupte,
schwingend den scharfen Speer. Und die Höhn des
Olympos erbebten
fürchterlich unter der Wucht der Augenleuchtenden.
Ringsum
dröhnte die Erde entsetzlich. Es hoben sich schäumend des Meeres
purpurne Wogen."

Diese Athena „bezieht ihre Wichtigkeit daraus, Tochter ihres Vaters zu sein", wie der Komplexschöpfer behauptet? Und die, die von der ersten Sekunde nach ihrer Geburt *„mit überlautem Schrei den Schlachtruf ausstieß, sodass Himmel und Mutter Erde vor ihr erschauderten"*, soll ein Vaterkomplex-Trägerchen sein?

Um aus der beeindrucktesten Göttin des Olymps das Vaterkomplex-Trägerchen zu machen, braucht man da nicht eine gute Portion sakrileg-trächtiger Phantasie?

Antigone, die Mutterlose oder die Furchtlose?

Wie es auch sein mag, eines stimmt in gewisser Hinsicht aber doch. Dass Athena nämlich irgendwie „mutterlos" ist. Aber auch Antigone? Die Tochter der Iokaste? Gewiss, „mutterlos" könnte in diesem Zusammenhang auch bloß metaphorisch gemeint sein. Aber was spricht für eine, wenn auch metaphorische Mutterlosigkeit? Als Antigone die Entscheidung getroffen hat, dem blinden, elenden Vater ins Exil zu folgen, um ihm zu helfen und ihn zu pflegen, war ihre Mutter schon tot. Antigone hatte sich nicht von ihr abgewendet, wie es behauptet wird. Warum dann *„mutterlos"*? Es sei, dass damit die Tochter gemeint ist, die im Erwachsenenalter ihre Mutter durch Suizid verliert. Aber der Komplexschöpfer beharrt auf „mutterlos" ganz generell und ruft die Etymologie des Namens zu Hilfe. Allerdings eine sehr, sehr fragwürdige Etymologie, die er sich zurechtlegt: *„Der Name Antigone kann im Griechischen die Bedeutung ‚anstelle einer Mutter' haben"* behauptet er[34].

---

[34]Britton S. 97.

Oh, das ist aber weit, sehr weit hergeholt! Werfen wir einen Blick auf der Etymologie des Namens Antigone:

> **Ein Exkurs zur Etymologie des Namens Antigone**
>
> Der Griechische Name Antigone (Αντιγόνη) besteht aus zwei Worten, „Anti" (Αντί) und „góne" (γόνη). Das Wort „Anti" (eigenständig oder als Präfix) hat in der griechischen Sprache (oder gibt dem mit ihm verbundenen Wort) mindestens neun Bedeutungen. So etwa im Sinne von gegen, anstatt, gegensätzlich, gegenüber, gegenseitig, Reaktion, Widerspiegelung oder große Ähnlichkeit (im Sinne einer Kopie), Vize bzw. Stellvertreter, und in Verbindung mit Tagen dem vorangegangenen oder nachfolgenden Tag. Das Wort „góne" (γόνη) ist die weibliche Form von „gónos" (γόνος) und kommt vom Verb „gennein" (γεννείν), was *„gebären"* heißt. In der deutschen Sprache erkennen wir es in Begriffen wie „Genetik", „Genesis", „Genealogie", aber auch in „die Gene". In der griechischen Sprache gewinnt das Wort erst mit einem Präfix eine präzisere Bedeutung. Das Wort „gónos" selbst, ohne Präfix, bedeutet „Kind" oder „Nachkommen" einer Familie bzw. jeden Keim oder genetische Einheit, aus der Leben entstehen kann. In der Regel aber ist „gónos" mit einem Präfix anzutreffen, und erst dann wird es präzise: „pró-gonos" (πρόγονος) ist der Vorfahre, „apó-gonos" (απόγονος) der Nachfahre, „epí-gonos" (επίγονος) der Epigone, der Nachgeborene.
>
> Der Name Antigonos (Αντίγονος), Antigone in der weiblichen Form, ist schwer übersetzbar und kann vieldeutig sein – merkwürdigerweise aber nicht das Neutrum „Antígonon", das ist das neusprachliche biologisch-medizinische Antigen. Nach den obigen Ausführungen kommen aber folgende Bedeutungen am ehesten der Etymologie des Namens Antigonos/Antigone und der griechischen Bedeutung nahe: „gegen den Nachwuchs" bzw. „anstelle von Nachwuchs" oder „gegen die Vorfahren" bzw. „anstelle von Vorfahren", „Widerspiegelung der Vorfahren", „den Vorfahren sehr ähnlich", „anstelle der Vorfahren", „Stellvertreter für die Vorfahren". Aber die vom Schöpfer des „Athena-Antigone-Komplex" gewählte Bedeutung als „anstelle der Mutter" ist in der Tat nicht nur weit, sehr weit hergeholt, sondern auch unerlaubt selektiert, weil sie nur auf die Mutter referiert. Dadurch allerdings wird sie sehr passend zur Theorie des Komplexes – zur Bekräftigung der beinhalteten „Mutterlosigkeit", metaphorisch oder nicht metaphorisch gemeint.

Soweit zur denkwürdigen Auslegung der Etymologie.

Während für den göttlichen Anteil des „Athena-Antigone-Komplexes" vom Komplexschöpfer keine konkrete Quelle genannt wird, dienen für den menschlichen Teil, wie schon erwähnt, Antigones Persönlichkeit und Rolle, wie sie vorwiegend in Sophokles „Ödipus auf Kolonos" beschrieben worden sind, als Vorbild[35].

---

[35] S. Abschnitt „Ödipus weiteres Schicksal" im Kap. „Der Königs-Komplex".

Gewiss, in Sophokles zweiter Ödipus-Tragödie, „Ödipus auf Kolonos", präsentieren sich Antigone und Ödipus als ein unzertrennliches Duo. Wodurch man sogar dem Schöpfer des „Athena-Antigone-Komplexes" zustimmen könnte, was den Antigone-Teil des Komplexes betrifft, und eine Kompatibilität mit Sophokles Tragödie erkennen.

Man könnte es!

Wenn uns Sophokles die Geschichte Antigones nicht weiter erzählt hätte.

Man könnte es!

Wenn man bereit wäre zu ignorieren, dass Antigones Persönlichkeitsbeschreibung erst in der „Antigone" ihren Höhepunkt und ihre Vollendung findet. Darin kommt eine Antigone-Persönlichkeit zum Vorschein, die nichts, aber auch gar nichts, mit der Frau zu tun hat, „*die ihre eigene Bedeutung daraus bezieht, die Tochter ihres Vaters zu sein*", wie es der psychoanalytische Schöpfer des „Athena-Antigone-Komplexes" Ronald Britton behauptet.

Ist diese Protagonistin der „Antigone" tatsächlich ein Töchterchen mit einem Vaterkomplex, das seine Selbstdefinition und Wichtigkeit nur über den „*bedeutenden und wichtigen Vater*"[36] erlangt?

Sagen wir es noch einmal: Sophokles Antigone ist weder Papas Komplex-Trägerchen noch mutterloses Mauerblümchen. Sie ist – genau wie Athena – furchtlos und unbeugsam, stark und autonom. Und für vieles andere ein Symbol!.

> … Und Sophokles, der gerade den blinden Homer durch die Gefilde des Elysiums – das Paradies der Griechen – führt, fasst Homer an der Hand, die auf Sophokles Schulter liegt, und ruft wütend durch seinen dicken lockigen Bart: „*Sag mir, mein Lehrer und Meister und ‚Erzieher des Abendlandes' wie die neuzeitlichen Menschen dich bezeichnen*[37]: Ist meine Antigone nicht die Inkarnation von Mut, Tapferkeit, Autonomie, Prinzipientreue, Erhabenheit und Liebe? Sie ist doch nicht das Töchterchen mit einem Vaterkomplex, das am Tropf von Macht und Bedeutung eines vermeintlichen Übervaters hängt und sich durch den Vater definiert! Wenn jemand sich auf mich beruft, dann doch bitte vollständig und richtig! Ist es nicht wahr?"
>
> „Beruhige dich, mein Junge," antwortet Homer ruhig und bedächtig, für einen Moment stehen bleibend. „Denke daran, was man aus unserer Athena zu machen versucht hat. Aus unserer Athena, ´der Städte Erretterin, die, wehrhaft und mutig, die Heere ruft und sie zum Kampfe führt. Die mächtige Herrin, die

---

[36]So der Vater dieses Vaterkomplexes Ronald Britton.
[37]S.etwa bei I.Lissner.

> *unbesiegbare! Und Himmel und Erde erschauderten vor ihr'. Ein Vaterkomplex-Trägerchen versucht man aus ihr zu machen! Reg dich nicht auf, Sophokles. Was die Erben aus der Erbschaft machen, können wir nicht beeinflussen. Die Folgen sind deren Problem. Nicht die des Erbehinterlaßenden!"*

Aber wer weiß, es könnte sein, dass Sophokles Zorn und Wut gemildert werden, wenn wir ihm zurufen: *„Es gibt auch Psychoanalytiker, die dich richtig verstanden haben, Sophokles. So zum Beispiel Benjamin Wolman!"*.

Das Antigone-Prinzip der altruistisch sich aufopfernden Menschen

Im Jahre 1965 bezeichnete Benjamin Wolman den extremen Fall von Aufopferung zu Gunsten einer geliebten Person, und im übertragenen Sinne auch zugunsten eines Ideals oder des Vaterlandes, in der Regel dabei aus nicht-sexueller Liebe auch das eigene Leben aufs Spiel setzend, als das „Antigone-Prinzip".

„Antigone-Prinzip" also und nicht „Antigone-Komplex", wie Wolman manchmal fälschlicherweise zitiert und in diesem Kontext als der erste Antigone-Komplex-Schöpfer bezeichnet wird (wobei man allerdings aus dem Kontext der Publikation durchaus einen Komplex annehmen könnte). Voraussetzung des „Antigone-Prinzips" sei, das man jemandem – oder etwas – viel Liebe zu geben habe. Insofern sei das Antigone-Prinzip inkompatibel mit einer narzisstischen Persönlichkeit, bei der die Eigenliebe zentrales Merkmal ist, und es sei etwas ganz anderes als Masochismus, wo jemand sich aus Lustgewinn unterwirft und leidet. Erfreulicherweise gibt es an einer solchen Deutung der „Antigone" kaum etwas auszusetzen. Man könnte höchstens darüber streiten, ob Antigones Motiv Liebe für den Bruder oder Respekt vor höheren Werten ist, oder beides zusammen.

> *„... So ist es! Beides zusammen! Warum Streit darüber"* ruft der offensichtlich beruhigte und sichtlich zufrieden wirkende Sophokles dazwischen. *„Beides! Der Respekt Antigones vor höheren Werten zieht sich durch meine ganze Tragödie. Aber auch für das Motiv der Liebe habe ich euch das großartige Argument schon in Vers 523 meiner ‚Antigone' gegeben: 'Nicht zu hassen, sondern zu lieben bin ich geboren' schleudert die stolze Antigone dem verbitterten Kreon entgegen....."*

Allerdings sei hier eine sehr persönliche Nebenbemerkung gestattet: Ich finde es doch irgendwie traurig, dass Benjamin Wolman den Deutschen des zweiten Weltkrieges und der unmittelbaren Nachkriegszeit eine generelle Unfähigkeit zum „Antigone-Prinzip" attestiert. Und ich finde auch, dass er sich dem Vorwurf des Tendenziösen ausliefern könnte, wenn er so offensichtlich und vehement den israelischen Soldaten des Krieges von 1948 und anderen Helden der jüdischen Geschichte, die den meisten Lesern unbekannt sein dürften, einen Überschuss an „Antigone-Prinzip" bescheinigt – auch dann, wenn er recht hätte und die Wissenden ihm zustimmten. Mit allem Verständnis für biografische Besonderheiten und individuelle Bewunderungsobjekte könnte derlei Beimischung in einer wissenschaftlichen Publikation den Anspruch der Arbeit auf Wissenschaftlichkeit irgendwie beeinträchtigen. Aber, wie gesagt, dies ist bloß eine persönliche Nebenbemerkung.

6

Elektra: Des Ödipus geistige Schwester

Der Elektra-Komplex

C. G. Jungs Begeisterung und Sigmund Freuds schroffe Ablehnung

Um es von Beginn an klarzustellen: Elektra und ihr Bruder Orestes sind weder verwandt noch verschwägert mit Ödipus. Auch mit niemand anderem aus der Ödipus-Familie. Von der Psychoanalyse aber wurden sie als Ödipus Geschwister im Geiste auserkoren.

Warum Elektras Leben und Werk so interessant für die Psychoanalyse ist? Weil sie ihre Mutter Klytämnestra, die ihren Ehemann, Elektras Vater Agamemnon, ermordet hatte, so abgrundtief hasste, dass sie ihren Bruder Orestes dazu animierte, ihre Mutter zusammen mit deren Liebhaber und Mittäter Ägisthos zu töten.

Das ist wahr!

Unwahr ist jedoch das, was man in nicht wenigen psychoanalytischen Publikationen findet: Elektra sei die Mörderin ihrer Mutter.

Elektra hatte nach Auffassung mancher Psychoanalytiker einen Elektra-Komplex. Das sei der weibliche Ödipus-Komplex, und infolgedessen gehöre er zur Ödipus-Komplex-Familie. Die Verwandtschaft zwischen Ödipus- und Elektra-Komplex sehen manche Psychoanalytiker so ausgeprägt, dass es zu einer Verschmelzung kommt und sie statt vom Elektra-Komplex lieber vom „weiblichen Ödipus-Komplex" sprechen.

Was der Ödipus-Komplex für den kleinen Jungen sei, sei der sogenannte Elektra-Komplex für das kleine Mädchen, behaupten manche. Allen voran die zweite Ikone der psychoanalytischen Bewegung und Schöpfer des Elektra-Komplexes, der Schweizer Psychiater Carl Gustav Jung, der am Zürcher psychiatrischen Krankenhaus Burghölzli arbeitete[1]. Eigentlich irgendwie logisch: Was der Knabe hat, soll dem Mädchen nicht fehlen. Sigmund Freud aber meinte, das sei keineswegs logisch. Denn was der Knabe hat, darf das Mädchen noch lange nicht besitzen. Und so lehnte er die Existenz eines Elektra-Komplexes kategorisch ab, wie wir bald erfahren werden. Doch der Streit zwischen Jung und Freud bzw. zwischen Jungianern und Freudianern interessiert uns nicht sonderlich. Es interessiert uns nicht einmal, ob ein Elektra-Komplex überhaupt existiert oder nicht. Uns interessiert die ganz einfache Frage:

Hatte Elektra einen Elektra-Komplex?

Oder wurde der Stoff des Mythos gebeugt, so dass er kompatibel mit irgendwelchen Theorien wird?

Aber zuerst noch eine andere Frage: Was ist mit Elektra-Komplex gemeint?

C. G. Jung definierte im Jahre 1913 einen Elektra-Komplex, als einen dem Ödipus-Komplex bei Knaben äquivalenten-Komplex bei Mädchen. Er schreibt: *„Mit den Jahren prägt sich der Konflikt beim Sohne in einer mehr männlichen und darum typischen Form aus, während beim Mädchen sich die spezifische Zuneigung zum Vater und die entsprechende Eifersuchtseinstellung gegen die Mutter entwickelt. Man könnte diesen Komplex dann den Elektra-Komplex nennen. Elektra hat ja bekanntlich Blutrache genommen an ihrer Mutter Klytämnestra für den Gattenmord, der Elektra des geliebten Vaters beraubte."*[2]

> **Der Elektra-Komplex der Mädchen, die die Mutter hassen und den Vater sexuell begehren**
>
> Nimmt man C. G. Jung beim Wort, dann muss man in der Definition des Ödipus-Komplexes einfach das Geschlecht austauschen, um den Elektra-Komplex zu definieren: Das junge Mädchen habe den Wunsch, mit dem Vater zu schlafen und die Mutter als Rivalin zu beseitigen.

---

[1] An dieser Stelle sei noch einmal daran erinnert, dass die Bezeichnungen „Psychoanalyse" und „analytische Psychologie" in diesem Buch der Einfachheit halber gleichgesetzt werden.
[2] C. G. Jung in: „Versuch einer Darstellung der psychoanalytischen Theorie", S. 83.

> Allerdings erweiterten die Anhänger des Elektra-Komplexes ihn und verstehen darunter eine Form von Vaterkomplex, wie wir anschließend sehen werden. Sie verstehen darunter jegliche überstarke Bindung und Liebe bzw. inzestuöse Wünsche eines Mädchens dem Vater gegenüber, bei gleichzeitiger Rivalität, Feindseligkeit und Hass gegenüber der Mutter bis hin zu deren Ermordung.

C. G. Jung vertrat im Zusammenhang mit Elektra- und Ödipus-Komplex folgende Ansichten: Beide „*Phantasiekomplexe*" würden sich mit wachsender Reifung ausbilden, um erst in der Adoleszenz mit der nunmehr erfolgenden Abtrennung von den Eltern in ein neues Stadium einzutreten, dessen Symbol das „*Opfersymbol*"[3] sei. Mit Fortschreiten der sexuellen Entwicklung des Individuums gelinge ihm Unabhängigkeit und Selbstständigkeit. Gelinge es aber dem aufwachsenden Menschen nicht bald, sich innerlich davon zu lösen, „*so werden der Ödipus- und der Elektrakomplex zum Konflikt und dann die Möglichkeit zu neurotischen Störungen gegeben*"[4]. Das geschehe, indem eine bereits entwickelte sexuelle Libido sich der im Komplex gegebenen Form bemächtige und Gefühle und Phantasien herbeiführe, welche unmissverständlich die wirksame Existenz der vorher unbewussten und relativ unwirksamen Komplexe dartue.

Was für den Ödipus-Komplex gelte, gelte auch für den Elektra-Komplex: „*Bliebe die libido sexualis in dieser Konfliktform stecken, so führte der Ödipus- und Elektrakonflikt zu Mord und Inzest. Diese Folgen treten beim normalen Menschen natürlich nicht ein, ebensowenig beim ‚amoralischen' primitiven Menschen, denn sonst wäre die Menschheit schon lange ausgerottet.*"[5]

Soweit C. G. Jung.

Aber was sagt Sigmund Freud dazu?

Übervater Sigmund Freund verwirft die Idee des verlorenen Sohnes – zu dem Zeitpunkt von Freud bereits ausgeschlossen und als nicht legitimiert erklärt, für die Psychoanalyse zu sprechen – mit brüsken Worten. Er lehnt kategorisch die Existenz eines Elektra-Komplexes ab, am schroffsten in seiner Abhandlung von 1931 „*Über die weibliche Sexualität*"[6]. Die Sexualität der Frau sei, so Freud, nichts anderes als „*ein dunkler Kontinent*". Der Ödipus-Komplex passe in voller Strenge nur für das männliche Kind.

---

[3] Hervorgehoben von C. G. Jung.
[4] Hervorgehoben von C. G. Jung.
[5] Ebenda S. 84.
[6] Freud „Über die weibliche –sexualität" S. 278.

Es gebe keine Analogie im Verhalten beider Geschlechter in Bezug auf Sexualität, infolgedessen keine Analogie zum Ödipus-Komplex. Ergo: es könne auch keinen Elektra-Komplex geben. Das Urteil lautet: *„Wir haben auch bereits erkannt, dass eine weitere Differenz der Geschlechter sich auf das Verhältnis zum Ödipuskomplex bezieht. Unser Eindruck ist hier, dass unsere Aussagen über den Ödipuskomplex in voller Strenge nur für das männliche Kind passen und dass wir recht daran haben, den Namen Elektrakomplex abzulehnen, der die Analogie im Verhalten beider Geschlechter betonen will. Die schicksalhafte Beziehung von gleichzeitiger Liebe zu dem einen und Rivalitätshass gegen den anderen Elternteil stellt sich nur für das männliche Kind her."*[7]

Also zwar kein Elektra-Komplex für die Mädchen, aber es gebe doch einen Weg zu einem *„weiblichen Ödipuskomplex"* – so belehrt Freud seinen abtrünnigen Rivalen Jung. Da meines Erachtens zum Elektra-Komplex auch dessen Ablehnung und die angebotene Alternative gehört, wollen wir versuchen, dem mühsamen und komplizierten Weg des Mädchens zu seinem weiblichen Ödipus-Komplex, wie von Sigmund Freud skizziert, zu folgen – auch wenn es strapaziös ist: *„Beim Manne erübrigt vom Einfluss des Kastrationskomplexes auch ein Maß von Geringschätzung für das als kastriert erkannte Weib. Aus dieser entwickelt sich im Extrem eine Hemmung der Objektwahl und bei Unterstützung durch organische Faktoren ausschließliche Homosexualität. Ganz andere sind die Wirkungen des Kastrationskomplexes beim Weib. Das Weib anerkennt die Tatsache seiner Kastration und damit auch die Überlegenheit des Mannes und seine eigene Minderwertigkeit, aber es sträubt sich auch gegen diesen unliebsamen Sachverhalt. Aus dieser zwiespältigen Einstellung leiten sich drei Entwicklungsrichtungen ab.*

Die erste führt zur allgemeinen Abwendung von der Sexualität. Das kleine Weib, durch den Vergleich mit dem Knaben geschreckt, wird mit seiner Klitoris unzufrieden, verzichtet auf seine phallische Betätigung und damit auf die Sexualität überhaupt wie auf ein gutes Stück seiner Männlichkeit auf anderen Gebieten.

Die zweite Richtung hält in trotziger Selbstbehauptung an der bedrohten Männlichkeit fest; die Hoffnung, noch einmal einen Penis zu bekommen, bleibt bis in unglaublich späte Zeiten aufrecht, wird zum Lebenszweck erhoben, und die Phantasie, trotz alledem ein Mann zu sein, bleibt oft gestaltend für lange Lebensperioden. Auch dieser ‚Männlichkeitskomplex' des Weibes kann in manifest homosexuelle Objektwahl ausgehen.

---

[7] Ebenda, S. 278.

Erst eine dritte, recht umwegige Entwicklung mündet in die normal weibliche Endgestaltung aus, die den Vater als Objekt nimmt und so die weibliche Form des Ödipuskomplexes findet. Der Ödipuskomplex ist also beim Weib das Endergebnis einer längeren Entwicklung".[8]

Also kein Elektra-Komplex für eine dem Manne gleichberechtigte Frau. Vielmehr müsse das *„seine eigene Minderwertigkeit"* erkennende Weib einen komplizierten und langwierigen Weg gehen, um möglicherweise einen weiblichen Ödipus-Komplex zu erlangen, sagt Freund. Nicht nur weibliche und männliche Psychoanalytiker, die die Minderwertigkeit der Frau als Phantasieprodukt von Männern mit Minderwertigkeits-Komplex betrachten, nicht nur Feministinnen, sondern auch Nicht-Feministen und Nicht-Feministinnen können sich solche Freud'schen Thesen keinesfalls zu Eigen machen, denke ich. Auch viele, wenn nicht sogar die meisten der späteren Freudianer nicht. Die Plethora von Literatur, die dazu existiert, macht es unmöglich, hierauf näher einzugehen. Erstaunlicherweise erkennt sogar der notorische Misogyn, Freud-Biograf und umstrittene Freud-Gefährte Fritz Wittels den Elektra-Komplex an, mit dem ausdrücklichen Hinweis: *„Obwohl Freud so einen Komplex abgelehnt hat, hat in der Praxis sich ein solcher Terminus etabliert"*[9].

Elektras verborgene Homosexualität

Am entschiedensten gegen die Ablehnung des Elektra-Komplexes durch Freud stemmte sich ein anderer Freud. Korrekter gesagt: eine andere Freud, eine Autorin mit dem Mädchennamen Freud: Hendrika C. Halberstadt-Freud, eine niederländische Psychoanalytikerin.

Ob es eine Verwandtschaft zwischen den beiden Freuds gibt, lautet berechtigterweise die neugierige Frage. Lassen wir Frau Halberstadt-Freud selbst uns die Antwort geben: *„Auf die naheliegende Frage des Lesers, ob mein Mädchenname vielleicht bedeutet, dass ich die Enkelin oder die Urenkelin von Sigmund Freud bin, möchte ich mit einer Anekdote antworten. In den sechziger Jahren arbeitete ich als Chefpsychologin im Fachbereich Kinderpsychiatrie an der Universität von Amsterdam, als Anna Freud zu Besuch kam. Mein damaliger Professor bat mich, Miss Freud etwas von meinen Kinderanalysen zu berichten. Angenehm überrascht, obwohl völlig unvorbereitet, hielt ich ein einstündiges Referat, das Anna Freud offenbar recht gut gefiel. Sie sagte anschließend zu mir:*

---

[8] Ebenda, S. 279.
[9] Wittels, S. 371.

‚Sie heißen Freud, da sind wir ja wohl verwandt.' Ich war jung und provozierte gern, und so stritt ich diese Möglichkeit ab, aber sie bestand darauf, denn es existierte ihrer Meinung nach nur eine einzige Familie Freud. Meinen Einwand, ich hätte einmal in Chicago über einer sehr heruntergekommenen Autowerkstatt das Schild ‚John Freud Car Repair' gesehen, konterte sie auf ihre humorvolle Art mit der Bemerkung: ‚Solange es sich um Reparatur handelt, ist alles in Ordnung.' Tatsächlich könnte dieser Sohn der Sohn von Freuds Bruder gewesen sei, der davongelaufen war und von dem man nie mehr etwas gehört hatte.

Mein Vater wurde in Ungarn geboren, und ich kann meinen Familienstammbaum nur bis 1845 zurückverfolgen, da alle Dokumente, die nicht im Besitz meiner Familie waren, in den Wirren des Zweiten Weltkriegs und der Nachkriegszeit verloren gegangen sind, vernichtet von den Faschisten oder den Kommunisten. Freuds Onkel Josef ging von Wien nach Ungarn, nachdem er wegen Handels mit gefälschten Rubeln angeklagt und zu Gefängnishaft verurteilt worden war. Ist dies der Grund, warum meine Verwandten so überaus ehrliche und gewissenhafte Bürger sind?"[10]

So viel von Frau Halberstadt-Freud zu ihrer Verwandtschaft mit Sigmund Freud. Was nun? Ist sie oder ist sie nicht mit Sigmund und Anna verwandt, wie Anna offenbar felsenfest und unerschütterlich glaubte? Die Antwort von Hendrika Freud ist mir zu rätselhaft. Sybillinisch-psychoanalytisch, oder schlichtweg rätselhaft, würde ich meinen.

Wie auch immer, sie ist eine entschiedene Kontrahentin ihres Namensvetters Sigmund in Sachen Elektra-Komplex.

Der Elektra-Komplex des mutterhassenden, aber homosexuell begehrenden Mädchens

Nach Hendrika Halberstadt-Freud ist der Elektra-Komplex nicht nur durch Rivalität und Hass seitens der Tochter gegen die Mutter gekennzeichnet, sondern auch durch homosexuelle Liebe, Sadismus und Masochismus wie auch symbiotisches Einssein mit der Mutter. Der Elektra-Komplex beinhalte eine verhängnisvolle Kombination von Liebe und Hass gegenüber dem gleichgeschlechtlichen Elternteil. Sie erklärt die antithetischen Gefühle von Hass und Liebe dadurch, dass negative Gefühle eine stärkere Bindung erzeugen als positive. Beide Optionen, nämlich Hass gegen und symbiotisches Einssein mit der Mutter, seien Ursache verschiedener Störungen, wie etwa Vaginismus, Frigidität, Masochismus oder Depression und verhinderten außerdem Entwicklungen, die zum Aufbau einer stabilen weiblichen Identität führen. So wie es sich mythisch in der Person Elektra widerspiegele, behauptet Frau Halberstadt-Freud.

---

[10]Halberstadt-Freud, S. 10.

Sie beklagt aber auch folgendes: Sophokles „Ödipus" habe als Modell für die männliche Entwicklung gedient, *"seine ‚Elektra' hingegen wurde von der Psychoanalyse nicht aufgegriffen, obwohl sie durch die Jahrhunderte hindurch viele Autoren inspirierte, denen ihr Leben und ihr Charakter als paradigmatisch für Weiblichkeit gelten"*[11].

Doch die Psychoanalyse hat das getan, und zwar zuerst 1913 durch C. G. Jung! Als er noch Vorsitzender der „Internationalen Psychoanalytischen Vereinigung" war, gerade zum Zeitpunkt seiner Exkommunizierung durch Freud[12].

Ob sie C. G. Jungs „Elektra-Komplex" nicht kannte?

Doch, doch! Sie erwähnt ihn sogar, allerdings in einer etwas pikanten Weise: In ihrem über 250 Seiten umfassenden Buch über den Elektra-Komplex lässt Hendrika C. Halberstadt-Freud den Schöpfer des Elektra-Komplexes C.G. Jung nicht erkennbar zu Wort zu kommen. Er wird bloß in Klammern erwähnt, und auch dann nur eingehüllt in ein Zitat von Sigmund Freud im Zusammenhang mit seiner Ablehnung des Jung'schen Elektra-Komplexes. Sie schreibt: *„Freud räumte ein, dass seine Aussagen über den Ödipuskomplex ‚in voller Strenge nur für das männliche Kind passen', meint jedoch anschließend, ‚dass wir recht daran haben, den Namen Elektra-Komplex [ein Vorschlag Jungs] abzulehnen, der die Analogie im Verhalten beider Geschlechter betonen will"*[13]. Nicht einmal in der Bibliografie wird der Name des Elektra-Komplex-Schöpfers erwähnt oder seine Arbeit zitiert!

Noch ein winzig kleiner Seitenhieb: Nicht Sophokles Elektra stand am Anfang der Inspiration „*...die durch die Jahrhunderte hindurch viele Autoren*"[14] beflügelte, wie Halberstadt-Freud meint, sondern die Quelle der Elektra-Inspiration, auch Sophokles Inspiration, entsprang dem Werk seines „Lehrers" Äschylos: In „Choëphoren", einer der drei Tragödien der Äschylos-Trilogie „Orestie", sind Elektra und ihr Bruder Orestes die Protagonisten. Äschylos Elektra, die der „Orestie", ist aber um etwa vier Jahrzehnte älter als Sophokles „Elektra" („Orestie" Uraufführung um das Jahr 458 v. Chr, Sophokles „Elektra" vermutlich zwischen 414 und 411, am wahrscheinlichsten 413 v. Chr.). Nicht wichtig, bloß ein winzig kleines Seitenspiel ...

---

[11]Ebenda, S. 11.
[12]Die diesbezügliche dramatische Bruch-Korrespondenz zwischen den beiden Pionieren findet sich auch im Buch von McGuire und Sauerländer.
[13]Halberstadt-Freud, S. 122.
[14]Ebenda, S. 11.

Ich glaube, was Jung, Freud und Halberstadt-Freud zum Elektra-Komplex gesagt haben, reicht aus, um zu verstehen, was damit gemeint ist. Weitere epigonale Beschreibungen braucht man nicht zu referieren, weil sie mehr oder weniger ähnliches aussagen. Nach der Bekanntschaft mit dem Elektra-Komplex wollen wir nun Elektra persönlich kennenlernen, um unsere Standardfragen stellen zu können – hier noch einmal zur Erinnerung:

Hatte Elektra einen Elektra-Komplex?

Oder wurde der Stoff des Mythos gebeugt, um kompatibel mit irgendwelchen Theorien zu sein?

Die Prüfung der Kompatibilität des Elektra-Komplexes mit den Quellen des Stoffes ist im Vergleich zu der des Ödipus-Komplexes aus zwei Gründen komplizierter.

Erstens: Während der Schöpfer des Ödipus-Komplexes, Sigmund Freud, seine Quelle – Sophokles „König Ödipus" – explizit benennt, tun es weder der Schöpfer des Elektra-Komplexes, C. G. Jung, noch seine Anhänger; auch die mehrfach erwähnte, C. G. Jung totschweigende Neugestalterin des Komplexes, Hendrika C. Halberstadt-Freud, nicht. Es scheint aber, dass die letztgenannte sich gleich an allen „Elektras" orientiert. In einer kurzen, nicht einmal drei Seiten umfassenden Darstellung der Tage und Taten Elektras in dem über 250 Seiten umfassenden Buch erwähnt sie keine Quelle. Das etwas klein geratene Patchwork der Darstellung von Elektras Persönlichkeit und Handlungen scheint aus Elementen aller „Elektras" zusammengeflickt zu sein. Offensichtlich aber wird Euripides „Orestes" ignoriert oder verschwiegen, obwohl Elektra auch dort eine wichtige Rolle spielt.

Die zweite Schwierigkeit ist eng mit der ersten verbunden und besteht darin, dass es mehrere literarische Werke zu Elektra gibt. In vier der geretteten Tragödien der drei griechischen Klassiker – Äschylos, Sophokles und Euripides – spielt Elektra eine tragende Rolle: in Äschylos Trilogie „Orestie", und zwar in den „Choëphoren", sowie in „Elektra" von Sophokles und der von Euripides, wie auch in der Tragödie „Orestes" des letzteren, wie schon erwähnt. Elektra hat ebenfalls in anderen literarischen Werken der griechischen Klassik und der hellenistischen Periode wie auch in der römischen Zeit eine bedeutende Rolle inne, abgesehen von den zahlreichen Werken der Neuzeit.[15] Weil aber C. G. Jung, Halberstadt-Freud und weitere Anhänger des Elektra-Komplexes keine andere Quelle für ihre Überlegungen angeben und auch nicht in ihrer Bibliographie zitieren – soweit überhaupt eine

---

[15] S. Walther Lutz.

Bibliographie vorhanden ist – muss man davon ausgehen, dass sie eine oder gleich alle „klassischen Elektras" zusammen meinen.

Angesichts der Tatsache, dass uns Schöpfer und Anhänger des Elektra-Komplexes diesbezüglich im Dunkeln lassen, wollen wir uns selbst auf die systematische Suche nach einer Antwort machen. Es gilt immer noch die einfache Frage nach der Kompatibilität von Mythos und psychoanalytischer Theorie zu klären.

> **Elektras Vorgeschichte in aller Kürze**[16]
>
> Elektra ist die Tochter von Agamemnon, dem obersten Führer der Griechen gegen die Trojaner, und seiner Frau Klytämnestra, Schwester der schönen Helena, die der Anlass für den Kampf um Troja gewesen sein soll. Elektra gehört also zum Geschlecht der Atriden, auf dem ein schwerer Fluch lastet. Wir haben schon einiges darüber erfahren[17] und werden noch mehr hören, wenn wir den Atreus-Komplex besprechen[18].
>
> Der Name „Elektra" (Ἠλέκτρα) bedeutet „die Strahlende" bzw." die Leuchtende" und kommt vom Wort Elektron (Ἠλεκτρον), der Bezeichnung für Bernstein bzw. für leuchtende Metallmischungen. Das Wort wurde in die deutsche Sprache übernommen und findet sich in Wörtern wie Elektron(en), elektronisch, Elektrizität, elektrisch usw.
>
> Die Geschichte, die den Hintergrund des Elektra-Komplexes bildet – der Mord an Agamemnon und die folgende Rachetat des Orestes – wird zum ersten Mal von Homer in seiner Odyssee erzählt, und zwar mehrfach.[19] Allerdings kennt Homer Elektra nicht, sondern nur Orestes. Obwohl manche späteren Autoren[20] meinen, die in der Ilias einmal erwähnte Tochter Agamemnons mit Namen Laodike sei identisch mit Elektra, auch wenn keine irgendwie geartete Beteiligung an der Ermordung ihrer Mutter und deren Liebhaber erwähnt ist. Der etwas jüngere Dichter Hesiod (etwa 8. vorchristlichen Jahrhundert) kennt dagegen Elektra als Tochter von Agamemnon und Klytämnestra. In seinen „Frauenkatalogen" ist *„Elektra, die an Gestalt es mit Göttinnen aufnahm"*.[21]
>
> Es sei an dieser Stelle bemerkt, dass Homer mehrfach Orestes als Alleintäter benennt, den – von Zeus und Athena, aber auch von großen Helden wie Nestor und Menelaos hoch gelobt und bewundert – er sogar als Vorbild für junge Menschen, konkret für Telemachos, den jungen Sohn des Odysseus, vorstellt[22]. Kein Wort darüber, dass Elektra die Mörderin oder „Co-Mörderin" ist. Oder

---

[16]Wenn man mehr über diese denkwürdige Frau wissen will, findet man das etwa bei Roscher.

[17]Und zwar im Kapitel „Der Königs-Komplex", Abschnitt „Laios der Sünder, Ödipus das Opfer und ein perfider Neonatizidversuch".

[18]Und zwar im Kapitel „Der Medea-Komplex".

[19]Im 1. Gesang, V. 28–43, im 3. Gesang V. 248–275, und im 11. Gesang, V. 387–465.

[20]S. Quellen in Roscher.

[21]Hesiod: Frauenkataloge, V. 199.

[22]S. Kapitel „Der Orestes-Komplex".

dass sie in irgendeine Weise daran beteiligt war. Auch Hesiod benennt Orestes als alleinigen Mörder seiner Mutter:

> „.... *Agamemnons Gemahlin*
> *aber gebar als letztes Kind den starken Orestes,*
> *welcher herangewachsen dem Mörder des Vaters den Tod gab*
> *und die eigene Mutter tötete... Mit grausamem Erze"*[23]

Die Geschichte spielt sich folgendermaßen ab: Agamemnon kehrt siegreich aus dem Kampf um Troja heim und bringt Kassandra mit, sozusagen als Kriegsbeute. Sie treffen dort auf die Königin, Agamemnons Ehefrau Klytämnestra[24]. Während Agamemnons zehnjähriger Abwesenheit hatte sie sich mit Ägisthos, seinem Rivalen, liiert. Elektra und Orestes, die Kinder von Agamemnon und Klytämnestra, werden aus dem Palast gedrängt; wie, das wird unterschiedlich überliefert, dazu gleich mehr. Eine Schwester der beiden, die angepasste und völlig harmlose Chrysothemis, lebt noch im königlichen Palast. Klytämnestra und Ägisthos schmieden ein Komplott gegen den zurückkehrenden Agamemnon. Sie ermorden ihn und auch seine von Klytämnestra verachtete Sklavin Kassandra.

Nach dem archaischen Recht des prähistorischen Griechenlands muss der Mord von den nächsten Blutsverwandten gerächt werden. In diesem Sinne erteilt Apollon Orestes, dem Sohn des Getöteten, den Befehl, seine Pflicht zu erfüllen und die Mörder seines Vaters zu töten. In Konflikt gerät Orestes durch die Tatsache, dass die Mörderin seines Vaters seine Mutter ist. Die daraus entstehende Konfliktsituation ist eines der zentralen Themen von philosophisch-literarischen Werken, wie etwa von Tragödien. Orestes hat demnach keine andere Wahl als den göttlichen Befehl auszuführen. Er muss sich aber dem inneren Konflikt stellen und auch dessen Konsequenzen tragen – Gewissensqualen, die ihn in den Wahnsinn treiben.

Zur Erfüllung seiner tragischen, vom Gott auferlegten Pflicht kommt er aus dem Exil als Unbekannter heim, begleitet von seinem Freund Pylades. Dort trifft er seine Schwester Elektra, die ihn, hauptsächlich aus dem gleichen Pflichtbewusstsein heraus, aber auch als Reaktion auf die Unterdrückung und Tyrannisierung durch ihre Mutter und deren Liebhaber, in seinem mörderischen Vorhaben unterstützt, ja ihn sogar dazu drängt.[25]

Die verschiedenen Elektras

Jeder der drei klassischen Tragiker – Äschylos, Sophokles und Euripides – stellt für die Protagonisten unterschiedliche Psychogramme, psychische Reaktionen, psychologisch determinierte Interaktionen, psychologische

---

[23] Hesiod: Frauenkataloge, V. 210–213.
[24] Ort und Art der Ermordung Agamemnons variiert je nach Quelle (s.Roscher).
[25] Aus Marneros "Irrsal! Wirrsal! Wahnsinn!", leicht modifiziert.

Handlungshintergründe und schließlich unterschiedliche Handlungsweisen dar. Allein aus diesem Grunde ist es eine conditio sine qua non, dass die Komplexschöpfer die Quelle angeben, aus der sie ihre Theorien ableiten. Wie schon erwähnt, ist das aber, was den Elektra-Komplex betrifft, leider nicht bzw. nur sehr unzureichend der Fall.

Der folgende Vergleich verdeutlicht das eben Gesagte.

Äschylos Elektra

Als erster der drei großen Tragiker befasst sich Äschylos mit dem Thema in seiner 458 v. Chr. uraufgeführten Trilogie „Orestie". In der ersten und dritten Tragödie der Trilogie – „Agamemnon" und „Eumeniden" – spielt Elektra keine Rolle.

Im zweiten Teil der Trilogie, „Die Choëphoren", spielt sie hingegen eine tragende Rolle. Die Choëphoren („Die Totenspendenden", „Die Totenspende", „Die Weihgussträgerinnen" oder „Die Grabesspenderinnen" werden sie auf Deutsch genannt) sind Sklavinnen, die aus Troja nach Griechenland gebracht wurden und Klytämnestra in ihrem Palast dienen. Sie sind gerade unterwegs, um für Klytämnestra Grabesspenden zu Agamemnons Grab zu bringen. Die Mörderin hatte nämlich in der Nacht einen Albtraum gehabt, dessen Ursache sie in Agamemnons Ermordung sah; durch die Grabesspende erhoffte sie eine Besänftigung seines Geistes. Die Choëphoren ermuntern Orestes und Elektra, ja sie üben regelrecht Druck auf sie aus, dem göttlichen Befehl zu folgen. Agamemnons Kinder hätten keine andere Wahl, als die Mörder des Vaters zu bestrafen – das heiße ihre Mutter wie auch ihren Liebhaber zu ermorden. Nur so könne göttliches Gesetz wiederhergestellt werden. Elektra, die zur Zeit der Ermordung des Vaters *„ehrlos und würdelos, wie ein bissiger Hund gehalten wird"* (V. 445–446), schließt sich der Meinung der Choëphoren an und übt ihrerseits Druck auf ihren Bruder Orestes aus, der mit dem Ziel der Rache extra aus dem Exil zurückkehrt ist. Elektra argumentiert auf vier Ebenen:

1. Mit der Wiederherstellung der göttlichen und der menschlichen Gerechtigkeit (etwa V. 395–398, 462).
2. Mit der Wiederherstellung von Orestes Rechten, der derzeit im Exil lebt, seinem Erbe fern, als legitimer Nachfolger seines ermordeten Vaters (V. 135–136).
3. Mit dem Schicksal von ihr [Elektra] selbst, die von den beiden Usurpatoren *„einer Sklavin gleich"* (V. 135) behandelt werde. Ihr Schicksal und das des Orestes sollen dadurch eine gute Wende nehmen.
4. Mit Rache gegen die Mörderin des Vaters (durchgehend erkennbar in fast allen Äußerungen Elektras in der Tragödie).

Elektra spielt in der Tragödie zwar eine entscheidende, aber relativ kurze Rolle: Ihre letzten Worte enden mit Vers 507 der aus 1076 Versen bestehenden Tragödie.

In diesem Teil der Trilogie tötet Orestes seine Mutter und ihren Liebhaber Ägisthos, allerdings in Abwesenheit von Elektra.

Im dritten Teil der Trilogie, „Die Eumeniden", in der es um Orestes Gewissensbisse, seinen Wahnsinn und letztlich um seinen Freispruch durch den Areopag geht, spielt Elektra keine Rolle mehr. Orestes ist der alleinige Protagonist[26].

> Halten wir fest: In Äschylos Tragödien ist Orestes derjenige, der seine Mutter tötet, und nicht Elektra! Allerdings unterstützt und verstärkt sie Orestes in seiner Absicht. Hass und Rachegefühle gegen die Mutter dominieren bei beiden Geschwistern.

Sophokles Elektra

Sophokles verlegt die Handlung seiner „Elektra" – ein Spätwerk, das wahrscheinlich im Jahre 413 v. Chr. in Athen uraufgeführt wurde – in die Zeit 20 Jahre nach der Ermordung von Agamemnon. Der von Elektra als Kind vor Klytämnestras und Ägisthos Mordplänen gerettete Orestes kehrt aus dem Exil zurück, um Apollons Befehl, *„an des Vaters Mördern Recht zu verschaffen"*[27] (V. 34–35) zu vollstrecken. Der Befehl lautet:

„Allein und nicht auf eine Heeresmacht gestützt,
heimlich, mit List, gerechte Tötung zu vollziehen"
(V. 36–37)

Im Mittelpunkt von Sophokles „Elektra", stehen außerdem auch die Darstellung der antithetischen Charaktere der Protagonistin und ihrer jüngeren Schwester Chrysothemis sowie der Hass zwischen Mutter und Tochter und umgekehrt: Klytämnestra hasst Elektra, und Elektra hasst Klytämnestra! Die Tochter hasst ihre Mutter, weil die den Vater getötet hat, nachdem sie vorher seinen Rivalen ins eheliche Bett geholt hat. Aber nicht nur deswegen, sondern auch, weil sie von der Mutter und deren Liebhaber wegen ihrer Treue an das Andenken des Vaters wie eine Sklavin behandelt und tyrannisiert wird:

---

[26] S. nächstes Kapitel.
[27] Zitate nach der Übersetzung von Wilhelm Willige, überarbeitet vom Karl Bayer, Tusculum Edition, Artemis und Winkler, Düsseldorf (2007), gelegentlich leicht modifiziert durch Übersetzungen des Verfassers.

6 Elektra: Des Ödipus geistige Schwester

Sie zwingen sie, unglücklich und allein ihre Tage zu verbringen. Sie ist im Haus eingeschlossen, muss Lumpen tragen, sich mit einer schmalen Ration an Essen begnügen und Sklavendienste verrichten.

„Jedoch ist bereits in Verzweiflung das meiste Dasein
dahin mir geflohen: länger ertrage ich es nicht,
die sich allein, ohne Kinder verzehren muss,
Schutz eines liebenden Mannes entbehren muss:
aber gleich wie eine Fremde, Verachtete
schaffe ich im Hause des Vaters, gekleidet in
dieses schäbige Gewand,
und stehe am karg bestellten Tisch!"
(V. 185–192).

Ähnlich klingende Klagen aus dem Munde Elektras wiederholen sich an verschiedenen Stellen des Dramas.

Ich denke, dass es für die Einstellung gegenüber einem wie auch immer definierten „Elektra-Komplex" nicht unwichtig ist, auch folgendes zu bedenken: Nicht nur die Tochter hasst ihre Mutter, sondern auch die Mutter hasst – und fürchtet gleichzeitig – ihre Tochter, weil sie die unerschrockene Anklägerin, die Personifizierung des schlechten Gewissens und dazu noch eine ständige Bedrohung ihrer Macht und ihres Leben ist. Schon Klytämnestras erste Worte in Sophokles Drama zeigen, wie die Mutter die Tochter verachtet und gleichzeitig fürchtet und sie deshalb wie eine Sklavin behandelt.

Klytämnestra:
„Es scheint, du treibst dich wieder herum.
Ägisthos ist nicht da: er hielt dich stets zurück,
damit du vor der Türe nicht deine Leute verunglimpfst.
Nun, da er weggegangen, kümmerst du dich nicht
um mich, und hast es oftmals doch vor vielen schon
verkündet, dass ich rücksichtslos und gesetzlos
herrsche und dich und alles, was mit dir zu tun hat, verhöhne.
Aber ich weiß nichts von Verhöhnung; doch ich schelte dich,
weil ich von dir für mein Tun Übles hören muss.
Der Vater dient dir nur zum Vorwand und nichts anderes.
Er sei durch mich gestorben, ja, durch mich, ich weiß
es wohl, und ich denke nicht daran, dies zu leugnen.
Dike, die Göttin der Gerechtigkeit, nahm ihn hinweg, nicht ich allein.
Ihr hättest du helfen sollen, wenn du vernünftig gewesen wärest."
(V. 516–529)

Elektras Antwort darauf, eine lange Monodie[28], ein langer Monolog also (V. 254–309), ist eine harte, erbitterte Anklage gegen die sie hassende (*„der Mutter ganzer Hass, die mich gebar, vereint auf mir"*) und von ihr im Gegenzug ebenfalls gehasste Mutter. Man könnte diesen Teil der Tragödie als „Mutterhass-Monodie" bezeichnen, wobei die Mutter gleichzeitig als Senderin und Empfängerin des Hasses verstanden werden muss!

Die nachfolgenden von Hass und Vorwürfen erfüllten Stichomythien – die dramaturgischen Dialoge also – zwischen Mutter und Tochter zeigen, dass die beiden Frauen keinen gemeinsamen Nenner finden können.

Klytämnestra bezichtigt ihre Tochter, ohne Scham zu jeder Untat bereit zu sein. Worauf Elektra ihre Haltung der Mutter gegenüber damit rechtfertigt:

„Deine Böswilligkeit und deine Taten
zwingen mich geradezu zu solcher Haltung.
Schandbare lehren Schandbares."
(V. 619–621)

Im krassen Kontrast zu dem abgrundtiefen Mutter-Tochter-Hass steht die abgöttische Geschwisterliebe zwischen Elektra und Orestes, die über große Strecken der Tragödie zum Ausdruck kommt (etwa in V. 1098 bis 1322).

Elektra drängt Orestes zur Tat und begleitet ihn mit großer Anspannung. Aber nicht als Täterin, sondern als Wächterin: Sie steht Wache, damit die Täter – Orestes zusammen mit seinem Freund Pylades – nicht von irgendjemandem überrascht werden. Klytämnestra wird von ihrem Sohn getötet. Zwar wird die folgende Ermordung von Ägisthos in der Tragödie nicht expressis verbis dargestellt, aber die letzte Szene, in der Orestes ihn drängt, an derselben Stelle Platz zu nehmen, wo sein Vater ermordet wurde, sodass auch Ägisthos dort stirbt, um die Rache zu vollenden, ist eindeutig genug.

Elektra ist voller Begeisterung und Hass dabei: *„Triff sie nochmals, wenn du kannst"* ruft sie ihren Bruder zu, nachdem er ihre Mutter schon einmal mit dem Schwert geschlagen hat (V. 1415). Ungeduldig fragt sie dann, wie es nun stehe und ob *„die Arge tot ist?"* (V. 1426). Und Orestes Antwort:

„Fürchte nun nicht mehr,
dass dich die mütterliche Bosheit wieder quält."
(V. 1427–1428)

Mit dem gleichen Pathos, wie Elektra ihren Bruder zur Ermordung der Mutter ermutigt, tut sie das auch für Ägisthos Ermordung (V. 1483–1490).

---

[28] Eine Monodie ist gewissermaßen vergleichbar mit einer Arie, von manchen deutschen Alt-Philologen auch so genannt.

Nun, halten wir diesmal zwei Dinge fest:

> Erstens, wie bei Aischylos tötet auch bei Sophokles Elektra ihre Mutter nicht. Sie ist hasserfüllt, sie unterstützt den Muttermord, sie jubelt danach. Aber sie ist nicht die Mörderin.
> Und zweitens: Die Ermordung der Mutter und ihres Liebhabers wird – sowohl von ihr selbst als auch von ihrem Bruder – als Befreiung Elektras erlebt aus der „*mütterlichen Bosheit*" und den Übeln, die sie durch die beiden ertragen musste.

Euripides Elektra

Das Jahr der Uraufführung von Euripides „Elektra" ist nicht ganz genau und mit letzter Sicherheit zu ermitteln; man nimmt das Jahr 419 v. Chr. an. Insofern könnte Euripides „Elektra" etwas älter sein als die von Sophokles ein. Der Inhalt der Tragödie hier in einer kurzen Zusammenfassung[29]:

Im Gegensatz zu Sophokles Elektra, die isoliert und wie eine Sklavin im Palast gehalten wird, lebt Euripides Elektra verheiratet, aber kinderlos, auf dem Land in einer kleinen, ärmlichen Hütte als „*Ärmste der Stadt*" (V. 119). Sie ist in Lumpen gekleidet, verrichtet alle harten Arbeiten alleine, und das Ehepaar hat wenig zu essen. Elektra wurde von Ägisthos mit einem früheren Aristokraten zwangsverheiratet, der durch Verarmung seinen Status verloren hat. Ägisthos Absicht war es, dass die in dieser Ehe geborenen Kinder keine Adligen mehr sind – eben weil der Vater seinen Status als Aristokrat verloren hat – und so sein Thron nicht durch einen legitimen Nachfolger der Atriden gefährdet wäre. Elektras verarmter Ehemann hat jedoch hohen Respekt vor ihr, er behandelt sie tadellos und respektiert die sexuelle Unantastbarkeit von Elektra, weil er den Beischlaf zwischen einer Prinzessin und einem einfachen Sterblichen als nicht angebracht betrachtet.

Eines Tages kommt Orestes unerkannt mit seinem Freund Pylades und zwei Dienern zur abgelegenen Hütte, in der seine Schwester Elektra lebt. Im darauffolgenden Dialog wird besonders die überschwängliche Geschwisterliebe deutlich. Elektra sehnt sich nach dem Befreier Orestes, ihrem Bruder, den sie seit seiner frühen Kindheit nicht gesehen hat. Orestes ist tief betroffen vom

---

[29]Die Übersetzung aus dem Griechischen orientiert sich an den Euripides-Übersetzungen von Johann Jakob Christian Donner (bearbeitet von Richard Kannicht), 1958, Kröner, Stuttgart, Ernst Buschor, 1996, Tusculum Edition, Artemis & Winkler, Düsseldorf und von Hellmut Flashar, 2006, Antike, Frankfurt a.M. Teilweise modifiziert und ergänzt durch Übersetzungen des Verfassers.

Elend, das seine Schwester zu ertragen hat. Elektra schildert ihm – noch ohne zu wissen, dass er ihr Bruder ist – in düsteren Farben ihr hartes Schicksal, das sie vor allem Ägisthos, aber auch ihrer Mutter zu verdanken hat. Beide zollen Elektras Ehemann hohen Respekt für seine edle Haltung. Elektra spricht ihren Ehemann mit „*mein Liebster*" an (V. 345). Insofern klingt es merkwürdig, was Halberstadt-Freud behauptet, dass Elektra „*ihren Ehemann (bei Euripides) herabsetzt*"[30]. Während Orestes weiter unerkannt bleibt, erfährt er von Elektra, dass sie bereit wäre, mit dem Tod der Mutter die Tat der Vatermörder zu rächen. Als der alte Erzieher von Agamemnon hinzukommt, der sich vor vielen Jahren um Orestes gekümmert und ihn gerettet hat, als dieser als Kind in Gefahr war, von Ägisthos getötet zu werden, erkennt er Orestes wieder, und zwar an einer Augenbrauennarbe. Auch Elektra erkennt daran dann endlich ihren Bruder, und Orestes gibt schließlich seine Identität preis. Nach den wechselseitigen Freudes- und Liebesbekundungen wird die gemeinsame Entscheidung bekräftigt, nämlich den Vater zu rächen. Als erster soll Ägisthos sterben, dann die Mutter. Orestes setzt den Plan um und sucht, von seinen Gefährten begleitet, Ägisthos in dessen Landhaus auf und tötet ihn.

Orestes und seine Begleiter werden danach von einer triumphierenden Elektra in ihrer Hütte empfangen. Nun verlangt sie vehement auch die Tötung ihrer Mutter.

Allerdings beginnt Orestes, Zweifel zu zeigen, ob es richtig sei, auch die Mutter zu töten – auch wenn Apollons göttlicher Befehl deutlich genug ist. Orestes geht so weit, dass er sogar an der Weisheit des Gottes zweifelt (V. 966–981). Elektra dagegen hat überhaupt keine Skrupel und bezeichnet die Tat als gerecht. Ein Muttermord sei ein Muttermord und könne auch durch den Befehl eines Gottes nicht gerechtfertigt werden, argumentiert Orestes dagegen. Elektra aber bleibt unnachgiebig. Orestes gibt schließlich seine Zweifel auf.

Die Verschwörer, allen voran Elektra und der alte Erzieher, entwickeln einen diabolischen Plan, um Klytämnestra in Elektras Hütte zu locken: Ihr soll die Nachricht übermittelt werden, sie möge, wenn sie unterwegs zum Landhaus des Ägisthos sei, um an den Festlichkeiten für die Nymphen teilzunehmen, bei Elektra vorbeikommen. Elektra habe vor wenigen Tagen ein Kind geboren, Klytämnestra sei also Großmutter geworden. Sie solle ihr Enkelkind sehen und der Wöchnerin bei der zeremoniellen Reinigung beistehen. Klytämnestra kommt. Ein Versuch der beiden Frauen, den alten Konflikt in einem Gespräch beizulegen, misslingt, da Elektra der Mutter

---

[30] S. Kapitel „Der Medea-Komplex", Abschnitt „Zur Quelle des Medea-Komplexes".

schwerste Vorwürfe wegen der Ermordung des Vaters macht (V. 1004–1038). Trotzdem zeigt sich Klytämnestra bereit, der Wöchnerin bei der Reinigungszeremonie beizustehen. In der Hütte jedoch warten Orestes und die anderen Verschwörer und geben sich als solche zu erkennen. Die Bitten der Mutter an den Sohn, ihr Leben zu schonen, was sie durch das Zeigen der entblößten Brust, die ihn genährt habe, unterstreicht, zeigen keine Wirkung. Orestes tötet seine Mutter, wie vorher ihren Liebhaber.

Während Orestes in der Tragödie die Mordtat als von ihm begangen verkündet, besteht Elektras Rolle in Andeutungen und Selbstbezichtigungen. Offensichtlich waren beide Geschwister dabei. „*Oh, Kinder bei den Göttern, tötet die Mutter nicht!*", ruft Klytämnestra in Panik (V. 1165). Orestes aber spricht wiederholt und immer im Singular davon, dass er der Mörder ist, im griechischen Original deutlich erkennbar durch das Wort „Mörder" im Singular – φόνιας (etwa V. 1992) bzw. κτανών (etwa in V. 1197). Er verkündet, er habe die Mutter getötet, und macht nicht die geringste Andeutung, dass auch Elektra zugestochen hätte. Er sagt:

„*Schaut diese beiden ...... tot,
von meiner Hand erschlagen*"
(V. 1179–1181)
Und
„*Ich warf mir über beide Augen mein Gewand,
ergriff das Schwert und schritt zur Tat –
und stieß es in der Mutter Leib*".
(V. 1221–1223)
Dann aber kommt Elektras Aussage:
„*Ich trieb dich noch an
und fasste das Schwert mit an!*"
(V. 1224–1225)

Wie soll man diese Aussage Elektras verstehen? Dass sie gemeinsam mit Orestes das Schwert hielt, dass sie gemeinsam auf die sich wehrende Mutter einstachen? Schwer vorstellbar und praktisch kaum durchführbar. Und auch Orestes, der sich als alleiniger Mörder bezeichnet, weiß nichts davon. Eine andere, möglicherweise plausiblere Erklärung könnte eine von Orestes unmittelbar vorher gemachte Aussage bieten: Er beschreibt die Szene, in der seine Mutter ihre Brust entblößt, sich auf die Knie wirft und ihn um Gnade bittet:

„*Und hing sich
mir an die Wangen, dass mein Schwert der Hand entfiel.*"
(V. 1216–1217)

Könnte es sein, dass Elektra ihm dann das Schwert wieder in die Hand drückte?

Die Annahme allerdings einer bloß metaphorischen Bedeutung des Ausdrucks „*Ich fasste das Schwert mit an*" wird von Euripides in seiner nachfolgenden Tragödie „Orestes" bestätigt. An mehreren Stellen der Tragödie wird deutlich, dass Orestes der alleinige Täter war: Von Orestes selbst, der Elektra nur eine „billigende" Haltung bescheinigt, von Helena, von Menelaos, von Tyndareos, von Pylades, und auch von Elektra selbst. Elektra schreibt sich, die Alleintäterschaft von Orestes bestätigend, bloß die Mitwirkung eines „*schwachen Weibes*" zu (V. 32).

Der Fall ist – meines Erachtens – also vollständig geklärt. Orestes ist derjenige, der seine Mutter getötet hat, nicht Elektra. Alle Quellen sind sich diesbezüglich einig, von Homer bis Hesiod, von Äschylos bis Sophokles und von Euripides „Elektra" bis zu Euripides „Orestes":

Elektra hat definitiv ihre Mutter nicht getötet!

Elektra und Pylades heiraten übrigens, begleitet von Orestes Wünschen für ein glückliches Leben. Offensichtlich nach Annullierung der nicht vollzogenen, ihm und Elektra aufgezwungenen Ehe mit dem redlichen und respektvollen verarmten Aristokraten.

Und was nun? Hat Elektra einen Elektra-Komplex oder nicht?

C. G. Jung, der Ur-Schöpfer eines Elektra-Komplexes, schreibt: „*Elektra hat ja bekanntlich Blutrache genommen an ihrer Mutter Klytämnestra für den Gattenmord, der Elektra des geliebten Vaters beraubte.*"[31] Allerdings bleibt damit sehr vage, was denn „*Blutrache genommen*" heißt. Die naheliegendste Annahme bei einer solchen Formulierung wäre, dass sie ihre Mutter getötet hat. Schade, dass er keine Quelle angibt, aus der er diese Information herauszulesen glaubt. Unsere Quellenforschung hat jedenfalls dafür keinen Beleg ergeben. Es sei denn, dass mit „*Blutrache*" ihre Beteiligung an der Planung der Ermordung ihrer Mutter gemeint ist und die Befriedigung, die Elektra nach der Ermordung ihrer Mutter durch Orestes verspürt hat.

Jung unterstellte Elektra, wie wir gesehen haben, eine „*Eifersuchtseinstellung gegen die Mutter*". War es tatsächlich Eifersucht, was die Quellen so extensiv und eindringlich beschreiben?

---

[31] In „Versuch einer Darstellung der psychoanalytischen Theorie", S. 83.

Was ist denn Eifersucht eigentlich?

Eifersucht ist zunächst eine Emotion bzw. ein Bündel von Emotionen. Sie wird von einer Person erlebt, die eine wichtige Beziehung zu einer anderen Person an einen Rivalen verloren hat oder zu verlieren droht[32]. Dieser Verlust kann die Vergangenheit betreffen, aktuell und gegenwärtig sein oder auch nur befürchtet oder vermutet werden. Obwohl die gewöhnlichste Form der Eifersucht die erotisch motivierte Eifersucht ist, gibt es auch Formen, die nicht-erotische Beziehungen betreffen (Geschwister, Freunde, Angestellte in Beziehung zum Chef, Studenten in Beziehung zum Professor etc.). In allen Fällen konstruiert Eifersucht ein Dreieck von Beziehungen. Die eine Seite des Dreiecks wird gebildet durch die Beziehung zwischen zwei Personen, der eifersüchtigen und deren Partner, die zweite Seite durch die Beziehung zwischen dem Partner und dem Rivalen (realen, vermuteten, befürchteten oder gewähnten) und die dritte Seite durch Einstellungen und Haltungen des Eifersüchtigen zum Rivalen.

Kompatibel zu den psychologischen Definitionen ist auch die Definition von Eifersucht, die das „*Wörterbuch der Philosophischen Begriffe*" von Hoffmeister gibt: „*Eifersucht ist die quälende bis zu leidenschaftlichem Hass sich steigernde Furcht, die Neigung einer geliebten Person oder den Besitz eines Wertes oder Gutes mit einem anderen teilen zu müssen oder zu verlieren.*"

Entspricht die Beziehung zwischen Elektra und ihrer Mutter den obigen Definitionen und Kriterien?

Ist der abgrundtiefe Hass von Elektra gegen die Mutter das Resultat der Befürchtung, eine geliebte Person an einen Rivalen zu verlieren? Die geliebte Person (Agamemnon) ist längst tot. Die Gefahr, sie an einen Rivalen zu verlieren (an Klytämnestra!?) ist nicht vorhanden. Ist es nicht irgendwie auch widersinnig? Klytämnestra hasste doch Agamemnon; keine Liebesrivalin also für die liebende Elektra!

Die Quellen, die wir kennengelernt haben, begründen keineswegs so eine Eifersuchtsthese. Im Gegenteil! Schwer anzunehmen, dass Elektras Hassquelle Eifersucht ist. Rache für den ermordeten Vater, Rache für die persönliche Tyrannisierung und für die Entbehrungen, Wiederherstellung der göttlichen Gesetzordnung und auch die Wiedererlangung der persönlichen Rechte sind nach den erwähnten Texten die Quellen des abgrundtiefen Hasses. Aber nicht Eifersucht!

C. G. Jung nimmt außerdem an, dass was für den Ödipus-Komplex gelte, man auch für den Elektra-Komplex annehmen könne. Noch einmal seine

---

[32]Ausführlich in Marneros „Intimizid".

These: *"Bliebe die libido sexualis in dieser Konfliktform stecken, so führte der Ödipus- und Elektrakonflikt zu Mord und Inzest"*[33].

Mord und Inzest?

Aber Elektra hat nicht gemordet! Und Inzest? Der Mythos ist doch inzestfrei! Es sei, dass man der Beziehung zur gehassten Mutter und zum geliebten, aber längst verstorbenen Vater inzestuösen Charakter unterstellen will. Eine solche Schlussfolgerung scheint mir aber allenfalls als Folge freier Assoziation möglich.

Während C. G. Jung sich eher spartanisch zu seinem Elektra-Komplex äußert und Sigmund Freud ihn pauschal ablehnt, entwickelten spätere Psychoanalytiker weitgehende Konzepte, deren Legitimität, sich auf den Elektra-Mythos zu berufen, es zu prüfen gilt. Etwa das von Hendrika C. Halberstadt-Freud. Sie kritisiert Sigmund Freud als jemanden, der sein geringes Einfühlungsvermögen in die weibliche Psyche erkennen lasse, und opponiert gegen seine Ablehnung eines Elektra-Komplexes: *"Meiner Meinung beschreibt der Elektrakomplex die viel verhängnisvollere Kombination von Liebe und Hass gegenüber dem gleichen Elternteil; er ist ganz besonders auf Mädchen anwendbar, die durch diese Ambivalenz in Schwierigkeiten geraten."*[34]

Sie vertritt allerdings die These, Elektra habe eine bisexuelle Problematik sowie Masochismus und Sadismus. Sie erklärt sogar Elektra als das Beispiel der weiblichen Bisexualität par excellence: *"Elektra ist ein deutliches Beispiel für die ausgeprägte Bisexualität von Frauen, die Tatsache, dass sie zugleich Mann und Frau sein, als Mann eine Frau und als Frau einen Mann besitzen wollen."*[35]

Der vom Halberstadt-Freud unterstellte Männlichkeits-Komplex Elektras komme darin zum Ausdruck, dass sie Ägisthos eine „Frau" nennt und auch, dass sie meint, sie sei männlicher als er. Daraus wird für die Psychoanalytikerin klar, dass Elektra ihre heimliche Verliebtheit in die Mutter und zugleich ihre unterstellte Eifersucht auf Ägisthos zum Ausdruck bringt. Die Autorin nennt keine Quelle dafür. Aber vermutlich beruft sie sich auf Euripides, obwohl die Bezeichnung *"weiblich"* für Ägisthos in allen drei erwähnten Tragödien zu finden ist, direkt, aber oft auch indirekt. Elektra bezeichnet Ägisthos als *"Parthenopós"* (παρθενωπός), was *"Der wie eine Jungfrau Aussehende"* bedeutet. Allerdings verwendet Euripides Elektra auch viele andere Schimpfworte gegen den toten Ägisthos; sie bezeichnet ihn

---

[33]C.G. Jung In „Versuch einer Darstellung der psychoanalytischen Theorie", S. 84.
[34]Halberstadt-Freud S. 122.
[35]Ebenda, S. 108.

an als Schwächling, als Knecht ihrer Mutter, als willenloses Instrument in der Händen von Klytämnestra, als goldgierig, als einen ehrenlosen Tor, als Schuldigen, als Prahlhans, als jemand, der nicht im Krieg, sondern im Tanze glänzt und eben als *„Parthenopós"* (V. 907–956).

Ist das die Klarheit bezüglich der Eifersucht, die wir vorher gesucht haben? Elektra verliebt in die Mutter? Eifersüchtig gegen Ägisthos? Beherrscht von der Angst, die heimliche Geliebte an den Rivalen Ägisthos zu verlieren? Und wo bleibt der geliebte Vater?

Ist das nicht etwas verwirrend?

Nein, ist es nicht – allerdings nur, wenn man die Quellen vollständig missachtet!

Und außerdem: Die Bezeichnung für einen Mann, er sei weibisch oder er sei wie eine Frau oder eben Jungfrau, ist in der griechischen Sprache eine häufige herabsetzende Bezeichnung für schwache Männer, von Homer bis heute. Und dass Elektra Ägisthos ein Weib nennt, hat keinen Exklusivitätscharakter. Es gehört, in allen drei Elektra-Tragödien, nicht ausschließlich zum Elektra-Vokabular: Dieser Ausdruck für Ägisthos wird, direkt oder indirekt, sowohl vom Chor der alten weisen Männer als auch von Orestes verwendet. Also nicht nur von Elektra. Die Autorin meint jedoch, dass Elektra damit zum Ausdruck bringt, dass *„sie sei männlicher als er"*[36].

Aus der natürlichen Liebe und dem ebenfalls natürlichen Verlangen des Kindes – ob Knabe, ob Mädchen – nach Mutterliebe wird bei Elektra eine homosexuelle Bindung abgeleitet. Dafür sei die Heftigkeit von Elektras Vorwurf aufschlussreich, sie werde von der Mutter vernachlässigt. Das sei ein Beweis *für „die Sehnsucht nach dem verlorenen Paradies, der homosexuellen Bindung aus der Anfangszeit ihres*[37] *Lebens. Die erwähnte Bisexualität kann zu Geschlechtslosigkeit führen wie bei Elektra, die weder Mann noch Frau ist und sich mit einem Gefühl moralischer Überlegenheit gegenüber ihrer nüchterneren Schwester Chrysothemis tröstet, die die gesunde Frau symbolisiert."*[38]

Aber stimmt das denn so? Ist es nicht Elektra, die sophokleische, die darüber klagt:

„… länger ertrage ich es nicht,
die sich allein, ohne Kinder verzehren muss,
Schutz eines liebenden Mannes entbehren muss …"
(V. 186–188)

---

[36]Ebenda, S. 109.
[37]Im Originaltext „ihrer".
[38]Ebenda S. 109.

Und ist es nicht auch so, dass in der zweiten „Elektra", der euripidischen, sie mit Glückwünschen von Orestes ihrem neuen Ehemann Pylades folgt?

Symbolisiert Chrysothemis übrigens tatsächlich *„die gesunde Frau"*, wie Frau Halberstadt-Freud meint? Heftiger Widerspruch nicht nur von kämpferischen Feministinnen, sondern auch von durchschnittlichen modernen Frauen ist bei so einem Vorbild der *„gesunden Frau"* nicht nur zu erwarten, sondern auch erwünscht: Sophokles stellt in der Tat Elektra und Chrysothemis als antithetische Charaktere dar[39]. Obwohl die beiden Schwestern die gleichen Gefühle gegenüber dem verstorbenen Vater hegen und die gleiche Meinung bezüglich der Täter haben, offenbaren sich bei den heftigen Auseinandersetzungen zwischen beiden Schwestern zwei unterschiedliche, ja konträre Charaktere. Die damit verbundenen unterschiedlichen Einstellungen und Bewältigungsstrategien führen zu unterschiedlichen Handlungsmustern, aber auch zu unterschiedlichen, ja ebenfalls konträren, Konsequenzen für die Betroffenen: Während das angepasste, eine vermeintliche Inferiorität der Frau gegenüber dem Mann akzeptierende, ja auch opportunistische Verhalten von Chrysothemis dadurch belohnt wird, dass sie unbehelligt im Palast leben und alle damit verbundenen Bequemlichkeiten genießen darf, wird die unangepasste Elektra hart bestraft. Sie darf, ja sie muss, in der Sophokles-Tragödie zwar ebenfalls im Palast leben, wird aber wie eine Sklavin gehalten, entehrt und erniedrigt. Sie muss für ihre Unangepasstheit teuer bezahlen; sogar ihr Leben gerät dadurch in Gefahr. Während Elektra das erlittene Unrecht – Tötung des Vaters durch die Mutter und deren Liebhaber – nicht auf sich sitzen lässt, sondern dagegen protestiert, ja rebelliert und Wege sucht, um das Recht wiederherzustellen, arrangiert sich Chrysothemis mit der Situation. Sie erkennt ihre Grenzen in dem Sinne: Wir sind schwache Frauen, wir können nichts dagegen tun; das ist keine Sache, die zu den Aufgaben der Frauen gehört. Wie werden viele Unannehmlichkeiten und Benachteiligungen erleiden, sogar unser Leben wird akut gefährdet, wenn wir unsere weibliche Ohnmacht nicht akzeptieren. Sie präsentiert sich als das gute Beispiel für so eine Akzeptanz und mahnt ihre Schwester, mit der Inakzeptanz aufzuhören, weil sie dadurch in akuter Gefahr schwebe. Elektra ist von so einer Haltung angewidert, deklariert ihre Handlung der Inakzeptanz als Tugend und verschmäht die Ohnmachtsrolle der Frau. Ihr Motto: Auch Frauen können Situationen verändern! Elektra akzeptiert keineswegs die angepasste und

---

[39] S. Marneros „Irrsal! Wirrsal! Wahnsinn!".

unterwürfige Frauenrolle der Akzeptanz von Inferiorität und Anpassung, die sie ihrer Schwester Chrysothemis zuschreibt.

Also noch einmal die Frage: Ist diese Chrysothemis tatsächlich „*die gesunde Frau*"? Bietet die zitierte Psychoanalytikerin damit tatsächlich ein Frauenideal an?

Frau Halberstadt-Freud geht davon aus, dass Elektra ihre Mutter getötet hat! Offensichtlich stört es sie überhaupt nicht, dass sie damit Homer und Hesiod und Äschylos und Sophokles und Euripides ignoriert.

Sie sieht eine Gemeinsamkeit der Mythen von Ödipus und Elektra, obwohl sie sehr verschieden seien, in „*der Rivalität zum gleichgeschlechtlichen Elternteil und der Liebe zum andersgeschlechtlichen Elternteil*"[40].

Aber hat sie nicht vorher etwas anderes behauptet?

Vertrat sie nicht die These von Elektras heimlicher Verliebtheit in die Mutter und ihrer Eifersucht auf Ägisthos?

Und so wie bei Ödipus die erdichtete Rivalität zum unbekannten Vater Laios mit der Ermordung des Vaters durch den Sohn endet, hat Elektra eine günstige Gelegenheit, „*um ihre Mutter zu töten*", sagt Halberstadt-Freud[41].

Aber Elektra hat ihre Mutter nicht getötet!

Man könnte seinen Finger auch auf einige andere Eigenwilligkeiten und Merkwürdigkeiten legen, die durch psychoanalytische Kombinationen Elektra zu einem mordenden bisexuellen Monster mutieren lassen.

Aber ich denke, es reicht.

> … Und die drei großen Tragiker sitzen auf den verwilderten Ruinen des Palastes von Argos und rätseln melancholisch darüber, ob sie richtig gelesen worden sind. Und ob sich die Komplexenthusiasten mit demselben Enthusiasmus in die Botschaften ihrer Tragödien vertiefen, wie sie Komplexe konstruieren …

---

[40]Halberstadt-Freud, S. 107.
[41]Sie schreibt es tatsächlich so, und zwar auf Seite 109 ihres zitierten Buches.

7

Der Orestes-Komplex

"Warum gibt es keinen Orest-Komplex?" fragte Josefine Schreier im Jahr 1955
Aber es gibt ihn doch!
Einen „Orestes-Komplex" gab es seit spätestens 1941!
Es gibt ihn meines Wissens seit der amerikanische Psychiater Frederic Wertham im Jahr 1941 ein Buch wie auch einen Zeitschriftenartikel darüber publizierte. Und ein „Orestes-Komplex" wurde schon damals als eine der möglichen Ursachen des Matrizids, der Muttertötung also, verdächtigt. Es gab ihn somit seit der ersten Hälfte des 20. Jahrhunderts. Daran ändert auch nichts der Versuch, uns davon zu überzeugen, dass ein Orestes-Komplex erst mit Beginn des 21. Jahrhunderts durch die Arbeit von Christina Wieland[1] das Licht der Welt erblickte[2]. Karl Figlio schreibt, dass er zwar darauf verzichte, der Ödipus-Sage eine neue Interpretation hinzuzufügen, aber er will *"sie zusammen mit anderen tragischen Konstellationen legen: dem Orestes-Komplex, den ich mir von Christina Wieland (2000) leihe; und speziell mit dem, was ich Perseus-Komplex nenne"*[3]. Der Orestes-Komplex bringe demnach den Misserfolg zur Lösung des Ödipus-Komplexes zum Ausdruck und werde vermittelt durch den Matrizidtrieb. Dadurch werde die Verbindung zwischen Vater und Sohn auf Kosten der Mutter konsolidiert. In der Tat hat Christina Wieland intensiv die Orestes-Problematik, wie sie in Äschylos Orestie dargestellt ist (erstaunlicherweise aber nicht in

---

[1] Mit ihrem Buch „The Undead Mother".
[2] So etwa Figlio.
[3] Figlio S. 165.

Euripides „Orestes"), psychoanalysiert. Doch die Erstbeschreiberin eines Orestes-Komplexes ist sie eindeutig nicht.

Die Geschichte von Orestes ist aus dem vorherigen Kapitel bestens bekannt. Allerdings müssen im Hinblick auf den Orestes-Komplex noch zwei weitere Quellen berücksichtigt werden: Erstens Äschylos „Eumeniden" und zweitens Euripides „Orestes".

Der Orestes der „Eumeniden"

Äschylos „Eumeniden" sind die Schlusstragödie der Trilogie „Orestie". Der Protagonist ist dabei einzig und allein Orestes. Elektras Rolle endet schon in der zweiten Tragödie der Trilogie.

An dieser Stelle die „Eumeniden" kurz zusammengefasst: Orestes gerät nach der Ermordung seiner Mutter und deren Liebhaber Ägisthos in einen psychotischen Zustand. Verwirrt und halluzinierend sucht er Hilfe im Heiligtum von Apollon in Delphi. Das Drama spielt sich an zwei Schauplätzen ab. Der erste ist Delphi, wo Orestes Heilung sucht und von Apollon die Empfehlung erhält, nach Athen zu gehen. Dort, am zweiten Schauplatz des Dramas, wird von Athena ein Geschworenengericht, bestehend aus Athener Bürgern, aber unter ihrem göttlichen Vorsitz, eingesetzt. Vor diesem Gericht soll Orestes sich für seine Tat verantworten. Als Ankläger fungieren die Erinnyen, die Geister des schlechten Gewissens also, als Verteidiger Apollon. So wird der „Areopag" als oberstes Gericht gegründet. Der Name ist abgeleitet von einem Felsen auf der Akropolis, der Ares gewidmet ist, dem Ort der ersten Gerichtsverhandlung, die hier in den „Eumeniden" stattfindet. Ares ist der Gott des Krieges (der später von den Römern zum Mars pseudonymisiert wurde), und *págos* bedeutet etwa „der Fels". Aeropag heißt übrigens das höchste Gericht in Griechenland bis heute. Ein menschliches Gericht, gegründet jedoch mit göttlicher Hilfe. Die Geschworenen sollen nach Würdigung von Argumenten und Gegenargumenten, von Beweisen und Gegenbeweisen entscheiden, ob Orestes trotz des göttlichen Befehls mit der Ermordung seiner Mutter und der von Ägisthos Schuld auf sich geladen hat. Die Menschen zeigen in ihrem Rechtsempfinden eine hohe Ambivalenz, die zu einem Unentschieden führt; es gibt Stimmengleichheit. Die göttliche Vorsitzende des Gerichts, Athena, stimmt zugunsten von Orestes, der so freigesprochen und entsühnt wird. Die weise Athena beschwichtigt die erzürnten Erinnyen und bewegt sie dazu, sich in der neuen Ordnung einen Platz zu suchen. Der neuen Ordnung, in der die Rache außerhalb der Gerichtsbarkeit keinen Platz mehr hat, sondern die

Gerichtsbarkeit – die gesetzliche Ordnung – das Sagen. So werden aus den Erinnyen die Eumeniden, die wohlmeinenden Vertreterinnen des Gewissens. Das Gewissen hat für den Menschen seitdem eine wohlmeinende, eine Rat gebende, eine rettende, eine schützende Funktion.

Orestes wird in Äschylos „Eumeniden" als ein gequälter, Hilfe und Gerechtigkeit suchender, friedliebender Mensch dargestellt.

Ganz im Gegensatz zu Euripides „Orestes".

Euripides Orestes

Euripides „Orestes" stellt die Fortsetzung seiner „Elektra" dar. Das Stück wurde zu den Dionysien des Jahres 408 aufgeführt. Es war Euripides letzte Aufführung in Athen, vor seinem Umzug nach Makedonien. Auch hier eine kurze Zusammenfassung des Inhalts: Das Drama spielt sich vor dem Palast der Atriden in Argos ab[4]: Es ist der sechste Tag nach der Feuerbestattung von Klytämnestra. Orestes liegt körperlich verfallen und von Wahn und Halluzinationen gepeinigt in einem Bett, und nebenan entscheidet die Volksversammlung über sein weiteres Schicksal. Neben ihm steht Elektra, seine Schwester, die sich um ihn sorgt. Den psychotischen Zustand von Orestes, der körperlich und psychisch ein Wrack ist, beschreibt Euripides durch Elektra, die neben dem Bett steht, in dem der Bruder liegt. Sie sagt:

„*Von schwerem Siechtum ausgezehrt,*
liegt Orestes hingestreckt auf seinem Bett.
Vergossenes Mutterblut reißt ihn in den Wirbel
des Wahns. Ich scheue mich, die Eumeniden
als die zu nennen, die ihm diese Angst einjagen.
Sechs Tage sind schon vorbei, seit der Leichnam
der erschlagenen Mutter dem Feuer übergeben worden ist.
Und seitdem nimmt er weder Speisen zu sich
noch badet er.
Manchmal, wenn die Krankheit ihm ein bisschen Ruhe lässt,
verkriecht er sich unter der Decke und weint,
manchmal springt er aus dem Bett
und läuft hin und her wie ein Fohlen unterm Joch."
(V. 34–45)

---

[4]Die Übersetzung aus dem Griechischen orientiert sich an den Euripides-Übersetzungen von Johann Jakob Donner, 1958 (bearbeitet von Richard Kannicht), Hans von Arnim und Franz Werfel, 1958, und Ernst Buschor, 1979; teilweise modifiziert und ergänzt durch Übersetzungen des Verfassers.

Seine Umgebung trifft alle Maßnahmen, um zu verhindern, dass sein Schlaf gestört wird, denn wenn er wach ist, quält ihn wieder der psychotische Zustand. Der Chor betet voller Entsetzen und Mitleid für den geplagten Irren zu den Eumeniden, den Göttinnen des Gewissens – ihren bösen Namen Erinnyen vermeidend –, Orestes in Ruhe zu lassen und ihn von der Psychose, der „Lyssa", die ihn in diesen furchtbaren *„Sturm der Raserei"* drängt, zu befreien (V. 325–328). Auch den Obersten Gott Zeus bitten sie um Mitleid.

Elektra ist noch aus einem anderen Grund sehr angespannt, denn am sechsten Tag nach der Erstattung werden die Bürger von Argos, wie schon angedeutet, darüber abstimmen, was mit Orestes und ihr selbst geschehen soll. Die Volksversammlung spricht das Urteil: Der Haupttäter Orestes und die Mitschuldige Elektra werden zum Tode durch Steinigung verurteilt, obwohl sie nur Apollons göttlichen Befehl befolgt haben. Die beiden Täter setzen ihre ganze Hoffnung auf Menelaos, den Bruder ihres Vaters, der gerade mit seiner Frau Helena und seiner Tochter Hermione in Argos angekommen ist. Menelaos hatte zunächst Verständnis gezeigt für die Ermordung von Klytämnestra, die Mörderin seines Bruders, und Hilfsbereitschaft signalisiert für die beiden Bedrängten. Dann aber, um die Gunst der Volksversammlung und die seines Schwiegervaters Tyndareos, Klytämnestras Vater, nicht zu verlieren, verweigert er ihnen die erwartete Hilfe. Die Vollstreckung der Todesstrafe steht unmittelbar bevor. Orestes – zwischenzeitlich ist sein akuter vorübergehender psychotischer Zustand abgeklungen – hat keine Gewissensqualen mehr und verteidigt sich sicher und selbstbewusst vor der Volksversammlung. Er kann aber die Entscheidung der Volksvertreter nicht beeinflussen. Als letzten Wunsch bittet er dann um einen ehrenvollen Tod durch das Schwert und nicht durch die verachtungsvolle Steinigung, die für gemeine Verbrecher vorgesehen ist. Die Volksversammlung bewilligt ihm dies.

Dann aber entwickelt sich ein völlig anders Szenario: Das Verhalten der Protagonisten ändert sich. Andere, bis dahin verborgene Persönlichkeitseigenschaften kommen zum Vorschein. Orestes und Elektra versuchen mithilfe ihres Mitverschwörers Pylades gewaltsam, das Blatt zu ihren Gunsten zu wenden. Sie verbarrikadieren sich im Palast, drohen, ihn in Brand zu setzen. Sie schrecken auch vor der Ermordung von Helena nicht zurück; der Frau von Menelaos, die zu Beginn des Dramas ihnen gegenüber Empathie und Anteilnahme gezeigt hat. Sie meinen sogar, sie hätten sie ermordet. Doch am Schluss der Tragödie offenbart ihnen Apollon, der Deus ex Machina, dass der Versuch fehlschlug. Er hat Helena vor Orestes Schwert geschützt und auf Geheiß ihres Vaters Zeus zum Firmament gebracht, wo sie und ihre Brüder, Kastor und Polydeukes[5], bis heute als Gestirn zu bewundern sind. Die Entführung von Hermione, der Tochter von Menelaos und Helena, schlägt jedoch nicht fehl. Sie wird als Geisel genommen und mit dem Tode bedroht. Das Chaos ist perfekt. Die Situation droht weiter zu eskalieren und Krieg und Bürgerkrieg über die Stadt zu bringen.

Alles in allem zeigt sich dieser neue Orestes als ein mieser Charakter. Orestes zieht den Zorn des Volkes auf sich, weil er Strafe als Rache versteht, die man in seine eigenen Hände nehmen und außerhalb der zulässigen, legitimierten staatlichen Gerichtsbarkeit praktizieren darf. So wie er es getan hat. Für die Mordtat der Mutter hätte er die gerichtliche Instanz anrufen müssen und nicht den außergesetzlichen Weg der Rache gehen dürfen, ruft ihm das Volk ins Gesicht. Daher ist er für die Mehrheit des Volkes schuldig, und dafür muss er bestraft werden. Euripides Orestes sucht im Gegensatz zu Äschylos Orestes nicht den Beistand der Götter und ein gerechtes Gerichtsurteil, sondern er versucht, durch dissoziale und kriminelle Handlungen der Strafe zu entfliehen. Dabei erpresst und bestraft er grausam diejenigen, die seine Wünsche nicht erfüllen. Der Held Orestes ist jetzt ein Erpresser und ein vielfacher Mörder. Bei dem vermeintlich tödlichen Angriff auf Helena hat er nämlich gemeinsam mit seinem Freund Pylades die phrygischen Diener, die ihrer Herrin zu Hilfe eilten, getötet. Er ist dabei, das Elternhaus in Brand zu setzen. Und sogar bereit, einen Staatsstreich in Kauf zu nehmen.

Dem Spuk bereitet, wie schon erwähnt, Apollon als Deus ex machina ein Ende. Er spricht ein Machtwort, befiehlt das Ende der Auseinandersetzungen und führt ein für alle Beteiligten glückliches Ende herbei, was aber nicht zu unserem Thema gehört.

Der verneinte Komplex

Nun, nachdem wir alle wesentlichen klassischen Quellen angeführt haben, können wir uns direkt mit der – nicht zutreffenden – Frage von Frau Schreier, warum es keinen Orestes-Komplex gebe, beschäftigen. Zunächst, wer ist die Fragende? Josefine Schreier war eine Österreicherin, die im Jahre 1938 vor den Nazis über die Schweiz in die USA floh, nachdem sie ihren Mann gerade noch aus dem Konzentrationslager Buchenwald frei bekommen hatte. Eine bemerkenswerte und offensichtlich auch starke Frau.

---

[5]In Castor und Pollux lateinisch pseudonymisiert.

Ihr Beruf war eigentlich Fotografin. In den USA kam sie jedoch in Berührung mit Erforschern des Matriarchats, und unter deren Einfluss schrieb sie das Buch „Göttinnen. Ihr Einfluss von der Urzeit bis zur Gegenwart"[6]. Und ausgerechnet dieser verfolgten, bemerkenswerten und offensichtlich starken Frau werden bemerkenswerte und starke Vorwürfe gemacht: Rassistische und sexistische Gedanken durchtränken ihre Thesen, heißt es. Umstrittenes Buch, umstrittene Methode, umstrittene Ergebnisse, umstrittene Hymne für das Matriarchat, wie nicht nur männliche Autoren, sondern auch unverdächtige Autorinnen feststellen[7]. Wie auch immer, die gelernte Fotografin fühlte sich berufen, auch psychoanalytisch tätig zu sein.

Auf jeden Fall ist es interessant, die Erklärung Josefine Schreiers zu hören, wieso sie die Frage *„Warum gibt es keinen Orest-Komplex?"* gestellt hat. Und wieso sie sie so beantwortet hat, wie sie es getan hat. Ihre Ausführungen, die zur Antwort führen, *„beruhen auf der historischen Tatsache, dass die soziale Form der Mittelmeervölker in prähistorischer Zeit das Matriarchat war"*[8]. In ihren weiteren Ausführungen geht sie davon aus, dass in den Mythen von Ödipus und Orestes die Beziehungen der Helden zu ihren Eltern diametral entgegengesetzt seien: *„Ödipus liebte seine Mutter und tötete seinen Vater. Orest war seinem Vater ergeben und tötete seine Mutter"*[9]. Ihrer Meinung nach spielten beiden Mythen in der Zeit, in der das Matriarchat dem Patriarchat Platz machen musste. Hätten Ödipus und Orestes nur wenige Jahrhunderte früher gelebt, wäre ihr Schicksal anders verlaufen, glaubt sie. Wenn man nach dem Warum fragt, lautet die Antwort der Autorin wie folgt: *„Im Matriarchat war die Liebesbeziehung des Sohnes zur Mutter keine Sünde, in mancher Form des Matriarchats war der Vater unbekannt, im Matriarchat wurde nur die Mutter, aber nicht der Vater als blutsverwandt mit seinen Kinder angesehen. In einer solchen Gesellschaft wäre Ödipus kein Sünder und Orest kein Held"*.[10] Es erübrigt sich zu sagen, dass mit *„Liebe"* die erotische Liebe gemeint ist.

Aus dieser Behauptung resultiert auch die Antwort, die sie uns auf ihre Anfangs zitierte Frage gibt: *„Orest ist an die patriarchalische Gesellschaftsordnung vollkommen angepasst, seine Taten vollbringt er bewusst, seinem Überich gemäß, das er nach dem Vaterideal geformt hat. Danach war*

---

[6]Für mich ein irgendwie verstörendes Buch.
[7]Von den zahlreichen kritischen Urteilen über das in der Tat merkwürdige Werk dieser Außenseiterin sei hier das Buch „Die Wolfsfrau im Schafspelz" von Martina Schäfer erwähnt.
[8]In dem zitierten Zeitschriftbeitrag von 1955.
[9]Ebenda.
[10]Ebenda.

sein Wunsch, die Mutter zu morden, willentlich und bewusst. Dafür kann in einer patriarchalen Gesellschaftsordnung weder beim Sohn noch bei der Tochter der Wunsch, die Mutter zu morden, zu einem Komplex führen".[11]

Die vermeintliche Nichtexistenz eines Orestes-Komplexes passt also sehr gut zu Josefine Schreiers „Theorie", aber auch zu den gravierenden Wissenslücken und eigenartigen Behauptungen, die ihr vorher erwähntes Buch und der zitierte Beitrag verraten: In unserer patriarchalischen Gesellschaft könne gar kein Orestes-Komplex entstehen![12] Ich denke, dass sie aber in einem Punkt recht hat: Orestes hat bewusst gehandelt. Und keinesfalls gesteuert durch komplizierte unbewusste Impulse!

Der umstrittene Komplex

Allerdings haben manche Psychoanalytiker eine andere Meinung: Es existiere doch ein Orestes-Komplex, sagen sie. Allerdings ist auch bei denen umstritten, ob er ein eigenständiger Komplex ist oder nicht.

> **Der Orestes-Komplex: eine Nebenerscheinung des Ödipus-Komplexes?**
> Als Orestes-Komplex bezeichnen manche Psychoanalytiker den unbewussten bzw. unterdrückten Wunsch des Sohnes, die Mutter zu ermorden.[13] Der Komplex könne in manchen Fällen sogar tatsächlich zum Matrizid führen. Andere Psychoanalytiker dagegen lehnen – aus ihrer Sicht aus guten Gründen – die Existenz eines eigenständigen Orestes-Komplexes ab und betrachten ihn als Nebenerscheinung des Ödipus-Komplexes. Der Orestes-Komplex sei die Reaktion auf eine Frustration gegen das ödipale Liebesobjekt, die Mutter also. Es sei ein Sub-Komplex des Ödipus-Komplexes („*wenn der Hass aus den femininen Aspekten des Sohnes gegen die Mutter gerichtet ist*")[14].

Doch der vermutlich erste Schöpfer eines Orestes-Komplexes, Frederic Wertham, meinte es ganz anders, als er im Jahre 1941 den Komplex des Orestes

---

[11] Ebenda.
[12] Übrigens ist mir bei der Lektüre ihres zitierten Beitrages von 1955 noch eine Merkwürdigkeit aufgefallen: Sie versucht eine angebliche Unübertragbarkeit des Ödipus-Komplexes auf das weibliche Geschlecht dadurch zu erklären, dass „*in keiner Sage ein brauchbarer Name für den weiblichen Ödipuskomplex gefunden werden konnte. Der Name Elektrakomplex, den Freud akzeptierte...*" sei ein Beleg dafür. Aber Freud, wie wir gesehen haben, akzeptierte eben nicht den Namen Elektrakomplex – „*... dass wir recht darauf haben, den Namen Elektrakomplex abzulehnen.*", schreibt er seiner Abhandlung von 1931 „Über die weibliche Sexualität", S. 278.
[13] So lautet die gängige Definition, siehe etwa Colman.
[14] So Wellisch.

kreierte: Der sei autonom und für die Mutter lebensgefährlich! Wertham sieht eine Doppelseitigkeit im Orestes-Komplex: einerseits Hostilität gegen die Mutter, andererseits Anhänglichkeit an sie[15]. Der Orestes-Komplex ist nach Werthams Definition durch folgende sechs Charakteristika gekennzeichnet:

> **Der Orestes-Komplex: Mutter-Anhänglichkeit und Mutter-Hass, Misogynie und Homosexualität**
> 1. Extreme Anhänglichkeit an das Mutterbild.
> 2. Gleichzeitige Hostilität gegen dasselbe.
> 3. Generellen Hass gegen Frauen.
> 4. Hinweise auf homosexuelle Neigungen.
> 5. Suizidgedanken.
> 6. Emotionale Störungen aufgrund von tiefsitzenden Schuldgefühlen.

Wenn der Orestes-Komplex zu einem Matrizid führe, dann geschehe das im Rahmen einer *„Katathymen Krise"*, meint der Komplexschöpfer. Er beschrieb schon im Jahre 1937 anlässlich der Feierlichkeiten zum 70. Geburtstag des prominenten amerikanischen Psychiaters Adolf Meyer die „Katathyme Krise" als eine *„neue psychische Störung"*[16]. Er versteht darunter *„eine nicht erbliche, umschriebene, psychologisch determinierte psychische Störung. Ihre zentrale Erscheinungsform bestehe in der Entwicklung der Idee, dass eine Gewalttat gegen eine andere Person oder gegen sich selbst die einzige Lösung eines tief greifenden emotionalen Konfliktes sei, dessen reale Natur unterhalb der Bewusstseinsschwelle des Patienten bleibe"*[17].

Es ist nicht Aufgabe dieses Buches Stellung zu dieser *„neuen psychischen Störung"* zu nehmen. Allerdings kennt weder das offizielle amerikanische Diagnostische Manual, noch das der Weltgesundheitsorganisation eine diagnostische Kategorie „Katathyme Krise" – ebenso wenig wie die jeweiligen Vorgänger.

Mit aller Bescheidenheit, diesen Orestes-Komplex finde ich etwas kompliziert. Manche der obigen Merkmale können aus den entsprechenden

---

[15]In „Dark Legend", S. 222 ff.
[16]Ebenda, S. 255.
[17]Ebenda, S. 225. Diese „neue psychische Störung" musste Wertham, wie er selbst sagt, erfinden, um einen jungen Mann, der seine Mutter umgebracht hatte, vom Gericht als schuldunfähig wegen einer erheblichen psychischen Störung zu bezeichnen. (Übrigens stand dieser Täter Wertham Modell für die Schöpfung des Orestes-Komplexes). Denn der psychopathologische Zustand des jungen Mannes zum Tatzeitpunkt passte zu keiner der gängigen und anerkannten psychiatrischen Diagnosen. So „musste" Wertham diese „neue psychische Störung" selbst kreieren. Als Basis dafür diente ihm das Phänomen des „katathymen Denkens", wonach in der deskriptiven Psychiatrie „die Beziehung zwischen logischem Denken und Emotionalität in einer besonderen Weise gestört ist", S. 224.

Werken der drei klassischen Tragiker abgeleitet werden. Manche andere aber, so etwa der Anhänglichkeitsaspekt oder die generelle Misogynie, sind meines Erachtens daraus nicht ohne weiteres abzuleiten.

> ..... Äschylos und Euripides, mitten in der Athener Akropolis auf dem felsigen Boden des Areopags sitzend, machen beide ein fragendes Gesicht. *„Sagt mal Äschylos,"*, fragt Euripides den alten Meister, *„wolltest du nicht mit deinem Orestes die Welt animieren, darüber nachzudenken, ob der Mensch überhaupt einen freien Willen hat? Und dazu noch die schrecklichen psychopathologischen Folgen von schweren Gewissensbissen zeigen? Wolltest du nicht auch demonstrieren, wie die Gerechtigkeit nicht nur die Tat, sondern auch den Täter, seine Motive und seinen psychischen Zustand zum Tatzeitpunkt betrachten muss?"*
>
> Nach kurzem Überlegen stellt Äschylos eine Gegenfrage: *„Und du, Euripides? Wolltest du nicht mit Orestes Rolle in deinen Tragödien zeigen, wie unterschiedlich und vor allem wie situationsbedingt psychologische Reaktionen und Handlungsweisen bei ein und derselben Person sind? Dass die Persönlichkeit des Menschen kein monolithisches Gebilde ist, sondern eher aus verschiedenen Facetten besteht, die jeweils unterschiedlich zum Tragen kommen? Haben die Psychologen von heute den ‚Psychologen unter den Tragikern' anders verstanden?"*
>
> Und unisono: *„Haben die uns überhaupt verstanden...? Wobei, das müssen wir auch zugeben... doch, doch... einiges wiederum nicht so ganz falsch verstanden wurde ..."*

8

Der Medea-Komplex

Medea, eine Vorstellung

Die Namensgeberin des Medea-Komplexes ist den meisten bekannt.

Gänsehaut! Abscheu! Betroffenheit! Fassungslosigkeit!

Das ist das, was der Name Medea bei vielen auslöst.

Ja, vermutlich bekommen manche von uns Gänsehaut; sie empfinden Abscheu oder reagieren mit Betroffenheit und Fassungslosigkeit beim bloßen Hören des Namen Medea. Medea ist wahrscheinlich vielen als „die Barbarin", als die furchtbare Frau, die aus Rache ihre beiden Kinder tötete, bekannt.

Aber wer ist Medea in Wahrheit? Und was hat es mit diesem Medea-Komplex auf sich? Doch bevor wir uns mit irgendeinem – realen oder erdichteten – Medea-Komplex beschäftigen, wollen wir uns mit Medea selbst bekannt machen. Nicht nur flüchtig.

Nomen est omen? Naja! Der Etymologie ihres Namens gemäß heißt „Medea" frei übersetzt „die Ratwissende" bzw. „die Wissenbesitzende". Allerdings bewirkte der Rat, den sie gab, bzw. das Wissen, das sie weiter vermittelte, Vaterlands- und Vaterverrat, Intrige und Rache, Bruder-, Kindes-, Wohltäter- und Rivalen-Mord.

Euripides Tragödie „Medea" („Μήδεια", „Medeia"), die in Athen im Jahr 431 uraufgeführt wurde – er hat bei dem Wettbewerb dafür leider nur den dritten Preis bekommen, schade eigentlich – stellt den Höhepunkt und die Vollendung des Medea-Mythos dar. Psychiater und Psychologen, die sich daran versuchen, Medeas Persönlichkeitsprofil zu erstellen und ihre Motivlage zu erkunden, haben ein sehr leichtes Spiel. Euripides, der Psychologe unter den Tragikern, wie ihn man bezeichnet, liefert uns nämlich eine prototypische Beschreibung, die vollständig den heutigen Terminologien und psychologischen wie auch forensisch-psychiatrischen Ansichten entspricht. Die forensisch tätigen Psychiater und Psychologen erkennen mit Bewunderung, dass Euripides Persönlichkeitsstrukturen, psychologische Zusammenhänge und Verhaltensmuster beschreibt, die noch heute Gültigkeit und Aktualität haben.

Ursprung des Medea-Mythos, den Euripides in seiner Tragödie ausarbeitet, ist die viel ältere, vermutlich mehr als 4000 Jahre alte Argonautensage. Die erste literarische Erwähnung von Medeas Vaters Äetes findet man im zehnten Gesang von Homers Odyssee (V. 135–139). Demnach war Medea die Nichte der wunderschöne Zauberin Kirke, die wiederum war.

„eine leibliche Schwester des unheilvollen Äetes.
Beide von Helios stammend, dem Gott, der den Sterblichen leuchtet".

Das größte literarische Werk zum Mythos der Argonauten hat der berühmte alexandrinische Gelehrte und Professor an der weltbekannten Bibliothek von Alexandria – die faktisch einer Universität gleich war – Appolonios Rhodios im dritten vorchristlichen Jahrhundert mit seinen „Argonautika" geliefert. Die Quelle jedoch, von der der Medea-Komplex wie auch das Medea-Syndrom abgeleitet sind, ist Euripides „Medea": die Tragödie, die die Ereignisse um die Tötung der Kinder behandelt. Die Kenntnis des vollständigen Medea-Mythos jedoch, der eine Art biografischer Anamnese von ihr ist, kann sehr hilfreich sein, um die Quelle des Medea-Komplexes besser verstehen und erkunden zu können.

Medeas Leben und Werk bis zu Euripides „Medea"[1]

Medea, eine Königstochter aus dem asiatischen Kolchis, einer Stadt zwischen Schwarzem Meer und Kaukasus, verliebt sich in Iason, den griechischen Thronanwärter von Iolkos. Der ist in ihre Heimat gekommen, um das Goldene Vlies zurück nach Griechenland zu bringen. Dies war die Bedingung, die König Pelias, der Verwalter des Throns – bzw. der Usurpator, je nach Standpunkt –, seinem Neffen Iason, dem legitimen Thronanwärter, für die Übernahme des ihm zustehenden Throns gestellt hatte. Das Goldene Vlies befand sich im fernen Kolchis – jenseits der damals bekannten Welt. Der schlaue König war überzeugt davon, dass kein Europäer diese für die damaligen Menschen unendlich lange und höchst gefährliche Reise überleben würde. Iason und seine Gefährten, das

---

[1] Manche der hier wiedergegebenen Informationen sind in Euripides Drama verflochten, die meisten jedoch stammen aus Appolonios „Argonautika".

"Who is Who" der damaligen griechischen Heldenschaft, schafften es wider Erwarten trotzdem. Sie waren die ersten Europäer, die dieses fremde und ferne asiatische Land betraten. Ihre Schiffsreise vor etwa 4000 Jahren war eine der großen Leistungen der damaligen Menschheit. Experten vergleichen sie mit der Fahrt des Kolumbus nach Amerika mehr als 3500 Jahre später.

Aber was ist denn dieses sagenumwobene Goldene Vlies? Seine kurze Vorgeschichte ist die: Viele Jahre vorher hatten die Götter einen sprechenden Widder mit goldenem Fell geschickt, um zwei von der Ermordung bedrohte Königskinder, Phrixos und Helle, aus dem Land zu bringen. Der Widder brachte Phrixos nach Kolchis; Helle war während des Fluges unglücklicherweise eingeschlafen und ins Meer gestürzt. Seitdem heißt übrigens die Meeresenge zwischen Europa und Asien dort zu ihren Ehren Hellespont, was „das Meer von Helle" bedeutet. Nachdem der Widder zum Dank für die glückliche Rettung von Phrixos den Göttern geopfert worden war, befand sich sein Goldenes Vlies im Besitz von Phrixos Asylgeber Äetes, des Königs von Kolchis und Medeas Vaters.

Nicht unwichtig für ihre spätere Haltung und ihre Taten ist Medeas Genealogie – die allerdings sehr konfus wirkt, weil jeder Genealoge etwas anders darüber dichtet. Manche sagen Medeas Vater, Äetes, war der Bruder der Zauberin Kirke, und beide waren Kinder des Sonnengottes Helios und von Perse, Tochter des Ur-Gottes Okeanos[2]. Manche andere sagen aber, dass Kirke Medeas Tante mütterlicherseits war, andere behaupten sogar, die beiden Groß-Zauberinnen seien Schwestern gewesen. Wiederum andere sagen auch, dass Pasiphaë, die Mutter des Minotauros, ebenfalls zur Familie gehörte, als Schwester von Kirke und Äetes. Die Familie stammt, so sagen einige, nicht nur vom Sonnengott Helios ab, sondern auch von der dreigestaltigen und – nach Ansicht von manchen – bösen Schlangengöttin Hekate, deren Macht sowohl in den Himmel als auch auf die Erde und sogar in die Unterwelt reichte[3]. Auf jeden Fall gehört die für viele furchterregende Göttin Hekate zu den unmittelbaren Vorfahren Medeas, in welcher Beziehung auch immer. Helios, der Sonnengott, Spender jeglichen Lebens, einerseits, Hekate, des Bösen dunkle Göttin, andererseits – was für eine Kombination!

Wie es auch sein mag, Medea war stolz, sehr stolz auf ihre Abstammung, die sie als außergewöhnlich, Macht verleihend und privilegierend betrachtete. Sie brachte es immer wieder zum Ausdruck, dass sie und ihre Familie keine gewöhnliche Sterblichen seien – anders als Iason und vor allem ihre spätere Rivalin Kreusa, Prinzessin von Korinth. Von ihren Vorfahren hat Medea ihre ungeheuerliche Zauberkraft geerbt. Wie ihre Tante Kirke war auch sie eine der mächtigsten Zauberinnen ihrer Zeit.

Durch ihre Zauberkunst hilft Medea Iason, die vielen furchterregenden Wächter des Goldenen Vlieses zu besiegen und es in Besitz zu nehmen. Sie stellt dafür die Bedingung, dass Iason sie heiratet und sie mit nach Griechenland nimmt, was er auch tut. Medea verrät damit nicht nur ihren Vater und ihr Land, sondern trägt auch wesentlich dazu bei, dass viele ihrer Landsleute bei den nachfolgenden Kämpfen mit den Griechen getötet werden. Verfolgt von ihrem Vater, ihrem Bruder und anderen Landsleuten flieht sie zusammen mit Iason

---

[2]Das sagt uns sowohl Homer in seiner Odyssee, und zwar im 10. Gesang V. 135–139, wie auch Hesiod in seiner „Theogonie", und zwar in V. 956–957.

[3]S. Marneros „Mein Bruder Sisyphos, mein Freund der Minotauros".

und seinen Argonauten nach Griechenland. Unterwegs fällt ihr Apsyrtos, ihr jüngerer Bruder, zum Opfer. Manche sagen, sie habe ihn in eine Falle gelockt, sodass Iason ihn mit seinem Schwert töten konnte („*... und Apsyrtos Blut färbte Medeas schimmerndem Schleier und ihr Gewand rot ...*"[4]). Wobei Euripides uns berichtet, dass Medea ihren Bruder eigenhändig umgebracht habe (V. 1334). Am grausigsten ist jedoch der Bericht von Apollodor: Danach hat Medea ihren kleinen Bruder mit auf die Argo genommen. Als sie sah, dass ihr Vater und die anderen Verfolger sich mit ihren Schiffen der Argo näherten, habe sie ihn getötet, zerstückelt und seine Körperteile über ein großes Meeresareal verstreut, um die Verfolgung der Griechen durch die Kolchäer zu vereiteln. Nach dem Brauch der Kolchäer nämlich darf die Reise nicht weitergehen, solange man nicht alle Leichenteile zusammen ehrenvoll bestattet hat. In der Tat soll ihr Vater Äetes nach Kolchis zurückgekehrt sein, nachdem er die Körperteile seines Sohnes mühsam eingesammelt und bestattet hatte[5].

Der Brudermord soll nicht ihre letzte entsetzliche Tat vor dem Kindermord sein. In Iolkos angekommen, verleitet sie die Königstöchter zur Ermordung ihres geliebten Vaters Pelias, der nicht bereit ist, den Thron wie vereinbart an Iason abzugeben. Sie habe die Zauberkraft, so sagt sie den Königstöchtern, dem geliebten, aber inzwischen alten Vater die ewige Jugend zu verleihen. Voraussetzung dafür aber sei, dass er zuerst sterbe und dann in ihrem Zaubergebräu gekocht werde. Dann könne sie ihn wieder lebendig und ewig jung machen. Die liebenden, aber offensichtlich sehr, sehr naiven Königstöchter lassen sich von der Zaubermeisterin überzeugen und machen sich mit freudiger Aufregung ans Werk. Sie wollen den Vater mit dem Geschenk der ewigen Jugend überraschen. Wie von Medea geheißen, töten sie ihn und kochen ihn in dem höllischen Jungbrunnen. Nun ja! Der so massakrierte König bleibt erwartungsgemäß für immer im Totenreich. Nebenbei gesagt wird Medea gerüchteweise auch manch anderes Kochmordes verdächtigt; allerdings reichten die Beweise für eine handfeste gerichtstaugliche Anklage wohl nicht aus.

Doch das Verbrechen ist vergebens. Das entsetzte iolkische Volk weigert sich, die Verbrecher als Königspaar anzuerkennen – obwohl der arme Iason keine Ahnung von den Machenschaften seiner Zauberin hatte. Vor ihren Verfolgern fliehen Medea und Iason nach Korinth, wo sie bei König Kreon großzügiges Asyl und Unterstützung finden. Dem Ehepaar werden zwei Söhne geboren, von beiden Eltern abgöttisch geliebt. Nach einigen Jahren aber will Iason die korinthische Königstochter Kreusa heiraten und trennt sich von Medea. Manche behaupten, er habe sich in die junge Prinzessin verliebt. Andere aber sagen, von wegen Liebe! Iason habe es getan, um die Kinder und Medea vor dem enttäuschten und wütenden König Kreon zu schützen. Medea intrigierte nämlich auch gegen diesen König! Dies ergibt sich unter anderem aus zwei Unterredungen zwischen Medea und Iason in Euripides „Medea" (V. 446–464 und 867 ff.). Iason sagt, er hoffe, bei seinem zukünftigen Schwiegervater freies Geleit zu einem sicheren Ort oder sogar ein Bleiberecht für seine Kinder und seine Noch-Ehefrau erwirken. Nichtdestotrotz und ungeachtet seiner Motive ist Medea durch die Entscheidung Iasons, die Königstochter zu heiraten, schwerstens getroffen und unsagbar gekränkt.

---

[4]Appolonios IV, 421–475.

[5]Apollodor, „Bibliotheke", I,133.

Hier setzt Euripides Tragödie an, die Quelle des Medea-Komplexes.

Die Kernhandlung von Euripides „Medea" besteht in der Tötung der von beiden Eltern sehr geliebten Kinder durch die Protagonistin. Medeas Ziel ist es, Iason, der sie verlassen hat, zu verletzen und ihm so weh wie möglich zu tun; er soll sich sein Leben lang davon nicht erholen. Vorher tötet sie durch Zauberkunst ihre Rivalin Kreusa und deren Vater Kreon – ihren Asylgeber und Wohltäter. Nachdem sie zuerst Todeswünsche für sich selbst hegt, entwickelt sie im weiteren Verlauf Mordphantasien gegen den verlassenden Ehemann. Sie entschließt sich aber dann zur Tötung der gemeinsamen Kinder, um ihm den größten erdenklichen Schmerz zuzufügen. Nach Vollendung ihrer Tat zelebriert sie einen sadistischen Triumph über den am Boden zerstörten Iason.

Gerade aus dieser Absicht Medeas und den dahinter stehenden psychologischen und psychopathologischen Zusammenhängen werden sowohl der Medea-Komplex als auch das Medea-Syndrom abgeleitet. Es sei an dieser Stelle bemerkt, dass in vielen Publikationen Medea-Syndrom und Medea-Komplex mal synonym gebraucht, mal undifferenziert verwechselt werden. Dies ist sicherlich bedauerlich, weil sie zwei verschiedene Konstellationen darstellen, wie wir sehen werden[6].

Zur Quelle des Medea-Komplexes

Eigentlich müsste man an dieser Stelle erst einmal den Komplex darstellen und erläutern, bevor man seine mythischen Quellen erkundet. Eigentlich ja! Doch für den Medea-Komplex ist es meines Erachtens viel hilfreicher, zuerst die Quelle zu kennen, um dann leichter deren Kompatibilität mit dem daraus abgeleiteten psychoanalytischen Komplex in allen seinen Variationen beurteilen zu können. Die Urquelle des Medea-Komplexes ist natürlich der

---

[6]Es sei mir an dieser Stelle eine weitere Erläuterung gestattet. Ich darf annehmen, dass die meisten Leser dieses Buches den Unterschied zwischen „Syndrom" und „Komplex" kennen, aber der Vollständigkeit halber erlaube ich mir dennoch den Hinweis: Als Syndrom wird in der Medizin, aber auch in der Psychologie eine Gruppe von mehreren psychischen oder physischen Symptomen, die in regelhafter Verbindung miteinander auftreten, definiert. Als Komplex wird, wie wir schon im Ödipus-Kapitel erfahren haben, in der Tiefenpsychologie eine Gruppe von Vorstellungen, in der Regel verdrängte, verstanden, die als zusammenhängendes Ganzes in gegenseitiger Verbindung miteinander stehen und das Denken, Fühlen und Handeln eines Menschen, vorbei an der bewussten Kontrolle, beeinflussen. In der Definition des Syndroms wird kein Bezug auf Ursachen genommen, egal ob psychische oder physische. Komplexe dagegen implizieren tiefenpsychologisch fundierte konflikthafte Situationen, in der Regel aus der frühesten Kindheit, als Ursache. Psychiatrische Syndrome sind in der Regel eher bewusste Manifestationen, Komplexe dagegen sollen ihre Wurzeln im Unbewussten haben.

Medea-Mythos. Den Höhepunkt, wie auch die dramaturgische und psychologische Vollendung des Dramas stellt aber, wie schon erwähnt, Euripides gleichnamige Tragödie dar. Alle Beschreiber eines Medea-Komplexes nehmen ausdrücklich Bezug auf Euripides „Medea".

Entstehung und Reifung von Mordplänen

In einer früheren Analyse der Tragödie wurde darauf hingewiesen, dass Euripides in seiner „Medea" psychologische und psychopathologische Zustände beschreibt, die den Modellen moderner Psychopathologie und interaktionaler Psychologie entsprechen. Medeas Verhalten wird dort als maligne Reaktion auf eine narzisstische Kränkung dargestellt[7].

Euripides leitet das Drama mit Vorahnungen aus der unmittelbaren Umgebung von Medea ein. Als erste gerät die treue Amme in große Sorge, die Medeas Persönlichkeit, Reaktionsmuster und ihre aktuelle Situation am besten kennt und ihr empathisch gegenübersteht. Sie beschreibt einen psychischen Zustand, den jeder Psychiater ohne weiteres als Depression diagnostizieren würde.

„Sie liegt am Boden, von Schmerz gequält, stößt die Speisen hinweg,
tränenreich die ganze Zeit weinend,
aufgrund des Unrechtes, das sie von ihrem Mann erfuhr.
Seitdem hebt sie nicht das Auge empor, das Gesicht von der Erde,
stumm wie Wasser und Stein zu der Freundinnen Wort.
Nur manchmal dreht sie den schimmernden Hals,
seufzt leise zum Vater, zur Heimat, zum Haus, die sie alle verriet,
um mit diesem Mann, der sie jetzt so enthert, hierher zu kommen.
Ja, nun lehrt sie die Not, was es heißt, das Vaterland zu verlassen.
Auch die Kinder erfreuen sie nicht, ihr Anblick tröstet sie nicht."[8]
(V. 26–36)

Die Amme, die gute Kennerin von Medeas Persönlichkeit und ihrer Reaktion auf Kränkungen, befürchtet Schlimmes:
„Sie brütet, fürchte ich, etwas Entsetzliches aus.
Ihre wilde, stolze Seele verträgt keine Kränkung."

---

[7]S. Marneros „Irrsal! Wirrsal! Wahnsinn!".
[8]Die Übersetzung aus dem Griechischen orientiert sich an den Euripides-Übersetzungen von Georg Lange (1941), Hans von Arnim und Franz Werfel (1958), Johann Jakob Christian Donner (1958) (bearbeitet von Richard Kannicht), Ludwig Wolde (1963), Karl-Heinz Eller (1992), und Ernst Buschor (1996), Teilweise modifiziert und ergänzt durch Übersetzungen des Verfassers.

Ich kenne sie..."
(V. 37–39)
Und dann beginnt sie, das Undenkbare zu denken:
„Nur halte die Kinder von der aufgebrachten Mutter fern.
Ich sah gerade, wie drohend ihr Auge auf sie blickte:
Ihr Zorn sucht unablässig ein Opfer, ich weiß es genau!
Mögen wenigstens Feinde ihr Opfer sein und nicht ihre Liebsten."
(V. 91–95)
Bei partnerschaftlichen Konfliktsituationen, bei denen einer der Partner eine Persönlichkeitsstruktur ähnlich wie Medea hat – die des malignen Narzissmus, wie wir etwas später sehen werden – ahnt die Umgebung bereits vorher, dass *„irgendwann etwas Schlimmes passieren kann"*[9]. So wie die Amme von Medea, die wiederholt ihre Angst und ihre Sorge um die Kinder zum Ausdruck bringt.

Doch anfänglich denkt Medea an Selbsttötung. Nichts Fremdes für einen Depressiven.
„Welchen Sinn hat das Leben noch für mich?
Der Tod ist für mich eine Erlösung
Und das Ende eines freudlosen Lebens."
(V. 145–147)
Ihr depressiver Zustand verändert sich aber im Verlauf und entwickelt sich von einer nihilistischen Haltung, geprägt also von dem Gefühl *„es hat alles keinen Sinn, besser tot als lebend"*, zu einer eindeutig aggressiven Depression. Damit verändert sich auch ihre Handlungsbereitschaft von zuerst autodestruktiv, also gegen sich selbst gerichtet, zu heterodestruktiv, andere sollen dafür büßen. Die Todeswünsche für sich selbst werden bald von konkreten Plänen zur Tötung des verlassenden Ehemannes und der Rivalin samt ihrer Familie abgelöst.
„... lasst mich den Sturz des Mannes, den Sturz der Braut
und des ganzen Hauses schauen!"
(V. 164–165)
Externalisierungen und Projektionen kommen in Medeas erster Monodie, dem einer Aria ähnlichen Teil eines Theaterstücks, reichlich zum Ausdruck: Die Schuld und das Böse liegen ausschließlich beim Partner, nicht bei ihr. Sie verlangt Gerechtigkeit für sich und dass ihr Mann seine gerechte Strafe bekommt für das große Unrecht, dass er ihr angetan haben soll. Was sie mit *„Gerechtigkeit"* meint, drückt sie unmissverständlich am Ende ihrer Monodie aus:

---

[9]S. Marneros „Intimizid".

*„… wenn eine Frau, gerade in der Ehe, Unrecht erleidet,
gibt es keine Seele, die blutdurstiger wäre."*
(V. 265–266).

Selbst die Bestrafung des vermeintlichen Übeltäters mit seinem Tod scheint dieser selbstdiagnostizierten *„blutdurstigen Seele"* plötzlich zu wenig. Das Leid des schuldigen Schurken soll viel größer sein. Muss größer sein! Und so konzipiert Medea die Bestrafung des verlassenden Ehemannes durch den Filizid – die Tötung der eigenen Kinder – als „Alternativtötung zum Intimizid"[10].

Nachdem sie zu dem Schluss gekommen ist, dass sie Iason durch die Tötung der eigenen Kinder das größte Leid zufügen kann, schreitet sie mit Plan und List und festen, Entsetzen erzeugenden Schritten zur finalen Tat. Medeas Entscheidung steht fest, und sie spricht sich Mut zu:

*„Nun, Medea, gehe bis zum Schlimmsten, planend und kunstreich!
Jetzt gilt es mutig zu sein."*
(V. 402–403).

Alle befürchten inzwischen, dass etwas Schreckliches passieren wird, auch König Kreon, Vater der Braut. Doch Kreon macht sich Sorgen um sein Kind und um sich selbst. Dass Medea ihre eigenen Kinder töten könnte, kommt ihm nicht in den Sinn.

Medea schafft es mit List, den König zu beruhigen und ihn in falscher Sicherheit zu wiegen. Sie schafft es mit trügerischen Strategien sogar, bei ihm Mitgefühl zu erwecken: Er gewährt ihr Zeit, um sich auf ihre verordnete Abreise vorzubereiten.

Kreons Großzügigkeit erweist sich als fataler Fehler.

Medea triumphiert. Kaum hat Kreon seine Großzügigkeit gezeigt und die Bühne verlassen, verspottet sie ihn als dumm und naiv. Bei ihm Mitgefühl zu erwecken war ein Teil ihrer listigen Mordpläne.

Sie plant Morde, die ganz besonders, die unvergesslich und entsetzlich sein müssen. Zu ihr und dem ihr angetanen Unrecht passend. Sie, die vom Sonnengott Helios und der Furcht einflößenden dreigestaltigen Göttin Hekate abstammt, lässt sich so etwas von dem einfachen und gescheiterten Thronfolger Iason und ihrer Rivalin, die noch dazu aus dem *„verfluchten"* Sisyphos-Geschlecht stammt, nicht bieten. Was Iason <u>ihr</u> angetan hat, muss in ganz besonderer Weise bestraft werden.

---

[10]Ebenda.

Iason bemüht sich inzwischen um eine friedliche Trennung. Er kommt zu Medea und berichtet ihr, dass er sich bei Kreon darum bemüht, dass sie mit den Kindern doch in Korinth bleiben dürfe. Ihre Intrigen und Drohungen gegen das Königshaus machten es aber dem König unmöglich, noch großzügiger zu sein als er ohnehin sei. Medea zeigt sich unversöhnlich und beschimpft Iason fürchterlich und entwertend – mit dem festem Mordplan schon im Kopf (V. 446–633).

Malignität, die skrupellos instrumentalisierende

Völlig unerwartet geschieht etwas Erfreuliches: Für Medea tut sich doch eine Perspektive auf. Und was für eine! Sie gewinnt das Herz von Ägeus, des gutmütigen Königs von Athen, Vater des großen Helden und Minotaurosbezwingers Theseus. Allerdings weiß Ägeus noch nicht, dass er Theseus Vater ist, denn der war ja die herrliche Frucht einer wunderbaren, aber kurzen Affäre[11]. Der König ist gerade zu Besuch in Korinth, aus Delphi zurückkehrend, wo er Rat beim Orakel sucht, wie er seine (vermeintliche) Kinderlosigkeit überwinden könnte. In Korinth trifft er Medea. Sie erweckt durch die Schilderung des ihr bevorstehenden Schicksals, nämlich der Verbannung mit ihren beiden schutzlosen Kindern, Mitgefühl beim empathischen König. Als sie ihm darüber hinaus das Versprechen gibt, ihm durch ihre Zauberkunst, die sie bestens beherrsche, die heiß ersehnten Kinder zu schenken, überzeugt sie Ägeus endgültig. Er gewährt ihr Asyl und Schutz in Athen und verspricht ihr die Ehe. Doch Medea gestaltet auch diese neu entstandene zwischenmenschliche Beziehung ausbeuterisch und instrumentalisiert sie. An ihre fürchterlichen Rachepläne denkend, verlangt sie von ihrem neuen Wohltäter einen folgenschweren Eid: Egal was geschieht, er wird das ihr gegebene Versprechen für Asyl und Ehe auf keinen Fall brechen. Der von der Option eines Kindes und Thronfolgers berauschte Ägeus leistet ohne viel nachzudenken den verbindlichen Eid. Unmittelbar danach bittet Medea den König, nach Athen vorzufahren, sie komme in Kürze nach. Sie habe noch etwas zu erledigen! (V. 663–763).

Die Öffentlichkeit – in der Tragödie bestehend aus dem Chor der korinthischen Frauen – bringt ihre Freude über diese neue Perspektive für Medea zum Ausdruck. Doch Medea verblüfft sie mit der Mitteilung, dass sie die

---

[11]S. Marneros „Feuer für ausgebrannte Helden".

großzügige Haltung von Ägeus bloß für ihre Zwecke ausgenutzt hat. Und dann folgt die schockierende Offenbarung ihrer Mordpläne:

„*Ich will also einen meiner Diener schicken*
und Iason bitten, mir vor Augen zu treten.
Ist er da, will ich ihm schmeichelnde Worte sagen,
dass auch ich einverstanden bin und dass
die Ehe mit der Königstochter, für die er mich preisgab, so gut ist,
und dass es nützlich sei und wohlbedacht.
Ich will ihn bitten, dass meine Kinder bleiben dürfen,
nicht dass ich sie hier in feindlichem Lande lasse,
sondern um dadurch mit List die Königstochter zu töten!
Denn ich werde die Kinder mit Geschenken zu ihr schicken,
sie der Braut zu bringen, dass sie dieses Land nicht verlassen müssen,
ein dünnes Gewand und ein goldgetriebenes Geflecht.
Und nimmt sie dann den Schmuck und legt ihn um den Leib,
so geht sie elend zugrunde, und mit ihr jeder, der sie berührt.
Mit entsprechendem Gift will ich die Geschenke präparieren.
Und hier nun will ich diese Rede abbrechen.
Ich muss heulen, wenn ich an das nächste Werk denke,
welches ich dann vollbringen muss:
Meine eigenen Kinder werde ich töten!
Es gibt niemanden, der sie retten kann!
Wenn ich dadurch dann das gesamte Geschlecht Iasons vernichtet habe,
will ich das Land verlassen, vor der liebsten Kinder Mord
fliehen, wenn ich das gottloseste Werk vollbracht habe.
Denn von Feinden verlacht zu werden, ist nicht erträglich…..
Keiner soll mich für minderwertig und schwach halten,
und Ruhe liebend, sondern von entgegengesetzter Art,
schrecklich für die Feinde und den Freunden wohlgesinnt.
Denn nur solche Menschen haben ganz und gar ein ruhmvolles Leben."
(V. 774–810)

Dem Flehen der schockierten und fassungslosen korinthischen Frauen, das nicht zu tun, tritt sie entgegen mit einem definitiven:
„*Ich werde das tun, denn so dürfte der Gatte am meisten getroffen werden.*"
(V. 818).

Medeas Rache nimmt ihren Lauf:
Die Prinzessin und Rivalin stirbt qualvoll.
Der König, der Vater, der sie umarmt, stirbt ebenfalls qualvoll.
Die ahnungslosen und von Medea für ihre Mordpläne missbrauchten Kinder kommen zurück. Und werden von ihrer Mutter eigenhändig getötet.

Sadismus, die Hedonie des Malignen

Medeas narzisstischer Triumph beginnt mit der Ankündigung des Mordes an der Prinzessin und am König. Als dann ein Bote ihr die Nachricht von deren Tod bringt und ihr höchst aufgeregt empfiehlt, sofort das Land zu verlassen, schleudert sie ihm entgegen:

„Oh freudigste Botschaft, die du mir bringst, und ab jetzt gehörst du zu meinen Wohltätern und zu meinen Freunden."
(V. 1127–1128)

Und sie verlangt von ihm, dass er ihr in allen Einzelheiten den Ablauf der Mordtaten erzählt. Sie will es genießen!

Der Verzweiflung des vor Schmerz schreienden Iason, als dieser von ihr erfährt, dass sie ihre Kinder eigenhändig getötet hat, begegnet sie mit der Ruhe des Befriedigten und mit dem sichtbaren Genuss des Triumphators. Das triumphierende Gehabe unterstreicht sie mit ihrem Erscheinen: mit den Leichen der Kinder auf einem von Drachen gezogenen, von Flammen umrahmten Wagen in der Luft! Fertig für die Abreise in die Freiheit, nach Athen! Sie zeigt keinerlei Empathie für den Gequälten und gibt dem am Boden Zerstörten die alleinige Schuld am Schicksal der Kinder:

Iason: *„O Kinder, was für eine schlechte Mutter habt ihr gehabt."*
Medea: *„O Kinder, wie ihr durch die väterliche Erbärmlichkeit sterben musstet."*
Iason: *„Es ist nicht meine rechte Hand, die sie umgebracht hat."*
Medea: *„Aber dein Frevelmut und deine neu geschlossene Ehe."*
Iason: *„Du hast es fertiggebracht, sie aus Eifersucht zu töten?"*
Medea: *„Glaubst du, dass für eine Frau dies ein geringes Leid ist?"*
Iason: *„Für eine vernünftige Frau, ja, aber nicht für eine so schlechte wie du."*
Medea: *„Sie leben nicht mehr, und das wird dir sehr wehtun."*
(V. 1363–1370)

Auf Iasons Frage nach dem „Warum" kommt Medeas definitive, stahlharte Antwort prompt:

„Um dich zu treffen!"
(V. 1398)

Und selbstgerecht:

„Wie es sein musste, habe ich dein Herz getroffen!"
(V. 1360)

Und noch dazu streut Medea weiter Schmerz verstärkendes Salz in Iasons unerträglich schmerzende Wunde: Sie verweigert die Übergabe der Kinderleichen an Iason, der sie würdevoll begraben will. Diese Weigerung war zu damaliger Zeit fast schmerzhafter als der Tod selbst. Und es folgt noch eine triumphale Ankündigung an Iason zum Schluss: während sie durch Weihgaben an die Götter den Mord sühnen und dann in Athen ein königliches Leben führen wird, wird er sich davon nie erholen können. Nie wieder!

Es ist erkennbar, dass Euripides die Protagonistin als einen Menschen beschreibt, dessen Persönlichkeit Merkmale aufweist wie hohe Ichbezogenheit, kaum Empathie, aggressive und sadistische Verhaltensmuster, ausbeuterische Gestaltung und Instrumentalisierung von zwischenmenschlichen Beziehungen, hohe Kränkbarkeit, eine Tendenz, Menschen zu dämonisieren und zu entwerten, rücksichtslose Durchsetzung eigener Interessen – so rücksichtslos, dass sie nicht einmal vor mehrfachem Mord, darunter Bruder- und Kindesmord, zurückschreckt.

Man erkennt dadurch, dass bei Medea die Kriterien für eine narzisstische, aber auch für eine dissoziale Persönlichkeitsstörung erfüllt sind und damit auch – wie schon in vorigen Abschnitten angedeutet – die Kriterien des malignen Narzissmus[12]. Es handelt sich dabei um eine Persönlichkeitsstörung, zu der Narzissmus und Dissozialität gehören und die zu schweren Gewalttaten prädestiniert.

Mord inbegriffen.

Eine nicht unwichtige Ergänzung zu Euripides Medea

Malignität und kein Ende

Euripides Tragödie endet, indem Medea genüsslich triumphiert wegen der Macht, die sie über Iason ausübt. Mit ihrer Tat und auch ihrem postdeliktisches Verhalten, indem sie ihm nicht erlaubt, die Körper der Kinder zu berühren, zu küssen, oder – noch viel schwerwiegender –, sie zu bestatten. Doch die Geschichte geht weiter. Eine kurze Nacherzählung macht deutlich, wie resistent und unkorrigierbar Medeas Persönlichkeitseigenschaften im Besonderen und die des malignen Narzissmus im Allgemeinen sind[13].

Nach der letzten Auseinandersetzung mit Iason fliegt Medea auf dem drachengezogenen Feuerwagen zu Ägeus, König des liberalen, Asyl gewährenden und xenophilen Staates Athen – er ist übrigens auch der Namensgeber des Ägäischen Meeres. In Athen wird sie von ihm aufgenommen und sogar wie versprochen geehelicht. Und tatsächlich, wie sie es angekündigt hat, schenkt sie ihm einen Sohn, Medos, der sein Thronfolger werden soll. Ägeus aber hat, wie

---

[12]S. Kernberg und Hartmann.

[13]Es handelt sich dabei nicht um eine einheitliche mythologische Quelle, die in einem Stück Medeas Aufenthalt in Athen und ihre Flucht nach Asien erzählt. Die aus zahlreichen Quellen zusammengesetzte Geschichte findet sich etwa bei Roscher.

schon erwähnt, einen außerehelichen Sohn, den Großhelden Theseus, von dem er noch nichts weiß und der gerade auf dem Weg nach Athen ist, um seinen Vater zu treffen.

Medea erkennt durch ihre übersinnlichen Kräfte, dass Theseus Ägeus Sohn ist. Sie überredet deshalb seinen immer noch ahnungslosen Vater, den Fremden heimlich zu vergiften, da er ein Feind sei, der ihn vom Thron zu stoßen beabsichtige. Der gutmütige, aber naive und nicht sonderlich scharfsinnige Ägeus tappt erneut in die Falle der Zauberin. Durch einen Boten lädt er den Fremden zum Abendessen in den Palast ein. Theseus kommt und trägt dabei Ägeus königliche Sandalen mit Athenas Eule und das Schwert mit dem Königsstempel. Der König hatte sie damals seiner Geliebten – Theseus Mutter – gegeben, die weit weg, irgendwo im Peloponnes wohnte. Falls aus der Verbindung der beiden ein Sohn geboren werde, sollten dies seine Erkennungszeichen sein. Ägeus erkennt sofort, dass der zu vergiftende Fremde sein Sohn ist! In einer Mischung aus Überglück und Wut schleudert er den Kelch mit dem vergifteten Wein weg, den Medea für Theseus zubereitet hat. Er umarmt seinen Sohn und wendet sich gegen Medea. Diese eilt mit ihrem Sohn Medos zu dem uns bekannten drachengezogenen Feuerwagen, steigt hastig ein und flieht in Richtung Asien, woher sie auch einst gekommen war. Medea und Medos gründen dort das Reich der Meden. Jahrhunderte später versuchen ihre Nachkommen aus dem Asien-Reich der Meden und Perser, Griechenland zu erobern. Es kommt zu den weltbekannten persischen Kriegen, die mit dem Sieg der Griechen über die Asiaten enden und der Eroberung ihres Reiches durch den von den griechischen Teilstaaten zum „Hegemonen der Hellenen" erklärten Alexander den Großen.

Sie hat also auch nach der Ermordung ihrer Kinder weiter intrigiert und versucht, ihre Interessen mit List und Mord durchzusetzen. Wieder einmal gegen ihren Asylgeber, Wohltäter und Ehemann.

Ihre Persönlichkeitsstruktur und ihre sozialen Interaktionsmuster bleiben unverändert und unkorrigierbar. Den schrecklichen Ereignissen zum Trotz! Sie hält nicht irgendwann inne; sie reflektiert nie ihr Verhalten mit den schrecklichen Konsequenzen. Von Bedeutung sind nur ihre Rachegefühle und die eigenen Interessen.

Der maligne Narzisst bleibt ein maligner Narzisst.

Der Medea viele Komplexe

Medea haben wir inzwischen kennen gelernt. Die Quelle, aus der der Medea-Komplex abgeleitet ist, ist – ebenfalls – Euripides „Medea".

Aber was ist der Medea-Komplex?

Zunächst einmal: Den <u>einen</u> Medea-Komplex gibt es nicht. Es gibt unterschiedliche Medea-Komplexe, von unterschiedlichen Schöpfern kreiert.

Verschiedene psychoanalytische Publikationen erwecken den Eindruck, dass ihr jeweiliger Autor sich in der einen oder anderen Weise als der Schöpfer eines Medea-Komplexes fühlt.[14] Schauen wir uns die gängigsten davon an.

Medea, hassende Rivalin der Tochter

Es scheint, dass Medea als Komplex – abgesehen von gelegentlichen vorherigen Erwähnungen in der tiefenpsychologischen Literatur ohne definitorischen Hintergrund – als erstes durch den schillernden und umstrittenen österreichischen, dann amerikanischen Psychoanalytiker Fritz Wittels einen Platz in der psychoanalytischen Komplexe-Galerie gefunden hat. Dies geschah wahrscheinlich im Jahr 1944. Wittels beschreibt in nur wenigen Zeilen, nebenbei sozusagen, einen „Medea-Komplex" im Rahmen einer Aufzählung psychoanalytisch interessanter Fälle der Weltliteratur – und aus der Bibel.

> **Der Medea-Komplex der Mutter gegen die rasch reifende Tochter**
> Wittels bezeichnet als „Medea-Komplex" den unbewussten Hass der Mutter – der sich unter Umständen in Grausamkeit manifestieren kann – gegen die rasch reifende Tochter, weil sie in ihr die potenzielle Rivalin sieht, die ihr das Verblassen der eigenen Attraktivität bewusst macht.
> Er begründet die Namensgebung wie folgt: *„Wir nennen diese Tendenz den ‚Medea-Komplex', nach der bekannten Heldin des griechischen Mythos, die, nachdem sie festgestellt hat, dass Iason, ihr Mann, seine Liebe von ihr auf deren Kinder verlagerte, ihm aus Rache die Kinder entzog."*[15]

Medeas Rivalität zu ihrer *„rasch reifenden Tochter"* scheint mir eine echte Überraschung zu sein – wie auch alles andere im zitierten Satz! Eine irgendwie geartete Beziehung zwischen Wittels psychoanalytischer Schöpfung und Euripides Tragödie oder dem Medea-Mythos insgesamt ist keineswegs erkennbar. Ob es in der Tat einen universalen Hass seitens der Mütter gegen die rasch reifenden Töchter gibt, steht hier nicht zur Debatte – getreu dem Abstinenz-Neutralitäts-Prinzip dieses Buches.

Aber bei aller möglichen Toleranz und Großzügigkeit bei den Auslegungen und Interpretationen von Mythen sei es mir doch erlaubt, in

---

[14] S. F. Wittels, E. Stern, J. Jacobs, L. Lütkehaus oder R. El Khayat.
[15] Wittels S. 372.

diesem Falle folgendes anzumerken, was sich auch aus der oben dargestellten „Biographie" von Medea zwanglos ergibt:

Es bleibt rätselhaft, wie Wittels zu der Schlussfolgerung kommen kann, dass Medea, *„nachdem sie festgestellt hat, dass Iason, ihr Mann, seine Liebe von ihr auf deren Kinder verlagerte, ihm aus Rache die Kinder entzog"*. Es ist außerordentlich befremdlich, wie Wittels aus der Kindermörderin, die ihre eigenen Söhne tötet, um den sie verlassenden Ehemann zu treffen, eine die Tochter hassende alternde Mutter kreiert. Übrigens hat diese „alternde Frau" kurz nach der Tat wieder geheiratet und einen Sohn geboren. Es bleibt völlig rätselhaft, wie der psychoanalytische Interpret in Medea eine Mutter erkennt, die *„eine rasch reifende Tochter"* hasst – eine Tochter, die sie gar nicht hatte! Es bleibt auch sein Geheimnis, wie er überhaupt einen solchen fantasierten, unbewussten Tochterhass bei den Müttern entdeckte.

Wahrscheinlich wäre es besser gewesen, wenn Fritz Wittels dem Rat gefolgt wäre, den ihm Sigmund Freud einmal gegeben haben soll: Er sollte die Frauen galanter behandeln! Und zu Freuds Empfehlung würde ich hinzufügen: Behandeln Sie auch die Mythen korrekt, Herr Wittels!

Meines Erachtens kann man nur zu dem Schluss kommen: Wenn das, was Fritz Wittels beschreibt, der Medea-Komplex sein soll, dann hatte Medea nie einen Medea-Komplex.

Stern und die sieben Fälle

Als eigentlicher Schöpfer bzw. Hauptschöpfer des Medea-Komplexes fühlt sich aber der britische Kinderpsychiater und Psychoanalytiker Edward S. Stern[16]. Stern beschäftigt sich im Gegensatz zu Wittels, der ja dem Medea-Komplex nur wenige Zeilen widmete, über zehn Zeitschriftenseiten ausführlich damit. Stern kannte zwar Wittels Medea-Komplex, aber er verwarf ihn – ziemlich schroff – als nicht zutreffend. *„Medea hatte ja gar keine Tochter"*, schrieb er süffisant. Die Fokussierung auf eine Mutter-Tochter-Rivalität sei nicht kompatibel mit dem Mythos. Womit er auf jeden Fall Recht hatte!

Am 11. Juli 1947 hielt Stern in der Child Psychiatry Section des Jahreskongresses der Royal Medico-Psychological Association in Eastbourne, Großbritannien, einen Vortrag mit dem Titel *„The Medea Complex: The mother's homicidal wishes to her child"*, den er ein Jahr später im Journal of Mental Sciences (dem Vorläufer des British Journal of Psychiatry) publizierte.

---

[16] Wobei in manchen Schriften der Vorname Eduard geschrieben wird.

> **Medea-Komplex, der unbewusste Kindestötungswunsch**
> Stern definiert als Medea-Komplex den unbewussten Wunsch der Mutter, ihrem eigenen Kind zu schaden oder es sogar zu töten.

Stern postulierte, dass entgegen der allgemeinen populären und sentimentalen Annahme, einer überwältigenden Mutterliebe es gar nicht so selten sei, dass bei einer Mutter eine heftige Abscheu und sogar Tötungswünsche gegen das eigene Kind auftreten. Dies sei die Quintessenz des Medea-Komplexes. Er bezieht sich ausdrücklich auf Euripides Tragödie. Zur Erläuterung präsentierte er sieben Fälle, drei davon von Kollegen geliehen. Die aufmerksame Betrachtung der zitierten sieben Fälle lässt berechtigten Zweifel daran entstehen, ob auch nur einer davon irgendetwas mit Medea zu tun hat.

Im ersten Fall beschreibt Stern einen Jungen, Jack, der wegen dissozialen Verhaltens in der kinderpsychiatrischen Klinik aufgenommen wurde. Er schreibt, dass die Mutter des Jungen, oberflächlich gesehen, angenehm und attraktiv war, dass sie aber in der Realität eine harte und aggressive Frau gewesen sei. Diese Mutter versuchte, Jack durch autoritäre Erziehungsmaßnahmen mit harten Strafen auf den richtigen Weg zu bringen. Sie habe ihm erzählt, dass, als Jack aus einem Krankenhaus entlassen wurde, die Stationsschwester sagte: *„Ich bin sehr froh, deinen Jungen los zu sein: Er sieht aus wie ein Engel, aber, meine Güte…"*. Stern kam zu dem Schluss, dass durch die Art, wie die Mutter ihm das erzählt habe, für ihn klar gewesen sei, dass das, was die Schwester gesagt hatte, auch ihre eigenen Gefühle waren und dass sie sich gewünscht hätte, ihn loszuwerden.

Das sei ein Medea-Komplex!

Schauen wir uns den zweiten Fall an: Harriet, ein adoptiertes achtjähriges Kind, zeigte dissoziale Züge und Verhaltensauffälligkeiten. Sie stahl und entzog sich vollständig der elterlichen Kontrolle. Die Mutter war verzweifelt und sagte: *„Ich verabscheue dieses Kind, und ich habe das Gefühl, ich könnte es erwürgen."*

Auch das sei ein Medea-Komplex!

Wäre es nicht angebrachter, in dem Falle dieser – wie Stern selbst schreibt – nicht besonders intelligenten Frau davon zu sprechen, dass sie die Fehlentscheidung getroffen hat, dieses Kind zu adoptieren? Nun kommt sie damit nicht zurecht, ist deutlich überfordert und äußert sich in solcher Weise.

Ein Medea-Komplex? Oder vielmehr ein Überforderungssyndrom?

Nehmen wir auch den dritten Fall: Es handelt sich um Peter, 5 ½ Jahre alt, bei dem Stern eine *„Dementia praecox"*, also eine Schizophrenie, diagnostiziert hat. Was übrigens bei einem Fünfjährigen sehr gewagt und sehr, sehr ungewöhnlich ist. Aber wie auch immer! Das Kind sei auch im Krankenhaus kaum führbar gewesen, so dass sich keine Institution gefunden habe, die es aufnehmen wollte. Zuletzt sei es dauerhospitalisiert gewesen. Um es kurz zu machen, auch die Mutter dieses Kindes war offensichtlich mit diesem außergewöhnlich problematischen und gestörten Kind hochgradig belastet und zeigte in ihrer Überforderung und Inkompetenz Hostilität und aggressive Reaktionsmuster gegen das Kind.

Auch dies ein Medea-Komplex?! Auch diesmal kein Überforderungssyndrom?

Der vierte Fall ist ähnlich, und deshalb machen wir es kurz. Die Frau, mit einem Epileptiker verheiratet, wollte sich selbst und ihr Kind umbringen, um der Schikane und Tyrannei des offensichtlich an einem hirnorganischen Psychosyndrom mit aggressiv-dissozialen Zügen leidenden Ehemannes zu entfliehen.

Ist das ein Medea-Komplex?

Ist das nicht vielmehr ganz eindeutig ein erweiterter Suizidversuch? Und ist es denn nicht so, dass eines der Hauptmerkmale des erweiterten Suizids die starke Bindung des Agierenden (in diesem Falle der Mutter) an den Mitzunehmenden (hier das Kind) ist? Ist es nicht auch so, dass beim erweiterten Suizid das altruistische Element dem Mitzunehmenden gegenüber die Tat diktiert – und nicht das Hostile? Das heißt, dass der Handelnde, in diesem Falle die Mutter, den Schutzbefohlenen mitnimmt, um ihn nicht schutzlos in einer feindlichen Welt zurückzulassen?[17]

Auch beim fünften Fall wird über eine schwer depressive Frau mit Selbstanklagen berichtet. Als ihr Kind tot aufgefunden wurde, nahm sie sofort die Schuld auf sich. Was nicht überraschend ist, denn bei schwer depressiven Patienten sind Selbstanklage und Schuldgefühle immanenter Bestandteil der Symptomatik. Der Ehemann hat übrigens die Selbstvorwürfe seiner depressiven Frau als nicht zutreffend bezeichnet. Es wurde nicht geklärt, ob der Tod des Kindes ein Unfall oder die Folge von Fremdeinwirkung war.

Die Selbstanklage ist nach Stern Ausdruck der Dynamik eines Medea-Komplexes. Aber neben der Tatsache, dass Selbstanklage eines der zentralen Symptome einer schweren Depression ist: Bedeuten – unabhängig von einer Depression – Selbstanklage und Selbstvorwürfe nicht Anerkennung von eigener, tatsächlicher, vermeintlicher oder gewähnter Schuld? Aber sind Schuldbekenntnis und Selbstanklage nicht inkompatibel mit der Haltung

---

[17]S. Marneros „Das Neue Handbuch der Bipolaren und Depressiven Erkrankungen".

der triumphierenden, sich schuldlos fühlenden und sadistisch die Folgen ihrer Tat genießenden Medea?

Der sechste Fall hat auch seine Besonderheit: Eine schwangere Frau mit Hyperemesis gravidarum, also einem ausgeprägten Schwangerschaftserbrechen, lehnt ihren Mann emotional ab. Sie möchte kein Kind von ihm. Sie bittet den Arzt deswegen, die Schwangerschaft zu beenden und eine Entfernung der Eierstöcke vorzunehmen, sodass sie nie mehr von ihrem Ehemann schwanger werden kann.

Auch das soll ein Medea-Komplex sein?!

Und jetzt der letzte, der siebte Fall: Eine depressive Frau mit Zwangssymptomen hat den Zwangsgedanken, das eigene Kind zu töten. Dieser Zwangsgedanke macht ihr große Angst, weshalb sie sich in Behandlung begibt.

Ein Medea-Komplex?

Ist nicht die Haltung dieser Zwangspatientin genau das Gegenteil von Medeas Intentionen?

Wir müssen also zum Schluss kommen, dass keiner der von Edward Stern vorgestellten Fälle auch nur in die Nähe des psychologischen Hintergrundes und der Psychodynamik von Medeas Filizid kommt. Medea, die Schwerstverbrecherin, muss für die Stern'schen Fälle freigesprochen werden!

Atreus und Atreus-Komplex: Ein erzwungener Exkurs

Stern unterstellt auch Männern unbewusste Wünsche zur Tötung der eigenen Kinder, schlägt aber dafür die Bezeichnung „Atreus-Komplex" vor – in Anlehnung an den Atreus-Mythos. Den Beginn dieses Mythos kennen wir schon. Er ist verknüpft mit dem Beginn des Ödipus-Mythos, der uns bereits intensiv beschäftigt hat.

Eine kurze Erzählung des Atreus-Mythos[18]

Zusammengefasst erzählt der Mythos Folgendes: Pelops, König in Peloponnes (dessen Namensgeber er ist), kommt dahinter, das nicht Laios, Vater von Ödipus, der Mörder seines kleinen Sohnes Chrysippos war, wie manche behauptet haben, sondern dass seine eigenen Söhne, die Stiefbrüder des Jungen, Atreus und Thyestes, die Täter sind. Laios hat zwar Chrysippos entführt und

---

[18]Die ursprünglichen Mythen, die sich mit der Person Atreus beschäftigen, sind in Teilen von verschiedenen Mythographen und Dichtern erzählt, wobei eine Ur-Quelle des Mythos offensichtlich nicht erhalten ist. S. bei Roscher.

> sexuell missbraucht, ihn aber nicht getötet. Von ihrem Vater verflucht, müssen die mörderischen Brüder ins Exil gehen. Nach dem Tod des Pelops wird dessen Sohn Atreus König von Mykene. Sein Bruder Thyestes verführt eines Tages die Ehefrau seines Bruders, was den unbändigen Zorn von Atreus hervorruft, der dann Thyestes vertreibt und seine untreue Gattin im Meer ertränkt. Thyestes gelingt es jedoch, Pleisthenes, den kleinen Sohn von Atreus, zu entführen und ihn wie sein eigenes Kind aufzuziehen. Als Pleisthenes herangewachsen ist, schickt sein Ziehvater Thyestes ihn aus, um König Atreus zu töten. Der junge Mann weiß nicht, dass er damit seinen leiblichen Vater töten würde. Doch Atreus kommt dem potenziellen Mörder zuvor und lässt Pleisthenes töten. Auch das, ohne zu ahnen, wer da zu Tode kommt, dass es nämlich sein eigener Sohn ist. Als er eines Tages erfährt, wen er umbringen ließ, schwört er bittere Rache gegen seinen Bruder. Angeblich auf Versöhnung bedacht, besucht er seinen Bruder an dessen Hof, tötet dessen leibliche Kinder und setzt sie ihm zum Mahle vor. Diese entsetzliche Tat erschüttert nicht nur die Menschen, sondern auch die Götter, und zwar so sehr, dass sogar die Sonne vor Entsetzen ihren Weg ändert und von West nach Ost geht. Der Fluch der Götter kommt prompt und verfolgt über Generationen hinweg das Geschlecht der Atriden, die Nachfahren des Atreus. Agamemnon, der Führer der Griechen im Kampf um Troja, ist der prominenteste Vertreter der Sippe.

Der berühmte „Fluch der Atriden" ist die Basis vieler Tragödien, wie etwa Äschylos Trilogie „Orestie", der „Elektra", die wir schon kennengelernt haben, oder Euripides „Orestes" (wonach Agamemnon durch seine Frau Klytämnestra getötet wird und sie wiederum von ihrem Sohn Orestes) oder Euripides „Iphigenia" (in der der Vater die Tochter den Göttern auf dem Altar opfern muss).

Wir werden uns auf diesem erzwungenen Exkurs nicht weiter aufhalten. Erstens weil der Mythos ganz klar sagt: Atreus hat seinen ihm völlig unbekannten potenziellen Mörder aus Notwehr töten lassen, ohne zu wissen, dass der sein Sohn war. Der Mythos gibt uns keinen Anlass dafür, irgendwelche bewussten oder unbewussten Wünsche zur Tötung des eigenen Kindes anzunehmen. Und zweitens, weil sich Sterns Bemühen zur Etablierung eines „Atreus-Komplexes" meines Wissens erfreulicherweise nicht durchgesetzt hat. Man fragt sie auch: Worin unterscheiden sich Atreus- und Laios-Komplex eigentlich?

Zurück zum Medea-Komplex. Doch diesmal zu den kindermordenden Nazis

Nach dem erzwungenen Exkurs zum mythischen Atreus und seinem angeblichen Komplex müssen wir uns zunächst noch ein wenig mit den Thesen von Edward Stern, dem Kinderpsychiater und Psychoanalytiker der vierziger

Jahre des vorigen Jahrhunderts, beschäftigen. Und zwar mit einer aus meiner Sicht etwas eigenartig anmutenden Behauptung:

Er vertritt die Auffassung, dass die Nazis die jüdischen Kinder von Paris im Rahmen eines Medea-Komplexes getötet hätten. Stern sieht die Wurzeln dafür in einem Märchen. Dem Märchen nämlich, dass die Juden Ritualmorde gegen christliche Kinder verüben mit dem Zweck, das Blut dieser Kinder zu gewinnen und ein Fest zu feiern, als Erinnerung an den Exodus aus Ägypten. Das letzte Mal sei eine solche Geschichte von Julius Streicher in der Nazi-Zeitschrift „Der Stürmer" publiziert worden. Die Folge seien Pogrome, Massaker und Morde an Juden gewesen, die sich ganz speziell gegen Kinder gerichtet hätten. Zum Beispiel am 17. Juni 1942, als alle jüdischen Kinder von Paris von den Nazis ermordet worden seien. Unter dem Aspekt eines Medea-Komplexes sei dieses Verhalten – so die Ansicht Sterns – leicht zu erklären:

Die Tötung der jüdischen Kinder sei eine Projektion des Tötungswunsches der Nazis gegen die eigenen Kinder! Und dieser Tötungswunsch werde später zum Motiv für die Tötung der Kinder des Opfers. Die Tötungswünsche der Nazis seien also im Rahmen von deren Medea-Komplexen erklärbar. Sie hätten es bloß auf die jüdischen Kinder projiziert! Und in schreckliche Weise realisiert.

Wenn all das, was uns der Psychoanalytiker Stern erzählt hat – ich meine das mit den sieben Fällen, den Nazis und den jüdischen Kindern von Paris – ein Medea-Komplex sein soll, dann hatte Medea mit Sicherheit nie einen Medea-Komplex!

Doch selbst wenn sich Stern auf die Kernaussage beschränkt hätte (den Wunsch der Mutter, die eigenen Kinder zu schädigen) wäre dies nicht minder inkompatibel mit dem Mythos. Die hinzugefügten Kasuistiken und die Verbindung des Komplexes mit Naziverbrechen gegen Kinder nehmen ihm die Berechtigung, aus dem Medea-Mythos einen Medea-Komplex abzuleiten.

Die Zerstörerin der Frucht der Bindung

Als letztes nehmen wir eine der jüngeren Beschreibungen eines Medea-Komplexes ins Blickfeld. Etwa die der marokkanischen Psychoanalytikerin, Dichterin, Kunstkritikerin, Journalistin und Anthropologin Rita El Khayat, die sich auch als die „Ausarbeiterin" des Komplexes fühlt – in ihrem Buch „Wenn sie Mütter werden. Medea und die Frauen des Mittelmeeres".

> **Medea-Komplex als ein Bruch der Bindung**
> Nach Auffassung El Khayats wird im Medea-Komplex Rache gegen den Partner geübt, und zwar durch eine auf imaginärer und symbolischer Ebene stattfindende Tötung der Kinder. Das bedeute einen Bruch der Bindung, nämlich durch die Zerstörung der Frucht der Bindung – der Kinder eben.[19]

El Khayat unterscheidet richtigerweise zwischen einem Medea-Syndrom und einem Medea-Komplex. Während das Medea-Syndrom ein Profil von Frauen nachzeichnen könne, die die eigenen Kinder in der Tat töten, betreffe der Medea-Komplex alle Mütter: Eine jede sei eine Bindung mit einem Mann eingegangen, und fast alle hätten Kinder, so wie Medea sie mit Iason gehabt habe. Aber nur einige gingen wie Medea unbewusst eine so leidenschaftliche, verrückte und exklusive Verbindung mit dem Mann ein, den sie lieben, dass sie so weit gingen, die eigenen Kinder aus Rache – in den meisten Fällen symbolisch – zu töten, wenn sie betrogen und geschmäht oder wegen einer anderen Frau verlassen würden.

Während beim Medea-Komplex nach der zitierten Autorin das Verbrechen auf einer imaginären und symbolischen Ebene stattfinde, sei der Mord an einem oder mehreren Kindern durch die Mutter beim Medea-Syndrom hingegen Realität. Medea-Syndrom und Medea-Komplex könnten koexistieren[20]. Als Beleg dafür erwähnt sie den Fall der Patientin Nadra. Nadra habe einen erweiterten Suizidversuch unternommen, in dem sie sich selbst und ihre beiden Kinder zu töten versucht habe. Die Patientin habe Probleme mit ihrem Mann gehabt und geglaubt, dass er sie betrüge.

Nun leidet aber diese Patientin, über die die Autorin berichtet, an einer bipolaren Störung mit ausgeprägten depressiven und manischen Phasen, weshalb sie vor dem erweiterten Suizid in psychiatrischer Behandlung war. Danach muss sie für lange Zeit in einer psychiatrischen Klinik bleiben. Wie wir vorher schon in Bezug auf Sterns vierten Fall herausgehoben haben, ist eines der Hauptmerkmale des erweiterten Suizids die starke Bindung des Agierenden (in diesem Falle der Mutter) mit dem Mitzunehmenden (dem Kind). Beim erweiterten Suizid diktiert das altruistische Element dem Mitzunehmenden gegenüber die Tat, und nicht das Hostile. Es wurde schon erwähnt, dass der Handelnde, in diesem Falle die Mutter, den Schutzbefohlenen mitnehmen will, um ihn nicht schutzlos in einer ihm

---

[19] El Khayat S. 37–40.
[20] Zum Medea-Syndrom s. nachfolgenden Exkurs.

feindlichen Welt zurückzulassen. Dazu muss an dieser Stelle betont werden, dass gerade bei depressiven Patienten, die eine starke Bindung und ein hohes Verantwortungsgefühl gegenüber von ihnen emotional oder sonst abhängigen Personen, wie etwa Kindern, haben, der erweiterte Suizid eine der schlimmsten Folgen der Depression sein kann. Bei einem schwer depressiven Patienten ist es für den klinischen Psychiater kaum vorstellbar, einen erweiterten Suizid mit dem Kind als Opfer als Racheakt zu bewerten, bei dem es darum geht, *„die Frucht der Bindung"* zu zerstören.

Medea ist nach Auffassung El Khayats eine Vertreterin aller geschmähten und verstoßenen Frauen, die aus ihrer schmerzvollen Erfahrung extreme Konsequenzen ziehen. Während Medea aber ganz konkret ihre Kinder tötet, *„ermorden"* die betrogenen Frauen nach ihren Ausführungen die ihren durch *„Unterlassung"* – indem sie beispielsweise in eine tiefste Depression fallen, unfähig, sich um sie zu kümmern. Kleine und große Kinder, wie auch Jugendliche trügen dadurch beträchtlichen Schaden davon und würden somit *„geopfert"*. Auch diese These ist vom erfahrenen klinischen Psychiater kaum zu bestätigen. Während meiner 40-jährigen klinischen und forschungsmäßigen Arbeit mit depressiven Patienten habe ich die gegenteilige Erfahrung gemacht: Depressive Mütter, die durch die Depression ihre Kinder vernachlässigen müssen, leiden nämlich während und nach der abklingenden Depression unter schwersten Schuldgefühlen.

Medea sei getrieben, so El Khayat zu deren konkreter Motivlage, die gemeinsamen Kinder zu töten, gerade um die Blutsbande, die sie und Iason vereint hätten, als sie Eltern geworden sind, zu zerschneiden. Das sei eine fürchterliche Rache, vor allem der Bruch der Bindung. Sie räche sich, indem sie mit ihnen das zerstöre, was sie seien: Die Frucht der Bindung zwischen ihr und Iason. Medea sei das mythische Urbild einer jeden Frau, die dazu getrieben werde, ihre Kinder zu misshandeln, weil die Beziehung zu deren Vater zu Ende sei.

Trotz aller oben gemachten kritischen Bemerkungen finde ich die Kernidee von El Khayat, dass nämlich durch die Tötung der Kinder – reale oder imaginäre und symbolische – eine Zerstörung der *„Frucht der Bindung"* geschehe, durchaus kompatibel mit dem Mythos. Ob die Zerstörung der *„Frucht der Bindung"* allerdings das eigentliche Instrument war, mit dem Medea Iason den unendlichen Schmerz zugefügt hat, ist meines Erachtens eher eine Sache der Interpretation als von Beweisen. War es nicht vielmehr der ganz reale und extrem schmerzhafte Verlust seiner geliebten Kinder?

Als erfahrener Psychiater wehre ich mich auch dagegen zu akzeptieren, dass Frauen, die in eine tiefe Depression verfallen, unbewusst die Zerstörung ihrer Kinder beabsichtigen. Das Verlassenwerden durch den Ehemann ist nur einer von vielen möglichen Auslösern einer Depression, und zwar nicht der häufigste. Die schwersten depressiven Erkrankungen können sich sogar ohne irgendeinen Auslöser manifestieren. Ich meine, es ist keineswegs zulässig, der großen Gruppe von Frauen, die an einer Depression leiden, eine unbewusste Zerstörung der Kinder zu unterstellen, nur weil sich darunter auch manche befinden können, die – real oder vermeintlich – den Partner hassen. Wie ist es denn mit den vielen, vielen depressiven Frauen, die keinen betrügenden und verlassenden Partner haben, sondern im Gegenteil einen liebenden und fürsorglichen? Und wie ist es denn mit den vielen, vielen depressiven Männern? Und speziell mit denen, die eine liebende und fürsorgliche Partnerin haben?

El Khayats Medea-Komplex scheint mir unabhängig von den gerade geäußerten Bedenken näher am Medea-Mythos zu sein als die der anderen zitierten Psychoanalytiker. Allerdings irritiert doch ein wenig, dass die Autorin die Originalquellen das eine oder andere Mal durcheinanderzubringen scheint. So erzählt sie etwa eine Geschichte, wonach Kirke Medea und Iason aufnimmt, vor der Verfolgung durch Äetes rettet und Medea vom Brudermord bereinigt. Davon habe Homer *„in dem berühmten zehnten Gesang der Odyssee"* berichtet[21]. Aber nicht Homer hat solche Geschichten erzählt, sondern Appolonios Rhodios in seinen „Argonautika" (IV, 659–752).

Ein Exkurs zum Medea-Syndrom

Wenden wir unseren Blick nun vom Medea-Komplex ab und dem Medea-Syndrom zu, wie versprochen. Was das Medea-Syndrom bedeutet, ist leicht und kompliziert zugleich zu erklären. Leicht ist es dann, wenn man der angegebenen Quelle, also Euripides Tragödie, folgt. Kompliziert wird es, weil verschiedene Autoren Unterschiedliches unter dem Medea-Syndrom verstehen und sich als seinen Schöpfer wähnen. Wie so oft, vermutlich ohne dass der eine die Ausführungen des anderen dazu gelesen hat. Um es zu entkomplizieren und didaktisch leichter zu machen, scheint es mir sinnvoll, ein „Medea-Syndrom im weiteren Sinne" von einem „Medea-Syndrom im engeren Sinne" zu unterscheiden.

---

[21]El Khayat S. 28.

> **Das „Medea-Syndrom im weiteren Sinne"**
> Beim „Medea-Syndrom im weiteren Sinne" ist die Tötung der eigenen Kinder nicht unabdingbare Voraussetzung. Es begnügt sich mit der Instrumentalisierung der Kinder durch einen Elternteil, um dem verlassenden Partner zu schaden. Dabei wird die psychische Traumatisierung der Kinder in Kauf genommen[22].

Von manchen wird das als eine spezielle Form des sogenannten „Eltern-Entfremdungs-Syndroms" gesehen – häufig als PAS benannt, nach der englischen Bezeichnung „Parental Alienation Syndrome". Das ist ein umstrittenes und nicht offiziell anerkanntes Syndrom. Danach lehnt das Kind – in der Regel infolge der Instrumentalisierung und Indoktrinierung durch einen Elternteil, vorwiegend durch die Mutter – dauerhaft den anderen Elternteil, oftmals in keiner Weise gerechtfertigt, ab, beleidigt diesen, setzt ihn herab und missachtet ihn, um dem Partner dadurch zu schaden, wodurch auch das Kind geschädigt wird.[23]

Allerdings scheint mir die Benennung des PAS nach der Kindermörderin Medea deutlich übertrieben. Der gemeinsame Nenner könnte die Instrumentalisierung der Kinder sein. Aber reicht das aus, um eine PAS-Mutter mit der vielfachen Mörderin Medea gleichzusetzen? Und was ist mit dem PAS-Vater?

> **Das „Medea-Syndrom im engeren Sinne"**
> Das „Medea-Syndrom im engeren Sinne" beinhaltet immer die Tötung des eigenen Kindes bzw. der eigenen Kinder.[24] Es ist eine spezielle Form der „Alternativtötung zum Intimizid", wobei der Täter/die Täterin das eigene Kind tötet, um den (aktuellen oder früheren) Intimpartner zu treffen.[25]
> Von „Alternativtötung zum Intimizid" sprechen wir, wenn eine andere Person als der Intimpartner getötet wird, wobei aber dieser gemeint ist. Das Ziel des Täters/der Täterin ist es, dem Intimpartner – fast immer ist es ein verlassender Partner – ein viel größeres und länger andauerndes, ja lebenslanges, Leid zuzufügen als das, was er mit seiner eigenen Tötung zu erleiden hätte.

---

[22] S. etwa J. Wallerstein, S. 196.
[23] Diesen Begriff führte im Jahr 1985 der 2003 verstorbene amerikanische Kinderpsychiater Richard Gardner ein. Seine Bemühungen jedoch, es als ein anerkanntes psychiatrisches Syndrom zu etablieren und in der offiziellen Klassifikation der American Psychiatric Association aufzunehmen, blieben erfolglos. Allerdings ist es als interaktionale Konstellation nicht nur Psychiatern und Psychologen bekannt, sondern auch und vor allem eine unschöne und problematische Alltagsrealität.
[24] Ausführlich kann man sich darüber informieren in Marneros „Der Intimizid".
[25] Ebenda.

Das Kind oder die Kinder werden dabei vom Täter keineswegs für das Verlassenwerden verantwortlich gemacht. Sie werden auch nicht gehasst; oftmals sind sie das Liebste, was der Täter noch hat.

Mit der überdeutlichen, präzisen und kurzen Antwort, die Medea dem tief verwundeten Iason gibt, der nach dem „Warum" fragt, schafft es Euripides in nur vier Worten, die gesamte Definition und Dynamik des Medea-Syndroms als eine Form der Alternativtötung zum Intimizid wiederzugeben:

Um dich zu treffen!

> …. Und Euripides, der im schattigen Innenhof des Palastes des Königs Archelaos von Makedonien sitzt, wo er seine letzten Jahre verbringt, schreibt auf ein Stück Papyrus, das unmittelbar danach leider verloren geht: „Das ‚Medea-Syndrom im engeren Sinne' entspricht voll und ganz der Psychologie meiner ‚Medeia'- für die ich leider, ungerechterweise, nur den dritten Preis bekommen habe. Alles andere aber würde ich zwischen ‚fragwürdig und Hirngespinste' einstufen…".

9

Der Achilles-Komplex

Ödipus soll einen Achilles-Komplex haben! Die Sexualserienmörder auch!

Die amerikanische Psychoanalytikerin Demetria DeLia beschrieb im Jahre 1999 einen Achilles-Komplex.

> **Der Achilles-Komplex: mörderisch, pränatal und präödipal**
>
> Der Achilles-Komplex soll nach DeLia ein intrapsychischer Komplex sein, der durch die Ansammlung von mörderischen Impulsen, bewussten oder unbewussten, entsteht. Eine Person mit einem Achilles-Komplex sei beherrscht von sadistischen mörderischen Impulsen, die sich gegen die Person selbst oder gegen andere richten. Solche Impulse könnten sich auf einem Kontinuum von aggressiven Konflikten und Verhaltensweisen manifestieren. Der Achilles-Komplex entstehe pränatal und präödipal, verursacht durch pränatale oder neonatale Traumata, die sich in den prägenden Lebensjahren fortsetzten.

Die von DeLia angegebenen sieben Charakteristika des Achilles-Komplexes könnten uns helfen, habe ich gehofft, das oben Dargestellte zu begreifen – wobei sie dabei, das sei hier bemerkt, offensichtlich Ursache und Symptome zusammen nennt:

1. Pränatales oder neonatales Trauma,
2. physische Verletzung als Neugeborenes oder kleines Kind und

3. Eltern-Konstellation mit einem Vater, der physisch oder emotional abwesend ist, und einer kontrollierenden, ambivalenten Mutter als zusätzliche Ursache.
4. Tierquälerei,
5. eine Periode der Abkapselung als ein Versuch, mörderische Impulse zu kontrollieren,
6. sexuelle Perversion und/oder Fetischismus, und als letztes
7. eine Akkumulation mörderischer Wut, die, wenn sie ausbricht, den Charakter des sadistischen Mordes annimmt.

Ich denke, wir werden der Autorin nicht gerecht, wenn wir ihr nicht die Chance geben, uns ihre – zuerst befremdlich wirkenden – sieben Punkte zu erklären. Tun wir es also.

Zuerst erklärt sie, dass Entstehungsbedingungen und Profil ihres Komplexes gut zu den in der Fachliteratur berichteten Biografien und Profilen von Sexualserienmördern passen würden! Sie sollen die schwerste Form innerhalb eines Kontinuums von Achilles-Komplexen darstellen. DeLia erklärt seine Entstehung und Manifestationen wie folgt: *„Während ein Neugeborenes nur eingeschränkte Fähigkeiten zur Spannungsreduktion hat, hat ein Fötus in den frühesten Wochen der Schwangerschaft eben noch weniger Möglichkeiten zu entfliehen. Er hat noch keine Arme und Beine, um davon zu rudern. Ihm fehlt am Anfang die Stimme, und er ist eingeschlossen. Er bleibt ungehört und ohne Antwort. Ein Mensch, der als Fötus oder als Neugeborenes mit Vernichtung bedroht wurde, kann auf sein Trauma erst reagieren, wenn er alt genug ist, um schlagen zu können."*[1]

Skeptiker würden sagen: *„Hören wir hier auf! Wir haben genug gehört!"*

Polemiker hätten gerufen: *„Zu viel der Ehre! Es gibt doch auch eine seriöse Psychoanalyse!"*

Aber wir sind weder prinzipielle Skeptiker, noch intolerante Polemiker. Wir sind Aristoteliker, die, dem Prinzip des Lehrers des Abendlandes folgend, nur wissen wollen und nach dem Grund auch einer noch so befremdlich wirkenden Behauptung suchen.

Die Autorin meint, dass vier berühmt-berüchtigte Sexualserienmörder, Jeffrey Dahmer, Jürgen Bartsch, Ted Bundy und Henry Lucas, einen typischen Achilles-Komplex gehabt hätten.

Aber nicht nur Achilles und diese vier Serienmörder hätten einen Achilles-Komplex, sondern auch Ödipus!

---

[1] DeLia S. 187.

Warum Ödipus keinen Ödipus-Komplex, sondern einen Achilles-Komplex gehabt habe, erklärt die Autorin wie folgt: Nach der Geburt habe ihm sein Vater Laios die Füße mit einem Nagel durchbohrt und ihn dann auf dem Berg Kithäron verschwinden lassen. Die Aussetzung des Neugeborenen wäre genug gewesen, um seinen sicheren Tod zu verursachen. Aber die Art der Verletzung der Füße des Neugeborenen sei ein *„Overkill"* gewesen[2]. Und dann bedient sie sich einer exotischen Variation des Mythos, die erst 1000 Jahre nach seiner ersten schriftlichen Überlieferung und mehr als 500 Jahre nach Sophokles „König Ödipus" im Telegrammstil erzählt wurde: Als Ödipus erwachsen war und in der Nähe von Delphi an einer Wegesenge auf Laios traf, sei dieser mit seinem Wagen über Ödipus Füße gefahren[3]. Diese Wiederholung der Verletzung, die er durch die Hände des Vaters als Neugeborenes erlitten habe, habe eine unbewusste Erinnerung aktiviert. Und so habe Ödipus mit einem mörderischen sadistischen Angriff reagiert: Er habe Laios in die Zügel der Pferde verstrickt, die ihn dann totgeschleift hätten. Die Leiche habe er unbeerdigt auf der Straße liegen lassen, genauso wie Laios ihn als Neugeborenes zum Sterben habe liegen lassen. Ödipus präödipale Geschichte sei der Treibstoff seines Handelns, und seine Aggression habe sich in Form mörderischer Wut an der Straße gezeigt, während sich sein libidinöser Instinkt dann später als Inzest manifestiert habe. Und deshalb habe Ödipus keinen Ödipus-Komplex gehabt, sondern einen Achilles-Komplex! Freud habe sich geirrt!

---

[2]Zur Problematik der durchbohrten Füße s. Kapitel „Der Königs-Komplex", Abschnitt „Laios der Sünder, Ödipus das Opfer und ein perfider Neonatizidversuch".

[3]Diese Version bezieht sich keineswegs auf die ausführlichen Darstellungen in Sophokles „König Ödipus", die wir kennen. Die Autorin zitiert sie aus Robert Graves englischsprachiger Ausgabe seiner „Griechischen Mythologie" von 1955. Graves bezieht sich für diese von Sophokles Darstellungen abweichende Information offensichtlich auf den römischen Kurzmythographen Hyginus, der fast im Telegrammstil griechische Mythen ins Lateinische übernahm. Zu diesem Schluss komme ich, weil die anderen von Graves in derselben Fußnote angegebenen Autoren (Apollodor, „Bibliotheke" III, 5, 7, und Pausanias, „Beschreibung Griechenlands" X, 5, 2), weder an der von Graves angegebenen Stelle noch irgendwo anders in ihren Werken so etwas erwähnen, soviel ich weiß. Aber Hyginus tut das in dem sehr summarisch dargestellten Ödipus-Mythos in seinem Buch „Fabulae" (Fabula 67). Hyginus lebte in der nachchristlichen Zeit, allerdings vor dem Jahr 207; in diesem Jahr wurden nämlich seine „Fabulae" ins Griechische übersetzt. Wie sein Übersetzer ins Deutsche, Franz Peter Waiblinger, schreibt, hat Hyginus bei der Übersetzung seiner griechischen Quellen: *„manches … falsch verstanden und falsch wiedergegeben, manches war auch aufs äußerste verkürzt, sodass wir gelegentlich einen Gedanken in unserer Fantasie ergänzen müssen"*. Er erzähle *„unbeholfen, nicht selten geradezu stümperhaft"*. Seine Geschichten sind in der Regel nur wenige Zeilen lang, selten länger als eine halbe Seite. Es handelt sich vielmehr um lexikalische Kurzfassungen (vorwiegend) griechischer Mythen als um echte Mythographie. Dies hindert aber die Autorin DeLia, die nicht einmal Hyginus erwähnt, sondern sich offensichtlich auf Sekundärliteratur von neuzeitlichen Nacherzählern stützt, nicht daran, die Schlussfolgerungen zu ziehen, die sie gezogen hat.

Sie berichtet auch von zwei eigenen Fällen, die die Kriterien eines Achilles-Komplexes erfüllen, allerdings ohne nach außen gerichtete Aggressivität – und insofern auch ohne Mord und Totschlag, geschweige denn Sexualserienmorde.

Die Schöpferin des Achilles-Komplexes analysiert eher kursorisch die unzähligen Mythen über Achilles. Sie setzt, je nach Schwerpunkt, den sie gerade behandelt, die unterschiedlichsten schriftlichen Quellen aus einer Zeitspanne von 3000 Jahren zusammen. Sie beginnt mit Homer und endet mit Kommentaren und Interpretationen aus der zweiten Hälfte des neuzeitlichen zwanzigsten Jahrhunderts. In einem Versuch, ihr Vorgehen zu legitimieren, konstatiert sie, dass auch Nacherzählungen, Kommentare, Interpretationen und psychologische Deutungen Teil eines Mythos seien.

Allerdings folgt sie damit gerade nicht mehr dem Ödipus-Paradigma von Sigmund Freud, wie sie behauptet. Freud nennt nämlich im Gegensatz zu ihr ausdrücklich eine Quelle, Sophokles „König Ödipus" nämlich. Ihr Vorgehen jedoch, mit dem sie sich mal der einen, mal der anderen, häufig sich eklatant widersprechenden Variationen des Mythos bedient, ist keineswegs unproblematisch. Auch die Übernahme und Hinzufügung von Darstellungen von Autoren, die den Mythos Jahrtausende nach seiner Entstehung kreativ ausschmückend nacherzählten, dient kaum der Erstellung eines kohärenten Persönlichkeitsprofils des Protagonisten.

Der Achilles-Mythos. Aber ... welcher Mythos?

Um den Achilles-Mythos zu erzählen, braucht man ein ganzes Buch, wie die vielen „Achilleïden" belegen. Selbst wenn man sich auf nur einen Teil des Mythos aus seiner wichtigsten Quelle, nämlich die homerische Erzählung, beschränkt. Der Kern der ganzen Ilias ist nichts anderes als Achilles Psychogramm und Biografie sowie eine Beschreibung der Folgen seines Wirkens oder Nicht-Wirkens.[4] Folgen wir deshalb den Punkten, die die Autorin erwähnt. Allerdings muss man sagen, dass die Autorin durch das willkürliche Zusammenflicken der verschiedensten Quellen der letzten (fast) 3000 Jahre ein sehr düsteres und auch sehr einseitiges Bild von Achilles zeichnet. Aber passend zu den Biografien, Persönlichkeitsstrukturen und Taten der genannten vier Sexualserienmörder – und zu ihrer Theorie.

---

[4]S. dazu Marneros „Homers Ilias psychologisch erzählt".

Danach sei Achilles durch Vergewaltigung gezeugt, damit sind pränatale Traumata verbunden, habe neonatale Traumata erlebt durch Verbrennungen, durch Zurückweisung vonseiten beider Eltern sowie durch inadäquate Ernährung. In der Folge habe er transvestitische Tendenzen gezeigt, sei von unerbittlicher Wut beherrscht gewesen, habe kannibalische Wünsche in sadistische Tötungen umgesetzt und nekrophile Handlungen begangen!

Gehen wir diesen Horrorkatalog durch:

Zuerst kommt Thetis angebliche Vergewaltigung. Achilles durch eine Vergewaltigung gezeugt?

Die Autorin beruft sich auf eine Erzählung aus Ovids „Metamorphosen" (geschrieben kurz nach Christi Geburt) und erklärt Achilles zur Frucht einer Vergewaltigung. Nun wissen aber ältere Autoren, wie etwa Apollonios Rhodios im IV. Gesang seiner zweiundhalb Jahrhunderte vor Ovid (etwa 265 vor Christus) geschriebenen „Argonautika" (IV, 780 ff.) nichts davon. Vielmehr berichten sie über eine von den höchsten Gottheiten Zeus und Hera arrangierte Ehe zwischen Achilles Eltern, Peleus und Thetis, und einer prachtvollen Hochzeitszeremonie dazu. Zur Vorgeschichte dieser Ehe kann gesagt werden, dass Zeus selbst in die Meeresgöttin Thetis (Achilles Mutter) verliebt war, dabei mit seinem Bruder Poseidon rivalisierend. Allerdings sagte eine Prophezeiung, dass Thetis einen Sohn gebären werde, der viel stärker sein werde als sein Vater. Aus Angst vor seiner Entthronung ließ Zeus die Finger von ihr und *„schwor den schwerwiegenden Eid, dass du (Thetis) dich niemals Gattin eines unsterblichen Gottes nennen sollst"* (Argonautika, IV, 797–798). Auch kein anderer Gott sollte der Gefahr ausgesetzt werden. Aber die Pflegemutter und Erzieherin von Thetis, das war Zeus mächtige Ehefrau Hera, überzeugte Zeus davon, dass wenn kein Gott Thetis Ehemann sein dürfe, solle es zumindest der beste der Sterblichen sein. Das war nach Heras Auffassung Zeus Enkel Peleus. Sie organisierte dafür ein beeindruckendes Festmahl[5].

Thetis jedoch war zu Beginn überhaupt nicht begeistert davon, dass sie als Unsterbliche einen Sterblichen, wenn auch den besten der Sterblichen, heiraten sollte.

Poetischer und romantischer beschreibt der viel ältere Dichter Pindar (geboren im 6. vorchristlichen Jahrhundert) die Verbindung zwischen Peleus und Thetis in seinen „Isthmischen Oden". Zeus und Poseidons Liebe zu Thetis und die bedrohliche Prophezeiung beschreibend, erklärt er uns, das

---

[5]Argonautika, (IV, 805–809).

Peleus von den Göttern zum Ehemann für Thetis ausgewählt wurde, weil er der frömmste Mann gewesen sei (VIII, V. 38–40). Die Götter sprachen begleitend zu ihrem Willen eine Warnung an Thetis aus: Sie solle den Sterblichen Peleus akzeptieren und nicht zum zweiten Mal einen Streit über ihre Männerverbindungen anzetteln (mit erster Streit war der Streit zwischen Zeus und Poseidon um Thetis gemeint):
*„Am Vollmondabend mag sie in der Umarmung des Helden
den lieblichen Gürtel der Jungfrauschaft lösen"*
(VIII, V. 44–45)

Fünf ganze Jahrhunderte nach Pindar und mehr als zweieinhalb Jahrhunderte später als Apollonios schrieb Ovid nach der Zeitenwende eine neue Version des Geschehens: Zeus lässt seinen Enkelsohn Peleus seine Braut Thetis suchen. Er überrascht sie in einer Höhle, wo sie gewöhnlich schläft. Nachdem sie seine Bitten um körperliche Nähe ablehnt, versucht er, Zeus Willen mit Gewalt durchzusetzen und Thetis gegen ihren Willen zur Frau zu nehmen. Thetis wechselte jedoch ständig ihre Gestalt. Der Meeresgott Proteus hilft Peleus und gibt ihm den Tipp, er solle ihre Glieder fesseln und abwarten, bis sie nach manchen ihrer Metamorphosen ihre ursprüngliche Gestalt wieder erlange. So geschieht es. Thetis gibt schließlich ihren Widerstand auf und sagt: *„Nicht ohne Hilfe eines Gottes siegst du!"* Und sie zeigt sich in ihrer ursprünglichen Gestalt als Thetis. *„Darauf umarmte der Held sie, hat erlangt seinen Wunsch, sie erfüllt mit dem großen Achilles."* (11. Buch, 227–265).

Nach Apollodor („Bibliotheke" III, S. 170) bekommt Peleus den entscheidenden Tipp dafür von Chiron, seinem Pflegevater und Erzieher, dem weisesten und nach Homer *„gerechtesten"* bzw. *„gesittetesten der Kentauren"*[6]. Der gerechte und gesittete Chiron soll Tipps zur Vergewaltigung gegeben haben?

DeLia ignoriert die älteren griechischen Erzählungen, folgt der römischen Nacherzählung Ovids und machte aus dem letztzitierten Vers der „Metamorphosen" eine Vergewaltigung. Nach Ovids neuer Kreation des Mythos kann man mit etwas Phantasie aus dem Widerstand der unsterblichen Göttin Thetis dagegen, die Braut eines Sterblichen zu werden, auch noch eine Vergewaltigung machen! Natürlich nur, wenn man alle anderen Überlieferungen ignoriert.

---

[6]So im 11. Gesang seiner Ilias (V. 832).

Die Autorin ignoriert übrigens auch Erzählungen anderer Mythographen, wonach Achilles das siebte Kind des Ehepaares war[7]. Frucht einer Vergewaltigung im erzählten Sinne konnte er demnach nicht sein.

Als Nächstes auf DeLias Liste kommt die Sache mit den neonatalen Traumata. Welche neonatalen Traumata erkennt denn eigentlich die Autorin bei Achilles?

Mehrere, meint sie. Erstens durch Verbrennung, zweitens durch Zurückweisung vonseiten beider Eltern sowie drittens durch inadäquate Ernährung.

Das Verbrennungstrauma bezieht sich auf eine Unsterblichkeitsprozedur. Zu dem Versuch seiner Mutter, Achilles unsterblich zu machen, gibt es zwei Hauptversionen dieser Geschichte. Die erste davon ist die gängige und allgemein bekannte. Thetis habe Achilles dazu in den heiligen Fluss der Unterwelt Styx getaucht. Die Ferse, an welcher sie ihn hielt, sei vom Wasser unberührt und so verwundbar geblieben. Und so entstand die allseits bekannte „Achillesferse"[8].

Die zweite Version besagt, dass Thetis versuchte, die Unsterblichkeit für ihr Kind durch abendliches Verbrennen der sterblichen Teile seines Körpers (die von Peleus stammenden) zu erreichen, wobei sie ihn tagsüber mit Ambrosia salbte. Eines Abends wurde sie von Peleus, der nicht ahnen konnte, um was es ging, bei der Feuerzeremonie erwischt. Er schrie vor Schreck laut auf, worauf Thetis das Kind fallen ließ und in den Tiefen des Meeres verschwand.[9] Apollonios bezeichnet Peleus bei seiner Reaktion als *„sehr kindisch"* (μέγας νήπιος)[10].

Die Autorin des Achilles-Komplexes adoptiert die zweite Version, die mit dem Feuer, und nicht die mit dem Wasser. Vielleicht weil sie sensationeller und traumatisierender ist als die Wassertaufe?

Ein weiteres neonatales Trauma beim kleinen Achilles sei die Zurückweisung durch die Eltern gewesen. In der Tat, nach dem – von der Autorin adoptierten – Versuch der Mutter, ihr Kind unsterblich zu machen, also der Episode mit dem Feuer, verlässt Thetis Kind und Mann und verschwindet in den Tiefen des Meeres. Später bringt Peleus das Kind, wie viele andere berühmte Eltern, darunter auch Götter, zu Chiron, dem schon als

---

[7]S. bei Roscher.
[8]S. eine Auflistung der so Erzählenden bei Roscher oder Kerényi: Die Mythologie der Griechen, Bd. II.
[9]So berichten etwa Apollodor, „Bibliotheke", 3, 171, und Apollonios Rhodios, „Argonautika", IV, 870–876.
[10]Ebenda, Vers 874.

weisesten und gerechtesten vorgestellten Halbbruder des Obersten Gottes Zeus[11], damit dieser gemeinsam mit seiner Frau, der Nymphe Chariklo, Achilles erziehe. Übrigens hatte Chiron engste Beziehungen zu Achilles Vater: Er war nicht nur dessen Erzieher und Pflegevater, sondern auch sein Lebensretter; er rettete einmal Peleus Leben vor wilden Tieren und bösen Kentauren. Und nach manchen Mythographen hat er Peleus die entscheidenden Tipps gegeben, wie er Thetis gewinnen kann[12]. Die Hochzeit von Achilles Eltern fand in Chirons Grotte, in Anwesenheit aller Götter, statt. Chiron hat nicht nur Achilles und dessen Vater, sondern auch viele andere berühmte Männer, Halbgötter und sogar Götter erzogen, die ihm häufig schon als Babys übergeben wurden. An dieser Stelle seien wenige genannt, etwa Asklepios, der Arztgott und Apollonsohn, Aristäos, ebenfalls ein Apollonsohn, Erfinder der Ölbereitung und Honiggewinnung, die Zeussöhne Dioskuren (Kastor und Polydeukes), Herakles, der Held der Helden und ebenfalls ein Zeussohn, der weise Nestor der Ilias, der Argonautenführer Iason und, wie erwähnt, sogar Götter, wie etwa Dionysos – um die lange Liste des „Who is who" der mythischen Prominenz nicht unendlich fortzusetzen[13].

Alle diese Heroen, Halbgötter und Götter *„durch die Eltern zurückgewiesene Kinder"*?

Übrigens, wie Homer in seiner Ilias an mehreren Stellen und in langen Versen die hervorragende Beziehung und Einstellung des Achilles sowohl seiner Mutter als auch seinem Vater gegenüber beschreibt, spricht das nicht für eine Zerrüttung der Eltern-Sohn-Beziehung. Ähnlich bei anderen Originalquellen. So wie geradezu rührend etwa Apollonios in seinen „Argonautika" den Abschied des kleinen Achilles von seinem Vater beschreibt, als Peleus in die Argo steigt, um an der argonautischen Expedition teilzunehmen: Das kleine Kind, in den Armen seiner Erzieherin, Chirons Ehefrau Chariklo, winkt mit den Händchen dem abfahrenden Vater nach (I, 557–558).

Achilles weiteres neonatales Trauma sei die Ernährung gewesen. Was soll so falsch gewesen sein?

---

[11]Vater von beiden war der damalige Oberste Gott Kronos, der später von seinem Sohn Zeus abgesetzt wurde. Chiron wurde als Kentauros – halb Mensch halb Pferd – geboren, weil Kronos, um von seiner Ehefrau Rhea beim Beischlaf mit seiner Geliebten Philyra nicht erkannt zu werden, das Aussehen eines Pferdes annahm. Als Philyra sah, was sie für ein „Monster" geboren hatte, bat sie die Götter um Erlösung. Ihr Gebet wurde erhört und sie von den Göttern in eine Linde (auf Griechisch Philyra) verwandelt (Apollonios, Argonautika II, 1235–1241, Hyginus, Fabula 138).

[12]Apollodor III, 171.

[13]Eine Liste von Chirons Pflegekindern und Schülern findet man bei Roscher.

Verschiedene Erzähler berichten, dass die Nahrung des Kindes aus Fleisch von Löwen und wilden Schweinen bestand sowie dem Knochenmark von Bären und Rehen in Honigscheiben, damit er zu einem starken Knaben heranwachse.[14] Es mag sein, dass das aus Sicht der Autorin eine falsche Ernährung für ein Kind war. Aber auch aus Sicht des Weisen Chiron, der auf diese Art schon viele Helden und Berühmtheiten großgezogen hatte?

Nach den neonatalen Traumata folgt auf DeLias Negativliste eine Reihe von sexuellen Perversionen: Transvestismus, Kannibalismus, Nekrophilie und Sadismus.

War Achilles wirklich ein Transvestit, wie die Psychoanalytikerin behauptet?

Die Autorin zieht diese Annahme aus einer Anekdote, die von zahlreichen posthomerischen Erzählern berichtet wird[15]. Danach sagte eine Prophezeiung voraus, dass wenn Achilles in Troja kämpft und Ruhm erlangt, er nicht lebend zurückkehren wird nach Griechenland. Um dies zu vermeiden, nahm sein Vater Peleus (nach manchen Erzählern, etwa Apollodor, tat es die Mutter Thetis) den Jungen aus Chirons Obhut, verkleidete ihn als Mädchen und versteckte ihn im Palast des Königs von Skyros Lykomedes. Odysseus gelang es später, den schon erwachsenen Achilles mit einem Trick zu entlarven. Er ließ einen Haufen Geschenke, alles Frauensachen, in der Halle ausbreiten; darunter aber auch ein Schwert und ein Kriegsschild. Eines des Mädchens warf sofort seine weiblichen Kleider ab und griff nach den Kriegswaffen. Er war natürlich Achilles. Apollodor berichtet, dass Odysseus Achilles auch mittels einer Kriegstrompete, die er blasen ließ, entdeckte ("Bibliotheke", III, 173–174).

Übrigens verschweigt die Komplexschöpferin, dass Achilles manchen Erzählern zufolge während der Zeit des Versteckens in Frauenkleidern auf Skyros eine erotische Beziehung zu seiner späteren Frau Deimadeia, der Tochter des Königs, hatte und mit ihr seinen berühmten Sohn Neoptolemos zeugte.

Ich denke, dass die Fachleute es nicht als Transvestismus bezeichnen würden, wenn jemand von anderen als Frau getarnt wird, um einer Gefahr zu entgehen.

Und war der größte Held des trojanischen Krieges ein Kannibale?

Die Autorin unterstellt Achilles kannibalische Wünsche, die mit dem Kannibalismus von Jeffrey Dahmer eine Parallelität hätten. Sie tut das aufgrund eines Halbsatzes aus Homers Ilias. Sie reißt jedoch diese Verse

---

[14]Ebenda die Auflistung von Erzählern, die darüber berichten.

[15]Ebenda die verschiedenen Variationen der Anekdote.

aus dem Zusammenhang, der so aussieht: Im 22. Gesang der Ilias berichtet Homer über den Zweikampf zwischen Achilles und Hektor. Achilles wird von Homer als der erbarmungslose Rächer seines getöteten Freundes Patroklos dargestellt, der es nicht erwarten kann, Hektor, den Mörder seines Freundes, zu töten. Achilles trifft mit seinem Speer Hektor, der zu Boden fällt. Unbarmherzig spricht Achilles zu dem am Boden liegenden, aber noch lebenden Hektor und sagt sinngemäß zu ihm (22, V. 330–360): *„Als du den Leichnam des Patroklos entehrt hast und ihm die Waffen abzogst, hast du nicht daran gedacht, dass du von mir auch getötet und entehrt werden könntest. Das war sehr leichtsinnig von dir! Dich werden jetzt die Hunde und die Raubvögel schmählich verschleppen. Aber Patroklos wird von uns Griechen in allen Ehren bestattet."*

Der sterbende Hektor, der gerade noch sprechen kann, bittet Achilles inbrünstig darum, ihn nicht den Hunden und Raubvögeln zu überlassen, sondern seinen Leichnam gegen kostbare Geschenke einzutauschen, sodass die Trojaner ihn ehrenvoll bestatten können. Das lehnt Achilles mit harten Worten ab und nennt ihn einen Hund. So groß war sein Hass gegen den, der seinen Freund Patroklos getötet und zu entehren versucht hat. Selbst wenn Hektors Vater König Priamos ihm so viel Gold anböte, wie sein Körper schwer sei, würde er das nicht annehmen, schleudert er dem sterbenden Hektor entgegen. Alles Gold der Welt könne Hektor nicht davor retten, zum Fraß von Hunden und Raubvögeln zu werden. In diesem Zusammenhang fallen auch die Worte:

„Flehe mich nicht, du Hund bei meinen Knieen und Eltern!
Würde ich selbst nur so von Grimm und Rache getrieben,
Roh für dein Tun dein Fleisch zu schneiden und runterzuschlingen,
Wie doch keiner gewiss vom Haupt die Hunde dir wegscheucht,
Selbst nicht wenn man zehn-, ja zwanzigfach Buße ohn Ende
Hier gewogen mir brächte und noch viel andres verspräche!"[16]
(22, V. 345–350)

Darauf flüstert der sterbende Hektor dem hartherzigen Achilles zu, dass der ein Herz aus Eisen habe und sich deshalb nicht überzeugen lasse. Er solle aber daran denken, dass er mit seinem Verhalten die Götter gegen sich aufbringe und dass er damit seinem eigenen Tod entgegeneifere.

Während dieser Episode fallen auch die vorher zitierten Worte (in V. 346–347), die die Achilles-Komplex-Schöpferin dazu bewogen haben,

---

[16]Hier nach der Übersetzung von Thassilo von Scheffer.

Achilles kannibalische Wünsche zu attestieren (obwohl sie fälschlicherweise die Verse 351–353 dafür zitiert, kann man wohl davon ausgehen, dass sie die Verse 346–347 meint). Allerdings gibt der Kontext bei Homer mehr als eine Interpretationsmöglichkeit des besagten Halbsatzes her:

Zum Beispiel: Achilles hatte in der Tat kannibalische Tendenzen, wie die Komplexschöpferin behauptet.

Oder: Im Kontext könnte die Formulierung auch so verstanden werden: *„Auch wenn meine Wut gegen dich so stark wäre, dass ich selbst dein Rohfleisch zerschneiden und verschlingen würde, hätte niemand die Hunde von dir wegscheuchen können."* Das Fressen einer Leiche durch Hunde und Raubvögel war bei den Griechen schwerste Beleidigung und Verachtung des Toten wie auch Verhinderung seines Zuganges zum Totenreich. Diese Annahme könnten auch die nachfolgenden Verse bestärken, nach denen das Fressen von Hektors Leiche durch die Hunde nicht einmal mit riesig großen Summen von Lösegold verhindert werden kann.

Oder: Man könnte die Äußerung auch als formalistische Redewende betrachten. Zumal bis heute noch in der griechischen Alltags- und Umgangssprache einiger Landesregionen eine wütende – in der Regel leere – Drohung lautet: *„Ich werde dich fressen!"*. Und mit der Formulierung: *„Ich habe ihn gefressen"* ist gemeint: *„Ich habe ihn besiegt"*. Auch die in der deutschen Sprache vorhandene Formulierung bei verliebten Pärchen oder entzückten Eltern *„Ich habe dich zum Fressen gern"* kann schließlich nicht als Ausdruck kannibalischer Perversion klassifiziert werden.

Angesichts der Tatsache, dass Homer es im griechischen Original in einer grammatikalischen Form ausdrückt, die ins Deutsche wie folgt übersetzbar ist (die Philologen würden von der Form Optativ Potentialis sprechen): *„Auch wenn ich... Aber es ist nicht so!"*. Die Formulierung im griechischen Original kann also wie folgt verstanden werden: *„Auch wenn ich dein Fleisch zerschneiden und runterschlingen könnte, die Hunde wären von dir nicht weggescheucht, aber ich kann es doch nicht tun ... Die Hunde und die Raubvögel werden dich mit Sicherheit fressen."* Es ist also nicht unbegründet, als verwerflich zu betrachten, dass man mit dem aus dem Gesamtzitat und Gesamtkontext gerissenen Halbsatz Achilles eine kannibalische Perversion attestieren will.

Naja gut, kein Transvestit, kein Kannibale, aber zumindest nekrophil. Oder?

Die griechische Mythologie hat, soweit es mir bekannt ist, keinen Archetyp für die Nekrophilie[17]. Der Nekrós, der Tote, war seit Beginn der griechischen Kultur heilig und ist es bis heute. Nekrophilie ist unheilig.

Die Autorin leitet ihre Behauptung zu Achilles Nekrophilie aus der Zusammensetzung verschiedener posthomerischer Mythen über Achilles durch Graves ab[18]. Der wiederum zitiert dafür Quintus Smyrnäos, der den Kampf zwischen den Griechen und den Amazonen, die als Verbündete den Trojanern zu Hilfe kamen, beschreibt. Homer erzählt nichts über diesen Kampf, aber die verloren gegangene „Äthiopis" des Arktinos von Milet soll darüber erzählt haben[19]. Quintus von Smyrna (Quintus Smyrnäos), der griechische Dichter des 3. bis 4. nachchristlichen Jahrhunderts, beschreibt die Episode, worauf Graves sich offensichtlich bezieht, ausführlich im ersten Buch seiner „Posthomerika". Er berichtet, dass Achilles, nachdem er die Königin der Amazonen, Penthesileia, im Kampf getötet hat, nicht nur respektvoll vor der toten Königin steht, sondern auch fasziniert von ihrer Schönheit ist, genauso wie alle anderen anwesenden Krieger. Ich denke, es ist angebracht, in diesem Zusammenhang die genaue Beschreibung der Szene durch Quintus Smyrnäos wiederzugeben:

„... und seinen eschernen Speer zog der
Sohn des Peleus aus dem flinken Pferd heraus und aus der
mit dem Tode ringenden Penthesileia.
Dann hauchten Streitross und Reiterin ihr Leben aus,
nachdem sie durch einen Speer getroffen worden waren. Nun zog er von
ihrem Kopf den Helm, der hell glänzte wie die Strahlen
der großen Sonne oder des Zeus eigenes Ruhmeslicht.
Dann, als sie da gefallen in Staub und Blut lag,
erschien, wie bei Einsetzen der Dämmerung,
unter den fein gezeichneten Brauen ein liebliches Gesicht,
lieblich noch im Tode. Die Argiven[20] scharten sich rund herum
und sie alle sahen und staunten, erschien sie doch
wie eine Unsterbliche. In ihrer Rüstung
lag sie da auf der Erde und wirkte wie das Kind
von Zeus, die unermüdliche Jägerin Artemis

---

[17] S. etwa in Marneros „Mein Bruder Sisyphos, mein Freund der Minotauros".
[18] Graves ist derselbe Autor wie der schon zitierte Robert von Ranke-Graves. Den Zusatz „von Ranke" verwendete er bei deutschsprachigen Übersetzungen seiner Bücher. Im englischen Original ist er bloß Graves.
[19] S. bei Roscher.
[20] Eponym für die Griechen.

9 Der Achilles-Komplex

*beim Schlafe, wann immer ihre Füße vom
Verfolgen der Löwen mit fliegenden Lanzen über
weit reichende Hügel ermüdet sind. Sie stellte
selbst im Tode ein Wunder an Schönheit dar,
sodass durch die mit Ruhm bekrönte Aphrodite, die Gattin
des starken Kriegsgottes, am Ende der Sohn des
noblen Peleus durchbohrt werden hätte können
mit dem spitzen Pfeil der reuevollen Liebe.
Die Krieger staunten, und in ihrem tiefsten Herzen beteten sie,
dass ihre Frauen schön und lieblich wie sie sein sollten,
auf dem Liebesbett liegend, wenn sie nach Hause zurückkämen.
Ja, und Achilleus' ganzes Herz war bedrückt von Liebesreue
darüber, dass er etwas so Liebliches niedergestreckt hatte,
Achilleus, der sie als seine königliche Ehefrau hätte heimtragen können
in die vom Kampf gerühmte Phthia*[21]*; Sie war so
makellos, eine wahrhaftige Tochter der Götter,
vom himmlischer Größe und göttlichster Schönheit..."*
(1. Buch, 888–920)
...
*„ ... Aber Peleus' Sohn
starrte noch immer, wild von Reue, starrte noch immer auf sie,
die Starke, die Schöne, die da im Staub lag;
und sein ganzes Herz war ergriffen, war gebrochen durch
kummervolle, tiefe und starke Liebe, wie er sie verspürte,
als sein geliebter Freund Patroklos starb".*
(1. Buch, 976–981)

Ist das, was in den obigen Versen gefühlvoll dargestellt wird, Nekrophilie? Nein, sagt der klinisch und sexualwissenschaftlich erfahrene Psychiater!

Nur einer kommt auf die absurde Idee, den von Trauer und Kummer erfüllten Achilles zu verspotten. Das ist Thersites, der unanständigste, böseste und hässlichste der Griechen[22]. Nur im Kopf eines solchen Trottels kann der Verdacht entstehen, dass Achilles wollüstig die Schönheit betrachtete!

*„...Laut schrie Thersites mit spottverzerrtem Gesicht:
‚Du bemitleidenswerter Achilleus! Schämst du dich nicht dafür,
dass du zulässt, dass eine dunkle Macht dein Herz betört,
eine bedauernswerte Amazone zu bemitleiden,*

---

[21]Achilles Hauptstadt.
[22]Über ihn und über das Phänomen des Thersitismus kann man nachlesen in Marneros „Homers Ilias psychologisch erzählt".

*deren rasender Geist nichts anderes als Unglück über uns
und die Unseren im Sinn hatte? Ha, Verrückt nach der Frau bist du,
und deiner Seele gelüstet nach diesem Ding, als ob sie
eine in der Führung des Haushaltes weise Dame wäre, mit Gaben
und der reinen Absicht um die ehrenvolle Ehe buhlend!
Gut wäre es gewesen, hätte ihr Speer dein Herz erreicht,
jenes Herz, das noch immer weibliche Kreaturen begehrte!
Du unmännlich Beseelter, du scherst dich nicht um den
Heldenmut und dessen ruhmreichen Weg, wenn dein Auge einmal
eine Frau erblickt! Verzeih mir, armer Kerl, wo ist nun
all deine überragende Verwegenheit? Wo dein Verstand?
Und wo die Macht, welche sich für einen vollständig
unbefleckten König schickt? Hast du nicht erkannt, welches Elend
eben dieselbe weibliche Tollheit für Troja schmiedete?
Nichts hier ist für Männer verderblicher
als die Lust auf die Schönheit einer Frau; sie machte aus
weisen Männer Narren. Aber die Mühe des Krieges führt
zu Ruhm. Für ihn, der wahrhaft ein Held ist, sind
der Siegesruhm und die Taten des Kriegsgottes
aufreizend. So ist es, aber der Kampfverweigerer sehnt,
sich nach Schönheit und Bett einer solchen wie sie!"*
(1. Buch, 982–1006)

Spricht der böse, unanständige und hässliche Thersites hier von Nekrophilie? Unterstellt er dem Achilles nicht vielmehr den Wunsch, dass er Penthesileia lebend als seine Frau mit nach Hause hätte nehmen können? Dass er ein Weiberheld sei? Spielt er nicht eher mit Achilles vorheriger Kampfverweigerung, seine Ehre herausfordernd?

Wie auch immer: Die Strafe kommt prompt: Der empörte Achilles versetzt ihm einen Faustschlag ins Gesicht. Der Frevler fällt tot um. Die Griechen fanden die Strafe, die Thersites ereilt hat, sehr gerecht.[23]

Allerdings schreibt ein anderer nachchristlicher Mythograph, Apollodor, in einem halben Satz dazu [nachdem Achilles Penthesileia getötet hatte] *„der sich nach ihrem Tod heftig in sie verliebte"* (VIII., 1).

DeLia attestiert Achilles eine Nekrophilie, offensichtlich ohne Kenntnis des Originals, da sie weder Quintus Smyrnäos noch Apollodor erwähnt, sondern sich nur auf Graves Zusammensetzungen der Mythen beruft.

---

[23]Ebenfalls bei Quintus, (1. Buch, 899–920).

9 Der Achilles-Komplex

Die Schöpferin des Achilles-Komplexes macht aus der Tötung von Thersites, erzählt von Ranke-Graves, eine *sadistische Tötung*. Die originale Stelle bei Quintus Smyrnäos hört sich aber wie folgt an:

„… *So lästerte er*[24] *ausgiebig und laut: das mächtige Herz*
von Peleus' Sohn stürzte in die Flamme des Zorns.
Ein plötzlicher Hieb seiner unbezwingbaren Hand
traf den Lästerer unter dessen Ohr, und all seine Zähne
wurden auf die Erde geschleudert: er fiel auf sein Gesicht:
Aus seinen Lippen schoss das Blut in einem Strome heraus:
Schnell entfloh aus seinem Körper die heimtückische Seele
ohne jeglichen Wert. Achaias Söhne
waren darüber erfreut, da er nämlich nichts mehr
über jeden und alles mit giftigem Hohn lästern konnte, selbst
aber ein Skandal und eine Zumutung für jeden Gastgeber war…"
(Buch 1, 1007–1016)

DeLia, im offensichtlichen Unwissen des Original schreibt zu Thersites Tötung, vermutlich um sie konform mit einer „*sadistischen Tötung*" zu machen: „*Achilles bricht jeden Zahn in Thersites' Kopf und tötet ihn dann*". Wie sie darauf kommt bleibt ihr Geheimnis. Nach Quintus Beschreibung kann man dabei leicht eine Impulstat erkennen. Aber auch eine sadistische Tötung? Eine sadistische Tötung ist mit Lustgewinn verbunden. Sogar die Tötung Hektors und das anschließende Schleifen seiner Leiche um Trojas Mauer und später um Patroklos Leiche ist deshalb nicht ohne weiteres als „*sadistische Tötung*" zu bezeichnen.

Die Autorin behauptet, dass Achilles – so wie der Serienmörder Jeffrey Dahmer – sexuellen Lustgewinn durch die Begehung von Morden hatte. Wie sie zu dieser Schlussfolgerung in Bezug auf Achilles kommt, bleibt beim Durchforsten der Ilias und der schon erwähnten anderen Quellen wirklich rätselhaft. Und auch ein weiteres Geheimnis von ihr!

Aber, endlich, mit dem letzten Punkt der Autorin muss man einverstanden sein: „*Durch die ganze Ilias ist Achilles impulsive Natur, trotzige Herausforderung von Autorität und unerbittliche Wut offensichtlich.*" Das stimmt!

Es bleibt noch festzustellen, dass DeLia bei der Beschreibung von Achilles Persönlichkeit nur die böse, düstere Seite berücksichtigt und seine außergewöhnlich guten Seiten vollständig ignoriert. So etwa die einzigartige

---

[24] Thersites.

Freundschaft mit Patroklos und die Loyalität zu diesem, den hohen Respekt gegenüber seinem alten Lehrer Phoenix und den hohen Respekt vor dem trauernden Vater Priamos. Letzteres gilt übrigens als die Geburtsstunde der Humanität in der abendländischen Literatur.[25]

> ... Und Homer, der blinde Dichter, schaut auf Achilles Grab vor dem zerstörten Skäischen Tor des verbrannten Troja und murmelt andächtig: *„Ich habe dich unzählige Male als 'den göttlichen' besungen. Ich habe aber auch die schlechten Seiten deines Charakters angeprangert. Niemand behandelt dich fair, wenn er pointiert nur deine schlechten Seiten darstellt, und die auch noch aus dem Zusammenhang gerissen."*
> Und der Chor der posthomerischen Mythographen zieht traurig das Fazit: *„Die Kreierung eines Achilles-Komplexes ist ein typisches Beispiel dafür, wie man die verschiedensten Variationen, in denen wir einen Mythos erzählt haben, zusammenflickt, verschiedene mit einer Theorie oder Intention kompatible Aspekte herauspickt und die dagegensprechenden ignoriert und verschweigt. Die Frage also, ob der Achilles-Komplex kompatibel mit dem Achilles-Mythos ist, kann nur mit einer Gegenfrage beantwortet werden:*
> *Welcher Mythos ist denn gemeint?"* ...

---

[25] S. dazu ebenfalls in „Homers Ilias psychologisch erzählt. Der Seele erste Worte".

10

Der Midas-Komplex

Eigentlich müsste es eine klare Sache sein

> **Der Midas-Komplex**
> Als Midas-Komplex wird ein sehr früh in der Entwicklung eines Menschen entstandener Besitzdrang bezeichnet, der sich im Horten von Gold und Geld und Reichtümern äußert, dabei Elternliebe, Kindesliebe und erotische Liebe ersetzend. Der Midas-Komplex kann zerstörerische Kräfte entfalten, die nicht nur Individuen, sondern ganze Gesellschaften und Staaten zerstören können.[1]

Obwohl Freud schon sehr früh (1895, 1897), in Briefen an Wilhelm Fließ sich selbst als „Midas" bezeichnet und 1908 von einem *„Geldkomplex"* spricht, den er in Verbindung mit einem „Exkrementalkomplex" bzw. „Exkretionskomplex" bringt[2], wird als Namensgeber des Midas-Komplexes Ernest Borneman im Jahr 1977 angenommen. Allerdings taucht in der psychoanalytischen Literatur schon im Jahr 1959 der Begriff *„Midas-Syndrom"* auf, und zwar durch die Niederländer G. W. Bruyn und U. J. de Jong. Die Lektüre ihrer Publikation macht aber deutlich, dass sie „Syndrom" synonym mit „Komplex" verwenden, wie wir am Ende des Kapitels feststellen werden.

---

[1] S. Borneman oder Harsch.
[2] Eine fundierte Auseinandersetzung mit diesen Freud'schen Bezeichnungen findet sich bei Harsch S. 52–59, 66–75.

Für den Midas-Komplex wird sogar eine Gleichstellung mit dem Allerheiligsten des psychoanalytischen Glaubens, dem Ödipus-Komplex, verlangt: *„… den Midaskomplex mit seinen auf das Gold und das Geld gerichteten unbewussten Wünschen … dem Ödipuskomplex zur Seite zu stellen"*[3]. Was Borneman unter einem Midas-Komplex versteht, bringt er wie folgt in drastischer Weise zum Ausdruck:

> **Der Midas-Komplex des sich selbst zerstörenden Besitzers**
> *„Nirgends in der abendländischen Mythologie [als in dem Midas-Mythos, A. d. V] ist die widersinnige, die zerstörende, alles Vitale negierende Wirkung des Geldes in komprimierterer Form beschrieben worden. Nirgends ist aber auch der maßlose, neurotische, keiner Befriedigung zugängliche Aspekt des Geldes so eindringlich demonstriert worden. Hier hat die Verdrängung des Gebrauchswertes durch den Tauschwert nicht nur den Nutzen der Wesen und Dinge negiert, sondern droht bereits, den Besitzer zu negieren: er stirbt an Geld, er verhungert, verdurstet, er verirrt am Geld. In diesem Sinne zerstört der Analcharakter sich selbst, denn auch er ist Produkt der gleichen Verdrängung"*.[4]

Der Midas-Komplex wird abgeleitet aus einem den Mythen um König Midas – dem wohl bekanntesten, dem Gold-Mythos. Während sich Wolfgang Harsch explizit und detailliert auf Ovid beruft, bleibt Borneman im Allgemeinen: *„Ich habe den psychischen Niederschlag dieses sozialen Phänomens bereits vor Jahren 'Midaskomplex' genannt. Die Midas-Legende ist uns von Herodot, Hyginus, Cicero, Strabon, Ovid, Valerius Maximus, Plutarch, Pausanias, Aelianus und Maximos von Tyros überliefert."*[5]

Um König Midas ranken sich nämlich nicht nur viele Geschichten, sondern viele Variationen der einzelnen Geschichten. Nicht einmal über seine Herkunft und seine Heimat sind sich die Mythographen einig. Manche berichten, er sei ein nordgriechischer König in Zentral-Makedonien gewesen, wo sich auch seine legendären Gärten befanden, in der Nähe von Mieza – der Stadt, wo die berühmte Schule von Aristoteles liegt, in der er Alexander den Großen und dessen meiste Weggefährten jahrelang erzogen hat. Andere wiederum meinen, Midas

---

[3] So Harsch, S. 12.
[4] Borneman, S. 447.
[5] Borneman S. 447.

sei ein kleinasiatischer König in Phrygien gewesen und Gründer der Stadt Ankyra, des heutigen Ankara. Und wieder andere gehen von beidem aus, er sei nämlich von Zentral-Makedonien nach Phrygien ausgewandert. Schließlich gibt es auch die Meinung, Midas habe sein zentralmakedonisches Reich auf das asiatische Phrygien ausgedehnt.[6] Eine der ältesten Midas-Überlieferungen stammt vom „Vater der Geschichtsschreibung", von Herodot. Er schreibt in seinen „Historien" bei der Erzählung über die Flucht dreier Brüder aus Argos – die späteren Gründer der makedonischen Dynastien, die deswegen „Argeaden" heißen und von denen auch Alexander der Große abstammt – folgendes: *„Die drei Brüder aber gelangten in eine andere Gegend Makedoniens und wohnten nicht weit von den sogenannten Midasgärten. Midas war der Sohn des Gordias. In diesen Gärten wachsen wilde Rosen, von denen jede 60 Blätter hat und an Duft die anderen Rosen weit übertrifft. In diesen Gärten wurde auch Silenos gefangen, wie die Makedonen erzählen. Oberhalb der Gärten liegt ein Berg, Bermion mit Namen, der wegen der Kälte nicht ersteigbar ist. Sie eroberten diese Gegend und nahmen von hier aus auch das übrige Makedonien in Besitz."* (VII, 138, 2–3). So auch mehrere andere ältere Autoren, die ebenfalls Silenos Gefangenschaft in Nordgriechenland beschreiben[7]. Die bekannteste Überlieferung ist allerdings die mehrere Jahrhunderte jüngere von Ovid, die viele neue Elemente zu den älteren hinzufügt, *„die sie auf den ersten Blick fast unkenntlich gemacht haben"*[8].

Der Midas-Komplex wird aus dem Teil des Mythos abgeleitet, der Midas Habgier betrifft. Der Mythos wird von manchen als allgemein bekannt vorausgesetzt oder als Synthese aus verschiedenen Quellen präsentiert, sodass keine detaillierte Auseinandersetzung mit einer bestimmten Quelle erfolgt.[9]

Anders jedoch, wie erwähnt, Wolfgang Harsch, der die bis jetzt umfassendste Beschäftigung mit dem Midas-Komplex liefert und sich gründlich mit Ovid auseinandersetzt. An dieser Stelle deshalb eine zusammenfassende und etwas modifizierte Darstellung von Ovids Überlieferung. Ovid verlegt das

---

[6] S. etwa bei Roscher.
[7] Ebenda.
[8] Ebenda.
[9] So etwa Borneman.

Geschehen um die Gefangenschaft von Silenos, im Gegensatz zu Herodot, nach Kleinasien. Er erzählt sinngemäß folgendes:

> **König Midas und das Gold**
>
> Dionysos geht einmal mit seiner Entourage nach Kleinasien. Am Ziel ihrer Reise stellen sie fest, dass einer fehlt: Silenos, der alte Erzieher des Dionysos[10]. Das beunruhigt den Gott enorm, da er sich seinem geliebten Erzieher sehr verbunden fühlt. Silenos besitzt übrigens viel Mysterienwissen, eine Art von Geheimwissen. Dionysos und die anderen können ja nicht ahnen, dass der gebeutelte Silenos – nicht nur wegen der vielen Jahre, die er auf dem Buckel hat, sondern auch wegen des vielen Weines, den er in Bauch und Kopf mit sich trägt – im Wald zurückgeblieben ist. Bauern entdecken den komisch aussehenden, betrunkenen Kerl. Sie nehmen ihn fest, fesseln ihn und bringen ihn zu König Midas. Der aber erkennt Silenos sofort, weil er in die dionysischen Mysterien eingeweiht ist. Er befreit Dionysos Erzieher umgehend, behandelt ihn mit großer Ehrerbietung, veranstaltet ein zehntägiges Fest zu seinen Ehren und bringt ihn zu Dionysos zurück.
>
> Der Gott ist sehr erfreut, seinen geliebten Erzieher wieder bei sich zu haben. Als Dankeschön verspricht er, Midas jeden Wunsch zu erfüllen. Midas muss nicht lange nachdenken und wünscht sich, dass sich alles, was er berührt, in Gold verwandelt. Dionysos erfüllt Midas Wunsch. Fortan wird alles, was König Midas berührt, zu Gold. Midas ist überglücklich. Er sieht sich schon als den reichsten Menschen der Welt. Niemand würde so viel Gold besitzen wie er. Damit könnte er der mächtigste König auf Erden werden. Unbeschreibliche Freude bei ihm!
>
> Doch seine Freude hält nur bis zum Abendessen an. Als nämlich Midas ein Stück Brot ergreift, um es zu essen, wird es zu unessbarem Gold. Als er seinen Trinkbecher nimmt, verwandelt sich nicht nur der Becher, sondern auch der Wein in seinem Mund in untrinkbares Gold.[11]
>
> Unverzüglich bittet König Midas Dionysos um Verzeihung und gesteht weinend seine Sünde ein. Er bittet mit herzzerreißenden Worten reuevoll um Vergebung. Der Gott zeigt Mitleid und Erbarmen mit dem armen, in Gold schwimmenden Midas, der um Erlösung fleht. Und er erlöst ihn: Der Gott empfiehlt Midas, sich im Fluss Paktolos zu waschen, was dieser unverzüglich tut. Seine zu Gold gewordenen Kleider, die goldene Unterwäsche, die goldenen Schuhe, die goldenen Haare und der goldene Bart verwandeln sich im Flusswasser zurück in ihren natürlichen Zustand. Der Fluss aber trägt bis heute das Gold des Midas in seinem Strom. Und damit wurde der reuevolle und geläuterte Midas erlöst.

---

[10]Einer der Erzieher; ein anderer war der weise Kentauros Chiron.

[11]In anderen Quellen findet sich zusätzlich noch die dramatische Verwandlung von Midas Tochter in eine Goldstatue, nachdem sie von ihrem Vater umarmt wurde, s. Roscher.

Übrigens wurde Midas nach seiner Erlösung ein glücklicher Naturfreund.[12]

Folgerichtig sieht Harsch im Midas-Mythos nicht nur das Katastrophale und das Ruinierende, wie Borneman, sondern auch das Erlösende durch eigene Einsicht und Reue, was Ovids Überlieferung in der Tat beinhaltet.

Wie schon zu Beginn des Kapitels erwähnt, haben die Niederländer G. W. Bruyn und U. J. de Jong im Jahr 1953 die Bezeichnung „Midas-Syndrom" in der psychoanalytischen Literatur eingeführt. Die nähere Lektüre der Arbeit bestätigt zweifelsohne, dass sie die Bezeichnung „Syndrom" synonym zu „Komplex" verwenden. Sie behaupten, dass man *„anhand des Mythos"* erkennen könne, dass Midas nie eine erwachsene Sexualität erreichte, sondern dass er fixiert geblieben sei in prägenitalen Stadien der Libido-Organisation. Aus welcher Mythos-Überlieferung sie diese Kenntnis gewonnen haben, ist nicht erkennbar. Sie erzählen zwar auf weniger als einer Seite eine zusammengeflickte „Midas-Saga", nicht frei von Widersprüchen. Aber sie geben keine Quelle dazu an. Ovid ist es mit Sicherheit nicht, andere griechische oder römische Erzähler sind in der niederländischen Darstellung auch nicht erkennbar. Man kann vermuten, dass die beiden Autoren eine der Metaerzählungen der Neuzeit verwendet haben, etwa aus „Die schönsten Mythen des Altertums", aus einer „Mythologie der Griechen" oder etwas ähnlichem. Wenn, dann aber ohne das kenntlich zu machen.

Wie auch immer, die Autoren kommen nicht nur zu der Erkenntnis, dass Midas Libido auf einer prägenitalen Ebene fixiert geblieben sei, sondern dass er *„zügellos seiner Analität fröne"*.

> **Der Midas-Komplex – und wie die Frau zur Frau wird**
> Alles in allem gehe es um die Beziehung zwischen Mann und Frau. Die Frau werde nur zur Frau durch den Kontakt, die Auseinandersetzung mit ihrem männlichen Partner. *„Sie wird zu 'Gold' und scheint in höchster Brillanz, sofern er sie scheinen lässt"*[13]. Und somit drücke der Midas-Komplex (Syndrom) der beiden niederländischen Psychoanalytiker die Zunahme der Libido der Frauen mit der Zeit und der Ehedauer aus, die mit einer Abnahme des sexuellen Verlangens und der sexuellen Leistung ihres männlichen Partners parallel gehe.

Ist das wirklich die Botschaft des Midas-Mythos?

---

[12] S. in Marneros „Mein Bruder Sisyphos, mein Freund der Minotauros".
[13] Bruyn und de Jong S. 261.

Unserem Abstinenz-Neutralitäts-Prinzip treu bleibend, d. h. ohne Stellung nehmen zu wollen zu den inhaltlichen Aspekten eines Midas-Komplexes, können wir bezüglich unsere Ur-Frage, ob nämlich der Mythos gebeugt wurde oder nicht, zu dem Schluss kommen: Wolfgang Harsch ist bei seinem Midas-Komplex Ovids Erzählung treu geblieben. Bei ihm ist keine Spur von Beugung des Mythos erkennbar. Auch Borneman wird der zentralen Botschaft des Goldabschnitts des Mythos nicht untreu, auch wenn er keine konkrete Quelle angibt.

Ganz anders die beiden niederländischen Psychoanalytiker! Die fliegen zwar in bewundernswerter kühner und halsbrecherischer Weise in die unendliche Weite des freien Deutungs- und Assoziationshimmels. Doch den Boden des Mythos haben sie längst verlassen. Haben sie denn auch den Mythos gebeugt? Welchen Mythos eigentlich? Ihre Quellen haben sie uns schließlich nicht verraten.

> ... Und Ovid, der auf einem Schiff zu seinem Exil am Ufer des Schwarzen Meeres unterwegs ist, blickt auf die kleinasiatische Küste, wo hinten auch irgendwo Phrygien liegt, Midas Betätigungsfeld und Heimat des Goldflusses Paktolos. Er murmelt nicht ohne eine kleine Portion diabolisch lächelnder Zweideutigkeit: *„Schön dass es auch korrekte Deuter des Midas-Mythos gibt. Obwohl ich ja zugeben muss, dass ich selbst von den alten Griechen, die ihn Jahrhunderte vor mir kreiert haben, nicht immer treu und korrekt abgeschrieben habe... Aber so weit wie die hyperboräischen Märchenerzähler bin ich nie gegangen..."*.

11

Der Prometheus-Komplex

Der Schicksalsmythos des Abendlandes in den Händen der Psychoanalyse

Um Prometheus ranken sich viele Mythen und manche Komplexe. Die Gelehrten meinen, dass kaum ein anderer Mythos die abendländische Kultur so nachhaltig geprägt hat wie der des Prometheus. Prometheus mythische Wirkung ist vielfältig: als des Menschen kluger Schöpfer, des Menschen größter Freund, des Menschen Befreier, des Menschen Vorbild.[1] Darüber hinaus wird der Prometheus-Mythos zum Schicksalsmythos des Abendlandes erklärt: *„In dem Prometheus-Mythos hat sich offensichtlich von früh an die abendländische Menschheit in ihrem eigenen Kulturbewusstsein gedeutet. Er ist wie ein Schicksalsmythos des Abendlandes. Die Geschichte seiner Deutung erzählen heißt daher, die Geschichte der abendländischen Menschheit selbst zu erzählen"*.[2]

Noch dazu wurde Prometheus von dem Atheisten Karl Marx in seiner eher unkommunistischen Dissertation[3] zum *„vornehmsten Heiligen und Märtyrer im philosophischen Kalender"* erklärt. Wenige Zeilen vorher schreibt der revolutionäre Philosoph den Spruch des revolutionären Titans: *„Um es einfach zu sagen, ich hasse alle Götter"*[4] auf seine Fahnen. Und er

---

[1] Ausführlich darüber in Marneros „Feuer für ausgebrannte Helden".
[2] Das meint Hans-Georg Gadamer in „Prometheus und die Tragödie der Kultur".
[3] „Differenz der demokritischen und epikureischen Naturphilosophie", Jena, 1841.
[4] Aus Äschylos: „Der gefesselte Prometheus", (V. 975). Übersetzung d. V. aus dem Griechischen, Karl Marx verwendete original griechische Texte.

erklärt dieses prometheische Bekenntnis zum Bekenntnis der Philosophie schlechthin: *„Das Bekenntnis des Prometheus ist ihr eigenes Bekenntnis, ihr eigener Spruch gegen alle himmlischen und irdischen Götter, die das menschliche Selbstbewusstsein nicht als die oberste Gottheit anerkennen. Es soll Keiner neben ihm sein"*[5].

Und Prometheus Bewunderer klatschen sicherlich Beifall, wenn Ernst Bloch feststellt: *„Prometheus vertritt etwas, was besser ist als die Götter, auch wenn er dadurch selber untergeht. ... Prometheus könnte am Ende der gesamten bisherigen Religionsgeschichte stehen bleiben"*.[6] Kein Wunder mit so einer Haltung, wie sie der gefesselte und gefolterte Prometheus gegenüber dem Zeusdiener Hermes zeigt: *„Um es ganz klar zu sagen: ich tausche meine Folter mit deinem anbetenden Frondienst nie"*[7].

Wahrscheinlich kann man die unendliche Prometheus-Hymnologie der letzten drei Jahrtausende gebührend zusammenfassen mit einer Feststellung von Johannes Doxopatres, dem byzantinischen Gelehrten des 11. Jahrhunderts n. Chr.: *„Der Prometheus-Mythos ist bereichert durch jegliche Art von Philosophie und Allegorie"*[8].

Allerdings, das muss auch gesagt werden, gibt es so viele Variationen des Prometheus-Mythos, kreiert von Hesiod bis zur spätbyzantinischen Zeit, viele davon nur bruchstückhaft in Fragmenten erhalten, dass der Verlust des roten Fadens droht.[9] Die älteste uns bekannte Quelle des Prometheus-Mythos sind Hesiods Bücher aus dem 8. vorchristlichen Jahrhundert. An verschiedenen Stellen seiner „Theogonie" und „Werke und Tage" wird Prometheus mit seinen Taten erwähnt. Meisterhaft aufgearbeitet ist das Prometheus-Drama in Äschylos Tragödie „Der gefesselte Prometheus" – auch in psychologischer Hinsicht.[10]

Nachdem Zeus von Prometheus zu Gunsten der Menschen betrogen wurde[11], reagiert er darauf, indem er das Feuer vor den Menschen versteckt. Hesiod erzählt den darauf folgenden eigentlichen Diebstahl des Feuers

---

[5] Marx, S. 24.
[6] Leicht modifiziertes, aber sinngemäßes Zitat von Bloch.
[7] Äschylos: „Der gefesselte Prometheus" (V. 966–967), Übersetzung d. V.
[8] Übersetzung d. V. aus dem Griechischen, Quelle bei Roscher.
[9] Auch bei Roscher.
[10] S. Marneros „Irrsal! Wirrsal! Wahnsinn!".
[11] Damit ist die Mekone-Episode gemeint, s. nächster Abschnitt.

durch Prometheus in nur zweieinhalb Versen, und zwar sowohl in seiner „Theogonie" als auch in „Werke und Tage":
„Aber der tapfere Sohn des Iapetos[12] konnte ihn[13] täuschen:
raubte des ewigen Feuer weithin leuchtende Flamme
in einem hohlen Rohr."
(„Theogonie", 565–567)
Er wiederholt den Vorgang in ähnlichem Wortlaut in „Werke und Tage" (50–52).
Daraufhin habe Zeus nicht nur Prometheus, sondern auch die gesamte Menschheit bestraft, durch die „Büchse der Pandora"[14]. Prometheus Bestrafung durch Zeus schildert Hesiod wie folgt:
„Dann aber fesselte Zeus mit unzerbrechlichen Fesseln
an den Stamm einer Säule den listigen Planer Prometheus,
trieb den flügelspannenden Adler ihm zu, der die Leber
fraß, die unsterbliche: wuchs doch alles genauso
nachts wieder nach, was am Tag das geflügelte Tier ihm verzehrte.
Diesen tötete dann der fesselschönen Alkmene[15]
wehrhafter Sohn: Es wehrte dem Iapetossohne das böse
Leiden Herakles ab und brachte dem Dulder Erlösung,
nicht ohne Willen des Zeus, des Gebieters olympischer Höhe."
(„Theogonie", 521–529)
Und einige Verse weiter sagt Hesiod:
„Also ist es nicht möglich, den Sinn des Zeus zu betrügen.
Selbst der Scharfsinn des Iapetossohnes Prometheus entging nicht
der Gewalt seines Zorns; nein, unter dem Joche des Zwanges
hält er ihn, den wissenden, fest mit mächtiger Fessel."
(613–616)
Die Faszination, die der Prometheus-Mythos im Allgemeinen, aber auch im Besonderen auf Philosophen, Kulturhistoriker und Religionswissenschaftler ausübt, gab Anlass zur Beschreibung eines Prometheus-Komplexes in verschiedenen Bereichen, wie etwa Philosophie oder Theologie[16]. Aber er erweckte von Anfang an auch das Interesse der Psychoanalyse, angeführt von Sigmund Freud persönlich.

---

[12] Das ist Prometheus.
[13] Zeus ist gemeint.
[14] Falls Interesse an der – vor allem von misogynen Männern – verleumdeten Pandora und ihrer Büchse, die keine Büchse war, besteht, dann kann man einen Blick werfen in Marneros „Mein Bruder Sisyphos, mein Freund der Minotauros" oder in „Feuer für ausgebrannte Helden".
[15] Das ist Herakles.
[16] Etwa Eric Voegelin oder Richard Faber.

Wie Freud Prometheus Riesenpenis entdeckt. Und den Verzicht auf Homosexualität

Der Psychoanalyse-Patriarch beschäftigt sich ausführlich damit in seiner Publikation von 1932 „Zur Gewinnung des Feuers" – nach einer früheren *„eher beiläufigen Anmerkung"*, so seine eigenen Worte, in „Das Unbehagen in der Kultur". Es sei schon an dieser Stelle bemerkt, dass Freud zur Erstellung seiner Theorie Inhalte von zwei unterschiedlichen Mythenzyklen, die miteinander nichts zu tun haben, zusammen zwingt. Der erste Mythenzyklus ist der des Prometheus. Davon nimmt Freud zwei verschiedenen Mythen. Zum einen den von der Gewinnung des Feuers inklusive Bestrafungsmythos, zum anderen den von der Verteilung der Güter. Der zweite Mythenzyklus ist der des Herakles, und daraus die Legende von der Tötung der Hydra. Allerdings entdeckt Freud dabei eine innere, bis dahin für alle anderen Mythenforscher verborgen gebliebene Beziehung zwischen den beiden inhaltlich weit auseinanderliegenden Mythen.

Warum tut er so etwas?

Weil er meint, die Vorbedingung dafür, sich des Feuers zu bemächtigen, sei der Verzicht auf die homosexuell betonte Lust, das Feuer durch den Harnstrahl zu löschen, gewesen. Diese, man muss schon sagen doch recht überraschende Entdeckung Freuds lässt sich seiner Meinung nach durch die Deutung der Prometheus-Sage bestätigen. Die Elemente, die eine analytische Deutung zulassen, sind – natürlich immer nach Auffassung Freuds – die drei *„auffälligsten und wichtigsten"*:

Erstens, die Art, wie Prometheus das Feuer transportiert. In einem Riesenfenchelrohr nämlich, in dem er das gestohlene Feuer versteckt hat.

Zweitens, der Charakter der Tat (Frevel, Diebstahl, Betrug an den Göttern).

Drittens, der Sinn der Bestrafung von Prometheus.

Der Gegenstand, in dem Prometheus den Menschen das den Göttern entwendete Feuer bringt, der hohle Stock, das Fenchelrohr, habe Symbolcharakter. Es sei ein Penissymbol *„wenngleich die nicht gewöhnliche Betonung der Höhlung uns dabei stört"*, gesteht Freud. Das Zusammenbringen des Penisrohrs mit der Aufbewahrung des Feuers schien ihm zuerst aussichtslos, bis er sich an den Vorgang der Verkehrung, Verwandlung ins Gegenteil, Umkehrung der Beziehungen erinnert habe, so schreibt er. Und dadurch kam Freud zu der Entdeckung: *„Nicht das Feuer beherbergt der Mensch in seinem Penisrohr, sondern im Gegenteil das Mittel, um das Feuer zu löschen, das Wasser seines Harnstrahls".* Was es damit auf sich hat, erklärt er erst später durch den Hydra-Mythos.

Doch vorher macht Freud uns auf den zweiten oben angesprochenen Aspekt aufmerksam, dass nämlich Prometheus den Menschen das Feuer durch Raub bzw. Diebstahl bringt. Dies sei ein konstanter Zug aller Sagen über die Gewinnung des Feuers, so Freud. Der finde sich bei den verschiedensten und entlegensten Völkern, nicht nur in der griechischen Sage vom Feuerbringer Prometheus. Hier müsse also der wesentliche Inhalt der entstellten Menschheitsreminiszenz enthalten sein. Freud fragt sich: *„Aber warum ist die Feuergewinnung untrennbar mit der Vorstellung eines Frevels verknüpft? Wer ist dabei der Geschädigte, Betrogene?"*

Und er meint, die Antwort finde sich bei Hesiod: *„Die Sage bei Hesiod gibt eine direkte Antwort, indem sie in einer anderen Erzählung, die nicht direkt mit dem Feuer zusammenhängt, Prometheus bei der Entrichtung der Opfer Zeus zugunsten der Menschen übervorteilen lässt. Also die Götter sind die Betrogenen!"*

Freud meint damit die Mekone-Episode, die Hesiod in seiner „Theogonie" (535–561) erzählt. Zusammengefasst beinhaltet sie folgendes:

> **Betrug an den Göttern als Wohltat für die Menschen**
>
> Es kommt die Zeit, in der Menschen und Götter sich trennen müssen. Sie treffen sich in Mekone auf dem Peloponnes, um zu entscheiden, was bei der Opfergabe die Götter bekommen und was die Menschen behalten dürfen. Prometheus wird dabei zum Schiedsrichter ernannt. Er wendet zugunsten der Menschen einen Trick an: Ein Ochse wird zerlegt, und Zeus soll entscheiden, welcher Teil für die Götter ist und was die Menschen bekommen. Geschickt bearbeitet Prometheus die Knochen des geschlachteten Ochsen mit Fett, steckt sie in einen Hautsack und präpariert alles so raffiniert, dass es sehr einladend aussieht. Das Fleisch und die brauchbaren Eingeweide, wie Herz und Leber, versteckt er dagegen in dem unappetitlich aussehenden, geradezu abstoßend wirkenden Magen des Ochsen. Zeus wählt, wie von Prometheus erhofft, den schön präparierten Hautsack mit den Knochen. Der entspricht mit seinem appetitlichen Aussehen und dem wohlriechenden Fettaroma ganz genau Zeus Geschmack.
>
> Und so kommt es dazu, dass seitdem den Göttern Knochen und gut riechendes Fett auf den Altären geopfert werden. Für die Menschen aber bleibt das nahrhafte Fleisch, dazu Herz und Leber.
>
> Nach der Entdeckung des Betrugs entscheidet Zeus, als Strafe den Menschen das Feuer vorzuenthalten. Und so kommt es zu der bekannten Feuerdiebstahls-Geschichte, in der Prometheus die Hauptrolle spielt[17].

---

[17] S. etwa in Marneros „Feuer für ausgebrannte Helden".

Bei der Deutung des dritten „*auffälligsten und wichtigsten*" Aspektes, der Bestrafung von Prometheus, und zwar speziell in Bezug auf den Adler bzw. Geier, der jeden Tag seine Leber frisst, die nachts nachwächst, fühlt sich Freud „*auf sicherem Boden, wenn es sich um die Erklärung handelt, warum die Leber zum Ort der Bestrafung gewählt ist. Die Leber galt den Alten als der Sitz aller Leidenschaften und Begierden; eine Strafe wie die des Prometheus war also das Richtige für einen triebhaften Verbrecher, der gefrevelt hatte unter dem Antrieb böser Gelüste*"[18].

Zu Recht stellt sich aber Freud die Frage: Warum sollte Prometheus bestraft werden, wenn doch der Feuerbringer eigentlich etwas Gutes getan hatte? Nicht etwa weil er das Feuer den Menschen gebracht, sondern weil er Triebverzicht geübt hatte – nach Auffassung Freuds Verzicht auf die homosexuell betonte Lust. Dadurch habe Prometheus gezeigt, wie wohltätig, aber auch wie unerlässlich ein solcher Triebverzicht in kultureller Hinsicht sei.

Damit verbindet Freud eine weitere, ebenfalls berechtigte Frage: Warum musste Prometheus kulturelle Wohltat überhaupt von der „*Sage als strafwürdiges Verbrechen behandelt werden*"? Seine Antwort: „*Nun, wenn sie durch alle Entstellungen durchschimmern läßt, daß die Gewinnung des Feuers einen Triebverzicht zur Voraussetzung hatte, so drückt sie doch unverhohlen den Groll aus, den die triebhafte Menschheit gegen den Kulturheros verspüren mußte*". Das bedeutet also mit anderen Worten, dass die undankbare Menschheit Groll gegen den Zivilisationsbringer hegt, weil sie wegen ihm ihren homosexuellen Trieb unterdrücken musste!

Und mit dieser Antwort, die er sich selbst auf seine Frage gibt, ist Freud sehr, sehr zufrieden: „*Das stimmt zu unseren Einsichten und Erwartungen*". Warum? Weil „*wir wissen, daß die Aufforderung zum Triebverzicht und die Durchsetzung desselben Feindseligkeit und Aggressionslust hervorruft, die sich erst in einer späteren Phase der psychischen Entwicklung in Schuldgefühl umsetzt*".

Freud meint, „*die Wärme, die das Feuer ausstrahlt, ruft dieselbe Empfindung hervor, die den Zustand sexueller Erregtheit begleitet, und die Flamme mahnt in

---

[18]Was für ein Kontrast zu Prometheus „Leber-Funktion", wie sie uns die alten Mythen beschreiben! Trotz des Schmerzes und des Martyriums fließt demnach aus Prometheus Leber philanthropische Wirkung: Aus dem Blut und den Gewebestücken seiner Leber, die auf die Erde fallen, wächst eine besondere Heilpflanze, die einem Krokus ähnelt. Ihre Wurzel sieht aus wie Fleisch und beinhaltet einen besonderen Saft. Durch eine geeignete Zubereitung kann man daraus ein Schutzmittel machen, „Prometheion" genannt. Auf dem Körper verrieben schützt es vor allerlei Verletzungen, etwa durch Speere und Schwerter, wie auch vor Feuer. Das war übrigens auch das Schutzmittel, das Medea Iason gegeben hat, wodurch er die Attacken der übernatürlichen Wächter des Goldenen Vlieses abwehren und es in Besitz nehmen konnte (Apollonios Rhodios, III 845–869).

Form und Bewegungen an den tätigen Phallus". Und dann folgt eine weitere „Entdeckung" Freuds, nämlich „*daß dem Urmenschen der Versuch, das Feuer durch sein eigenes Wasser zu löschen, ein lustvolles Ringen mit einem anderen Phallus bedeutete"*. Wohlbemerkt: Der Urmensch[19] ringe mit dem Penis eines anderen, nicht mit dem eigenen – daher die von Freud spekulierte „homosexuell betonte Lust".

Dem Vogel, der sich an der Leber Prometheus sättigt, misst Freud die Bedeutung des Penis zu – mit einer Parallelität zum Vogel Phönix, „*der aus jedem seiner Feuertode neu verjüngt hervorgeht"* und „*den nach seiner Erschlaffung neu belebten Phallus gemeint hat..."*

Zur Bestätigung seiner Annahmen macht Freud einen großen Sprung zu einem anderen Mythos-Zyklus, zu „*unerwarteter Stelle"*, wie er zu Recht bemerkt, nämlich zu Herakles und speziell der Tötung der Lernäischen Hydra. Der Mythos habe nur scheinbar sehr wenig mit dem Feuermythos zu tun. Freud entdeckte nämlich, dass die beiden einander fremden Mythen zusammengebracht werden können.

Die Lernäische Hydra mit ihren zahllosen züngelnden Schlangenköpfen – unter ihnen ein unsterblicher – sei nach dem Zeugnis ihres Namens ein Wasserdrache. Der „*Kulturheros"* Herakles bekämpfe sie, indem er ihre Köpfe abschlage, aber die wüchsen immer nach. Und er werde des Untiers erst Herr, nachdem er den unsterblichen Kopf mit Feuer ausgebrannt habe.

Soweit, so richtig! Besser gesagt, soweit, so fast richtig!

Das, was Freud als mythische Basis verwendet, ist in der Tat die Kernaussage der vielen existierenden Variationen des Mythos von der Lernäischen Hydra. So etwa in Bezug auf die Anzahl der Köpfe, die zwischen einem, 9, 50, 100 oder auch „unzähligen" schwankt, je nach Mythograph. Aber er verschweigt etwas, was im Lichte seiner folgenden Überlegungen zumindest merkwürdig erscheint. Schauen wir uns Freuds Gedanken zum Thema Hydra zunächst einmal an und später auch das, was er in seiner Publikation verschweigt:

Zuerst wundert sich Freud: Ein Wasserdrache, der durch das Feuer gebändigt wird, das ergebe doch keinen Sinn. Bis er den Sinn entdeckt, und zwar durch „*die Umkehrung des manifesten Inhalts. Dann ist die Hydra ein Brand, die züngelnden Schlangenköpfe sind die Flammen des Brandes, und als Beweis ihrer libidinösen Natur zeigen sie wie die Leber des Prometheus wieder das Phänomen des Nachwachsens, der Erneuerung nach der versuchten Zerstörung.*

---

[19] Wie so häufig meint Freud mit „Mensch" bzw. „Ur-Mensch" den „Mann", und mit „Menschheit" nur ihren männlichen Teil – die Bewohnerinnen „des dunklen Kontinents", die Frauen, ausschließend.

Herakles löscht nun diesen Brand durch – Wasser. (Der unsterbliche Kopf ist wohl der Phallus selbst, seine Vernichtung die Kastration.)"

Und weil Herakles auch der Befreier von Prometheus sei und den an der Leber fressenden Vogel töte, sei ein tieferer Zusammenhang zwischen beiden Mythen evident. Es sei ja so, als ob die Tat des einen Heros durch den anderen gutgemacht würde. Prometheus hatte die Löschung des Feuers verboten, Herakles sie für den Fall freigegeben, dass durch den Brand Unheil drohe.

Was soll man zu all dem sagen?

Zu dem Zusammenflicken zweier fremder Mythen, die eine unterschiedliche Topographie und eine unterschiedliche Chronologie haben, um einen neuen zu kreieren?

Zu dem Verzicht auf die homosexuell betonte Lust als Voraussetzung für die Gewinnung des Feuers?

Zu dem Vogel, der sich an Prometheus Leber satt frisst, der kein Vogel sei, sondern der immer wieder in Erektion geratene Penis? Und die Leber, die auch keine Leber sei, sondern die pure Leidenschaft?

Zu dem Vogel Phönix, der den nach seiner Erschlaffung neu belebten Phallus symbolisiere?

Zur Wasserschlange Hydra, die in merkwürdiger Weise aus dem Lernäischen Sumpf in den Mythos des Feuerbringers hineinkatapultiert wurde und in den Deutungslabyrinthen zu einem Brand mutierte?

Und zu den züngelnden Schlangenköpfen, die die Flammen des Brandes seien? Zu dem unsterblichen Kopf der Hydra, der wohl der Phallus selbst sei und seine Vernichtung die Kastration?

Und zum Ausschluss der Frauen aus der Menschheit?

Tja, was fällt einem dazu ein!

An dieser Stelle kann nur in aller Bescheidenheit gesagt werden, dass das Zusammenflicken zweier – mythologisch gesehen – zeitlich, räumlich und inhaltlich völlig fremder Mythen und die Präsentation dieser Rhapsodie als strukturelle Einheit nicht nachvollziehbar ist. Die Unterstellung einer symbolhaft-mystischen Beziehung als Legitimation dafür bleibt Privatmeinung des Rhapsoden.

Und dann noch folgende naive Frage: Könnte es für Freuds Deutung bedeutsam sein, dass er, wenn er die Tötung der Hydra erwähnt, etwas verschweigt? Er verschweigt nämlich, dass die Tötung der Hydra Herakles nie gelungen wäre ohne die Hilfe seines treuen Freundes, Kampfgenossen, Wagenlenkers und Neffen Iolaos (eines männlichen Freundes wohl bemerkt!). Das berichtet unter anderem auch der von Freud zitierte Hesiod in seiner „Theogonie" (315–318).

Nichtsdestotrotz, selbst bei moderneren Psychoanalytikern scheinen die obigen Freud'schen Ansichten nicht als antiquiert oder seltsam oder irgendwie schwierig zu gelten. Sie halten sie sogar für die Basis ihrer Theorien *„zur Interpretation der reichlichen ödipalen Dynamik des Mythos".*[20]

Zu all den oben aufgeworfenen oder verschwiegenen Fragen kann nur – zum wiederholten Male – gesagt werden:

Der Deutungshimmel, der sich über Mythen und Fakten wölbt, ist in der Tat unendlich – grenzenlose Freiheiten ermöglichend.

Erziehung als Beherrschung und der Schöpfer-Komplex

Von Freuds Prometheus-Komplexität weicht der Prometheus-Komplex eines anderen Mitbegründers der Psychoanalyse ab. Gemeint ist Otto Rank, der Rosenfeld hieß, bevor er seinen jüdischen Namen ablegte. Otto Rank war einer von Sigmund Freuds Weggefährten der ersten Stunde, obwohl er weder Arzt noch Psychologe war – er studierte Philosophie und Germanistik –, brach aber später mit Freud. Er wanderte zuerst nach Paris, dann nach New York aus, wo er weiter als Psychoanalytiker tätig war. Im Jahre 1928 beschrieb er in einem Kapitel des Werkes mit dem bedeutungsvollen Titel „Erziehen und Beherrschen" einen Prometheus-Komplex, der seiner Meinung nach sogar wichtiger sei als der Ödipus-Komplex.[21]

> **Der Prometheus-Komplex: Erziehe, um zu beherrschen**
> Der Prometheus-Komplex ist nach Rank ein Eltern-Komplex, bei dem sie als Erzieher wie alle Erzieher versuchen, ihre Persönlichkeit und ihre Anschauungen dem Ich des Kindes aufzuzwingen. Damit setzen die Eltern die biologische Zeugung des Kindes in dessen charakterologischer Schöpfung fort.

Rank geht, anders als Freud, offensichtlich von einem anderen Mythos des Prometheus-Zyklus aus, allerdings ohne ihn ausdrücklich zu erwähnen, nämlich den des Menschenschöpfers Prometheus.

---

[20] So etwa Clay C. Whitehead.
[21] Otto Rank: „Grundzüge einer Genetischen Psychologie", S. 62–74. In einer englischsprachigen Edition von Ranks Werken – Otto Rank, A Psychology of Difference. The American Lectures. Selected, Edited and Introduced by Robert Krammer, Princeton University Press, 1966, wird das Kapitel „Prometheus Complex" (S. 201–210) mit 1927 datiert.

„Prometheus formte Menschen aus Wasser und Erde."[22]

Otto Rank meint, dass in der pädagogischen Situation das Führerproblem in seiner reinsten Form zu erkennen sei, besonders, wie es sich in seinem Prototyp zeige, in der Erziehung durch die Eltern. Der Führer – er meint damit die erziehenden Eltern bzw. den Erzieher – sei darin von Anfang an der natürliche Herr und Gebieter der Situation, der Geführte dagegen sei in der natürlichen Rolle des Schwachen, Hilfs- und Lernbedürftigen. Das Kind sei in jenem Fall ein seelisch ausgebeutetes Objekt. *„Ist doch die Erziehung selbst, im engeren wie im weiteren Sinne, nichts anderes als ein Versuch des Erziehers, seine Persönlichkeit und seine Anschauungen dem Ich des Kindes aufzuzwingen. Die Rolle des Kindes ist so die eines Hilfs-Ichs für die Eltern, die Eltern setzen die biologische Zeugung des Kindes in dessen charakterologischer Schöpfung fort.*

Wollen wir dafür die pädagogische Situation voll verstehen, so müssen wir dem kindlichen Ödipuskomplex, der, wie gesagt, eine erste Revolte gegen die Vergewaltigung des eigenen Ich darstellt, den Komplex der Eltern gegenüber stellen, den wir am besten als Prometheuskomplex bezeichnen können".[23]

Der sei ebenso wichtig, wenn nicht wichtiger als der Ödipus-Komplex!

„Der Prometheuskomplex ist nicht nur das Symbol des Schöpferdranges, sondern entsteht auch im Individuum schöpferisch, d. h. spontan, krisenhaft und nicht in Identifizierung mit den Eltern. Sein erstes Auftreten ist zwar ebenso krisenhaft wie das des Ödipuskomplexes, aber es ist ungleich diesem nicht zum Fehlschlagen verurteilt. Es erfolgt in der Pubertät, ist der Ausdruck der ersten Sturm- und Drangperiode und wird ebenso wie der Ödipuskomplex nur von wenigen Menschen überwunden. Die Überwindung erfolgt im schöpferischen Typus, der den prometheischen Drang, Menschen – statt Götter – nach seinem Ebenbilde zu formen, in sich selbst und an sich selbst im Sinne der eigenen Persönlichkeitsentwicklung entfalten und ausleben kann".[24]

Prometheus symbolisiere eine dreifache Rolle. Erstens: Maße er sich an, dass er Menschen erschaffen könne, genauso gut, wie es die Götter können; er sei also selbst ein Gott *„oder besser gesagt ein Gott-Mensch, ein Heros. Seine Identifizierung mit dem schöpferischen Gott ist aber nichts anderes als die Rückgängigmachung der früheren Projektion, mittels der die Götter geschaffen worden waren."*

---

[22] Apollodor „Bibliotheke" (1, 45).
[23] Ebenda, S. 62.
[24] Ebenda, S. 63.

Und somit ist für Rank alles klar: Es handele sich dabei um die Entthronung der von Menschen geschaffenen Götter, an deren Stelle nun der Mensch selbst mit seiner voll entwickelten Persönlichkeit und seinem Schöpferdrang trete.

Zweitens: Prometheus erschaffe die Menschen nach seinem eigenen Bilde, „*gleichwie der Mensch früher die Götter erschaffen hatte.*" Dies sei zwar in Bezug auf die Menschenschöpfung wieder ein Projektionsmechanismus, der aber vom früheren, der Gottschöpfung, verschieden sei. „*Es handelt sich um wirkliche Menschen, die nach der Schöpfung durch Prometheus ihr eigenes Leben leben und denen er selbst sich mittels Identifizierung anpassen muss.*"

Drittens: Prometheus habe nämlich und endlich nicht nur Menschen im Allgemeinen nach seinem Ebenbild erschaffen, „*sondern auch das Liebesobjekt, die Pandora, wird im Prometheus Mythos im Sinne der Wunscherfüllung erschaffen.*"

Dass Pandora von Hephästos geschaffen wurde, von Vater Zeus zum Leben erweckt und von allen anderen Göttern mit Gnaden und Gaben beschenkt wurde, um die Menschen für Prometheus Frevel zu bestrafen[25] und dass Prometheus sogar seinen Bruder Epimetheus zu überzeugen versuchte, Pandora nicht aufzunehmen, ignoriert der Psychoanalytiker der ersten Stunde. Stattdessen verwendet Rank eine einsame, ja merkwürdige Abweichung des Mythos (das ist der höfliche Ausdruck für Verfälschung), die etwa 1000 Jahre nach der ersten vorhandenen schriftlichen Überlieferung des Hesiods durch den Neoplatoniker Plotin in die Welt gesetzt wurde – freilich ohne Plotin oder irgendeine andere Quelle zu nennen.

Rank behauptet nämlich nicht nur, dass Prometheus auch „*das Liebesobjekt Pandora im Sinne der Wunscherfüllung erschaffen hat*", sondern auch, diese Stufe entspreche „*der schöpferischen Tendenz der Persönlichkeit im Liebesleben: nämlich die Schöpfung des Liebesobjektes durch Projektion im Sinne der Wünsche unseres Selbst. Zugleich aber ist Pandora, wie auch die anderen Kreaturen, ein Kind, dem der Schöpfer seine eigenen Züge aufprägen will*".[26]

Und hier liegt nach Ranks Auffassung die Rechtfertigung für Prometheus Bestrafung. Er sei nicht bestraft worden, „*weil er den göttlichen Funken raubt, der ohnehin menschliches Eigentum ist.... Sondern weil er damit denselben Missbrauch treiben will, der den Göttern scheinbar gestattet war, und dem jeder Menschenschöpfer, Eltern, Erzieher oder Therapeut so leicht verfällt: nämlich dem Geschöpf die eigene Persönlichkeit aufzuzwingen und es so zuerst zu einem willigen Objekt und fernerhin zum Fortsetzer des eigenen Ich zu machen*".

---

[25] Etwa Hesiod, „Theogonie", 570–590, oder Hyginus, Fabula 142.
[26] Rank S. 64.

Dass Prometheus, dieser sonst so unerschrockene Revolutionär, ausnahmsweise die Menschenschöpfung nicht als eine Art von Revolte gegen die Götter verstand, sondern im Gegenteil dies im Auftrag von Zeus selbst und unter der Führung von Athena getan hat[27] und dass er, wie schon erwähnt, dem Menschen seine Persönlichkeitseigenschaften nicht aufgezwungen hat, spielt für den Mitbegründer der Psychoanalyse gar keine Rolle.

Otto Rank hat seinen ureigenen Prometheus-Mythos geschaffen!

Der Prometheus-Komplex als Ödipus-Komplex des intellektuellen Lebens

Gaston Bachelard, französisches wissenschaftliches und philosophisches Multitalent, aber kein klassischer Psychoanalytiker, schuf in den dreißiger Jahren des vorigen Jahrhunderts mit seiner *„Psychoanalyse des Feuers"* ebenfalls einen Prometheus-Komplex[28].

Nach Bachelards Ansicht gibt es ein Problem mit dem Feuer, weil Träumereien das Denken ersetzen und Poeme die Theoreme verbergen. Das sei ein psychologisches Problem, sodass ihm eine *„Psychoanalyse des Feuers"* gerechtfertigt erscheint und auch, einen *„Prometheus-Komplex"* zu kreieren. Damit meint Bachelard folgendes:

Unter allen Phänomenen ist das Feuer das einzige, dem mit der gleichen Bestimmtheit die jeweils entgegengesetzten Wertungen zugesprochen werden können: das Gute und das Böse. Feuer glänze im Paradies, es brenne in der Hölle. Feuer sei Milde und Qual. Feuer sei Küche und Apokalypse. Feuer sei für das Kind, das artig am Herd sitze und es beobachte, ein Vergnügen; es bestrafe indessen jeden Ungehorsam, wenn man gar zu gern mit seinen Flammen spielen wolle. Feuer sei Wohlsein, und es sei Ehrfurcht. Feuer sei ein Schutzengel und ein strafender Gott.

Feuer ist nach Auffassung Bachelards eher ein soziales als ein natürliches Wesen. Die Ehrfurcht vor dem Feuer sei eine durch Lehre empfangene Ehrfurcht und keine natürliche. Die Auffassung, dass die natürliche Ehrfurcht das Primat besitze, sei überstrapaziert und überbewertet. In Wirklichkeit seien es soziale Verbote, die an erster Stelle stehen. Die natürliche Erfahrung komme dann an zweiter Stelle: Die Verbrennung, das heiße

---

[27] Ausführlich bei Roscher.
[28] Bachelard S. 17–20.

das natürliche Verbot, habe allein durch die Bestätigung der sozialen Verbote der elterlichen Intelligenz in den Augen des Kindes einen größeren Wert. Es gebe also in der Grundlage der kindlichen Erkenntnis des Feuers eine Interferenz des Natürlichen und des Sozialen, wobei das Soziale fast immer vorherrschend sei.

Bachelard will mit dem Vergleich von Stechen und Verbrennen seine obige Auffassung verdeutlichen. Beides – Stechen, z. B. an einem Dorn, und Verbrennung, z. B. an einer Flamme – seien schmerzhafte Erfahrungen und gäben Anlass zu reflexhaften Reaktionen. Auch wenn man sich steche, ziehe man seine Finger reflexartig zurück – so wie bei der Verbrennung. Aber die Dornen seien nicht Gegenstand der Ehrfurcht und der Furcht, so wie die Flammen und das Feuer. Der Grund liege darin, dass die die Dornen betreffenden sozialen Verbote um vieles schwächer seien als die bezüglich des Feuers.

Die wirkliche Basis der Ehrfurcht vor den Flammen sieht nach Auffassung Bachelards dann so aus: Wenn das Kind seine Hand nach dem Feuer ausstreckt, gibt der Vater oder die Mutter ihm einen warnenden (realen oder mentalen) Klaps auf die Finger. Das Feuer schlägt sozusagen, ohne dass es zu verbrennen braucht. Ob dieses Feuer Flamme oder Hitze, Lampe oder Ofen ist – die Wachsamkeit der Eltern ist die gleiche. Das Feuer ist also ursprünglich der Gegenstand eines allgemeinen Verbotes. Daraus kann man den Schluss ziehen, dass das soziale Verbot unsere erste allgemeine Erkenntnis über das Feuer ist. Man erfährt zuerst über das Feuer, dass man es nicht berühren darf. Je größer das Kind nun wird, desto mehr vergeistigen sich die Verbote: Der Klaps auf die Finger wird später durch die zürnende Stimme ersetzt, die zürnende Stimme durch die Geschichte von den Gefahren des Brandes, durch die Legenden über das Feuer, das vom Himmel kommt. So wird das natürliche Phänomen rasch in die komplexen und verworrenen sozialen Erkenntnisse einbezogen, die keinen Raum für naive Erkenntnis lassen.

Die Beziehung seiner obigen Überlegungen zu einem Prometheus-Komplex sieht Bachelard im *„listigen Ungehorsam"*. Er erklärt das bildhaft wie folgt: Das Kind will sich fern von den Eltern wie seine Eltern verhalten, und wie ein kleiner Prometheus entwendet es Streichhölzer. So wie Prometheus das Feuer vom Gottvater Zeus entwendet hat. Dann läuft das Kind in die Felder und baut in der Tiefe einer Schlucht mithilfe seiner Gefährten eine Feuerstelle.

> **Ein Komplex des intellektuellen Lebens**
>
> Bachelard definiert den Prometheus-Komplex als alle diejenigen Tendenzen, die uns drängen, ebenso viel zu wissen wie unsere Eltern, mehr zu wissen als unsere Eltern, ebenso viel zu wissen wie unsere Meister, mehr zu wissen als unsere Meister.
>
> Damit stellt Bachelard den Prometheus-Komplex, mindestens den größten Teil seines Hintergrundes, auf die Ebene der Intellektualität. Damit befindet er sich zwar im Widerspruch zur klassischen Psychoanalyse, aber konform zu seiner These, dass beim Menschen *„ein Wille zur Intellektualität"* bestehe.

Es ist also konsequent, wenn Bachelard den Prometheus-Komplex als den *„Ödipus-Komplex des intellektuellen Lebens"* deklariert.

Bachelard nimmt den Prometheus-Mythos als allgemein bekannt an und beruft sich deshalb für seine Ausführungen und Theorien auf keine entsprechende Quelle. Kritisch kann man bemerken, dass die Voraussetzung für Bachelards Prometheus-Komplex die Annahme ist, dass Prometheus durch das Stehlen des Feuers von Gottvater Zeus diesem gegenüber seine angebliche Überlegenheit demonstrieren wollte.

War es aber tatsächlich Prometheus Motiv, sich über Zeus zu erheben? Hat sein Motiv nicht viel mehr mit Philanthropie, mit Menschenliebe zu tun? Bachelards Deutung des Prometheus-Mythos gehört – wie so viele andere Deutungen von Mythen durch klassische Psychoanalytiker – zur Rubrik „Die Deutungsfreiheit ist unbegrenzt, der Deutungshimmel unendlich!".

Beugt also Gaston Bachelard einen Mythos? Welchen denn? Er beruft sich ja auf keinen!

Die DDR auf der Couch. Diagnose „Prometheus-Komplex"!

Ein ganz anderes Verständnis von einem Prometheus-Komplex hat die in Berlin praktizierende Diplom-Psychologin Reinhild Hölter. Es sei an dieser Stelle bemerkt, dass die Formulierungen, die sie in ihrer entsprechenden Publikation verwendet, den Eindruck erwecken könnten, dass sie die schon vorhandenen Prometheus-Komplex entweder nicht kennt oder sie verschweigt bzw. ignoriert. So nimmt sie keinerlei Bezug auf die seit Jahrzehnten existierenden Prometheus-Komplexe anderer Autoren und verwendet Formulierungen, die suggerieren könnten, dass sie die Erstbeschreiberin sei (etwa *„Ich möchte es 'Prometheus-Komplex' nennen"*

oder „*Mit der Benennung des pathogenen Trauma-Komplexes als 'Prometheus-Komplex' möchte ich betonen....*"[29]).
Wie auch immer. Die praktizierende Diplom-Psychologin hat nach eigenen Bekundungen therapeutische Erfahrungen mit politisch Verfolgten des DDR-Regimes. Diese hätten sie dazu bewogen, einen „Prometheus-Komplex" aus der Taufe zu heben. Sie habe beobachtet, dass traumatische Gewalterlebnisse, wie sie von der DDR-Diktatur verursacht wurden, bei den Opfern oft noch so präsent seien wie zum Zeitpunkt des Geschehens. Das führe zu massiven Behinderungen im täglichen Leben, auch wenn das Ereignis 20 oder 30 Jahre zurückliege.

> **Der Prometheus-Komplex der Schwertraumatisierten**
> Als Prometheus-Komplex versteht die Komplex-Neuschöpferin regressive Prozesse, die bei Extremtraumatisierungen durch politische Haft, Verfolgung und gezielte psychische Zersetzungsmaßnahmen stattfinden, die in diesem Kontext destruktiv im Sinne von Ich-auflösend seien. Das stärkste Merkmal von solchen schweren Traumatisierungen sei der *„Besetzungsabzug"*[30] bzw. das Scheitern der empathischen Verbindung zur Zeit des Traumas. Die Folge dieser Auslöschung sei die Unfähigkeit, eine empathische Beziehung zu sich selbst aufrecht zu erhalten. Den so verstandenen psychischen Komplex möchte die Autorin *„Prometheus-Komplex"* nennen. Es sei ein mächtiger pathogener Komplex, der der Namen des Prometheus verdiene, da dieses archetypische Thema die Wucht der Emotion zeige, die mit einer schweren Traumatisierung einhergehe.

Wie kommt die Komplex-Neuschöpferin darauf, eine Form der posttraumatischen Störung mit dem Namen des „*vornehmsten Heiligen und Märtyrer im philosophischen Kalender*"[31] zu versehen?
Dafür geht die Autorin nicht an die Quellen, sondern verwendet geläufige Synthesen des Mythos, wie wir sie aus den lobenswerten und allgemein-

---

[29]Hölter, beides S. 528.
[30]Die Autorin verwendet dafür das sehr umstrittene und sprachlich völlig falsche anglizierte griechische Wort „cathexis". Darunter verstehen Psychoanalytiker einen Prozess von Investition an mentaler oder emotionaler Energie in eine Person, ein Objekt oder eine Idee. Es handelt sich um eine problematische und umstrittene Übersetzung von Freuds „Besetzung" ins Englische: Sigmund Freund verwendete den aus der Militärsprache entlehnten Begriff „Besetzung", um die o. g. psychoanalytische Theorie zu bezeichnen. Das für die englische Übersetzung kreierte griechische Wort „cathexis" gibt es in der griechischen Sprache meines Wissens in dieser Form und in dieser Schreibweise nicht. Das richtige Wort wäre dann „Katoché" was Besetzung und Besatzung – letzteres eher kompatibel zur Militärsprache – bedeutet.
[31]Heiliggesprochen von Karl Marx, wie wir inzwischen wissen.

bildungsnützlichen Bemühungen von neuzeitlichen Mythennacherzählern kennen, die versuchen, dem breiten deutschen Publikum die griechischen Mythen – mehr oder weniger plastisch, mehr oder weniger synthetisch, mehr oder weniger plakativ – nahezubringen. Etwa in der Form von „Die Mythologie der Griechen" oder „Die besten Sagen des klassischen Altertums" usw., usw. Allerdings ist der einzige diesbezügliche Autor, den sie zitiert, das sei hier auch bemerkt, einer der seriösesten und der hervorragendsten auf diesem Gebiet, nämlich Karl Kerényi.

Trotzdem: Wie kommt sie darauf, eine lang andauernde posttraumatische Störung als „Prometheus-Komplex" zu bezeichnen?

Ganz einfach zusammengefasst, sagt sie: Es bestehe eine wichtige Gemeinsamkeit zwischen ihren posttraumatischen Post-DDR-Patienten und Prometheus, natürlich metaphorisch-mythologisch gemeint. Die liege in der Zeit nach der Befreiung des Helden: Prometheus sei nach geheimer Anweisung von Zeus von dessen Sohn Herakles befreit worden. Allerdings habe Zeus dabei sein Gesicht nicht verlieren dürfen, da er Prometheus für alle Ewigkeit verurteilt hatte. Prometheus sollte deshalb fortan als Symbol der „ewigen" Bestrafung einen besonderen Kranz bzw. einen eisernen Ring mit einem eingefassten Stein tragen, als symbolische Fortsetzung der eisernen Ketten und des Felsen, an dem er angeschmiedet gelitten habe. Nun aber, alleine für diese Schlussszene der Prometheus-Befreiung, die die Autorin in einem Guss als Deutungsbasis nimmt, erwähnt der von ihr zitierte Karl Kerényi acht unterschiedliche, nicht immer miteinander kompatible Quellen. Dieses ewige Tragen der symbolischen Ketten setzt die Autorin offensichtlich gleich mit der ewigen wiederkehrenden Konfrontation mit erlittenen Qualen in DDR-Haft.

Der Ring bzw. das Armband oder auch der Kranz des Prometheus markiert übrigens die Geburtsstunde des Schmucks. Während der Feiertage zum Andenken an Prometheus, die „Prometheia", in Athen, trugen die Menschen zunächst Ketten aus Metall mit eingefassten Steinchen um Hals und Handgelenk. Dann aber fanden sie das schick, es machte ihnen Freude, so etwas immer häufiger zu tragen – und schließlich ständig. Und so kam der Schmuck zu den Menschen[32].

Es stellt sich aber die Frage, unabhängig davon, ob man die Theorie ihres Prometheus-Komplex akzeptiert oder nicht, ob die Autorin zu weit geht, wenn sie die Geburtsstunde des „Kósmema", des Schmucks also,

---

[32]S. in Marneros „Feuer für ausgebrannte Helden".

den die Menschen seit der Etablierung der „Prometheia" gerne tragen, als Fortsetzung der Folter für Prometheus deutet.

Man mag darüber denken, was man will, aber auf mich wirkt ihre Deutung dennoch nicht so mythosbeugend wie die mit dem Riesenpenis, dem Harn und der Homosexualität, dem narzisstischen Erzieher oder die mit dem Feuer spielenden Streber.

> … und der Chor der Mythographen, Dichter und Scholiasten wundert sich über die Kreativität der Komplexschöpfer und singt klagend: „*Oh Zeus, oh Zeus! Wenn wir gewusst hätten, was aus unserem Protagonisten des Schicksalsmythos des Abendlandes gemacht wird: Der mit einem Riesenpenis und Urin Spielende und Unterdrücker des homosexuellen Triebes, gegen den der grollende, triebhafte, undankbare Ur-Mensch rebelliert und ihn bestraft. Oder der sich geistig fortpflanzende narzisstische Erzieher. Oder der Streber, der besser sein will als sein Vater. Oder der ewig posttraumatisch Kranke. Dann, ja dann hätten wir den Mythos in einem Riesenrohr versteckt, um ihm dieses Schicksal zu ersparen …*"

12

Der Ikaros- und der Solar-Komplex

Geflogen oder nicht geflogen

Der Ikaros-Komplex wird vom Mythos über Ikaros Höhenflug und Absturz abgeleitet. Allerdings gibt keiner der später zitierten Schöpfer eines Ikaros-Komplexes den Mythos bzw. einen der verschiedenen, sehr unterschiedlichen Mythen zu Dädalos und Ikaros wieder; mit einer einzigen Ausnahme, die aber lediglich einer neuzeitlichen Nacherzählung folgt. Es gibt zwar eine bekannte Kernaussage der Geschehnisse um Ikaros und Dädalos, aber auch Variationen mit nicht unerheblichen Abweichungen davon; manche stehen sogar komplett im Widerspruch dazu. Einen Vorgeschmack davon haben wir schon bei der Besprechung des Minos-Komplexes bekommen und ebenso im Kap. 1.

Die allgemein wohl bekannteste Kernaussage des Ikaros-Mythos lautet: Dädalos, der geniale Ur-Ingenieur der Menschheit, flieht zusammen mit seinem Sohn Ikaros, um dem Zorn des Königs von Kreta, Minos, zu entgehen. Vater Dädalos konstruiert zu diesem Zweck künstliche Flügel, die mit Wachs zusammengehalten werden. Dädalos warnt Ikaros, nicht zu hoch zu fliegen, weil durch die Nähe zur Sonne das Wachs zu schmelzen beginne und die Gefahr bestehe, ins Meer oder aufs Land abzustürzen. Doch Ikaros missachtet in jugendlichem Leichtsinn und Selbstüberschätzung des weisen Vaters Empfehlung und stürzt ins Meer.

In dieser Form wird uns - mehr oder weniger übereinstimmend – der Mythos von Apollodor (Mitte des 2. vorchristlichen Jahrhunderts), von Diodor (Mitte des 1. vorchristlichen Jahrhunderts) sowie von Ovid und

Hyginus (beide um die Zeitenwende, Hyginus eventuell ein oder zwei Jahrhunderte später) überliefert. Allerdings nennen die Mythographen unterschiedliche Motive für die Flucht. Nach Apollodor war der Grund für Minos Zorn, dass Dädalos Minos Tochter Ariadne den Tipp gegeben hatte, wie ihr Geliebter Theseus aus dem Labyrinth entkommen konnte („Epitomé" I, 8). Diodor (IV, 77) wie auch Hyginus (Fabula 40) dagegen geben an, der Grund sei gewesen, dass Dädalos der Gattin des Königs, Pasiphaë, dabei geholfen habe, sich mit dem Stier des Poseidon sexuell zu vereinigen[1]. Und Ovid erwähnt gar keine Angst des Dädalos vor Bestrafung und auch keinen Zorn auf Seiten von König Minos, sondern einfach den Wunsch des Athener Genies, aus Kreta wegzukommen („Metamorphosen" VIII, 183). Ähnlich äußert er sich auch in seiner „Ars amatoria" (II, 20–98).

Der Flug von Dädalos und Ikaros wird von Apollodor (Epitomé I, 12–13) wie folgt beschrieben: *„Minos nun, als er die Flucht des Theseus und seiner Gefährten bemerkt hatte, sperrte den schuldigen Daidalos im Labyrinth ein, zusammen mit seinem Sohn Ikaros, der ihm von Naukrate, einer Sklavin des Minos, geboren worden war. Daidalos verfertigte für sich und seinen Sohn Flügel. Als dieser sie schon ausgebreitet hatte, gab er ihm folgende Anweisungen: weder zu hoch zu fliegen, damit die Flügel nicht auseinanderfielen, wenn der Leim durch die Sonne geschmolzen war, noch zu nahe über dem Meer zu fliegen, damit nicht die Flügel von der Feuchtigkeit zerstört würden. Ikaros aber achtete nicht auf das, was der Vater sagte, hatte sein Vergnügen und wurde immer höher getragen, der Leim schmolz, und er fiel in das nach ihm benannte Ikarische Meer und starb. Daidalos gelangte sicher nach Kamikos in Sikelia".*[2]

Ähnlich beschreibt Ovid, allerdings in einer viel blumigeren Sprache, den Flug und Sturz des Ikaros in seinen „Metamorphosen" (VIII, 183–235). Und in noch blumigerer und noch poetischerer Sprache in seiner „Ars amatoria" (I, 20–98). Auch Diodor (Diodoros von Sikelia, den meisten bekannt als Diodorus Siculus), griechischer Historiograph des ersten vorchristlichen Jahrhunderts, berichtet in seiner „Historischen Bibliothek" über Ikaros Flug und Absturz. Er beschreibt zunächst eine Freundschaft zwischen Dädalos und Minos und erzählt dann die Episode mit Pasiphaë (IV, 77), so wie wir sie aus dem Kapitel „Der Minos-Komplex" kennen.

Für Dädalos und Ikaros Flucht ist Fliegen nach Diodor bloß eine *„unglaubliche"* Mythos-Variante: *„…,Dädalus hörte, Minos habe ihm gedroht, weil er das Bild der Kuh gemacht. Aus Furcht vor dem Zorn des Königs verließ*

---

[1] S. Marneros „Mein Bruder Sisyphos, mein Freund der Minotauros".
[2] Hier nach der Übersetzung von Christian Gottlob Moser und Dorothea Vollbach.

er Kreta; wozu ihm Pasiphaë behülflich war, indem sie ihm ein Fahrzeug verschaffte, worauf er sich einschiffte. Sein Sohn Ikarus, der ihn auf seiner Flucht begleitete, fiel, als sie an eine Insel auf der hohen See getrieben wurden, durch Unvorsichtigkeit bei'm Aussteigen in's Meer und ertrank; daher heißt dies das Ikarische Meer und die Insel Ikaria. Dädalus fuhr von dieser Insel weiter nach Sicilien. Er landete in der Gegend, wo Kokalus König war, und fand bei Demselben wegen seiner Talente und seines Ruhmes eine sehr freundschaftliche Aufnahme'.

Anders lautet folgende Sage. 'Dädalus blieb noch in Kreta und wurde von Pasiphaë verborgen gehalten, als Minos ihn bestrafen wollte. Da ihn der König nicht finden konnte, so ließ er alle Schiffe auf der Insel durchsuchen, und versprach Dem, der ihn auffinden würde, eine große Summe Geldes. Nun gab Dädalus die Hoffnung auf, zu Schiffe entfliehen zu können. Er bildete Flügel, durch Wachs auf eigene Art verbunden, mit bewunderungswürdiger Kunst; die legte er sich und seinem Sohne an, flog damit wunderbarerweise auf und entwich aus der Insel über das Meer. Ikarus nahm in jugendlichem Leichtsinn den Flug zu hoch und fiel in's Meer, weil das Wachs, das die Flügel zusammenhielt, von der Sonnenhitze schmolz. Dädalus aber flog nahe über dem Meer und neßte die Flügel von Zeit zu Zeit; so kam er unverhofft glücklich in Sicilien an'. So unglaublich diese Fabel seyn mag, so meinten wir sie doch nicht übergehen zu dürfen."[3]

Die bekannteste Kernaussage des Mythos, weil die beeindruckteste und auch die pädagogisch-didaktischste, ist dennoch die des Fliegens und des Absturzens. Sie wurde zum festen Wissensbestandteil des interessierten Publikums, nicht zuletzt durch die Übernahme dieser Variation des Mythos von den meisten deutschsprachigen Mythennacherzählern, so etwa Gustav Schwab. Letzterer wird an dieser Stelle deswegen erwähnt, weil sich einer der Schöpfer eines Ikaros-Komplexes, nämlich der Niederländer Vaessen, ausdrücklich auf ihn beruft, wie wir anschließend sehen werden. Allerdings erzählt der angebliche Ur-Vater des Ikaros-Komplexes, Henry Murray, nicht einmal die Kernaussage des Mythos auch nur ansatzweise, er zitiert keine Quelle. Um zu zeigen, dass diese Kernaussage nicht als selbstverständlich genommen werden darf, lassen Sie uns an dieser Stelle einen Blick werfen auf einige abweichende Variationen des Mythos, in denen gar kein Flug und kein Absturz aus der Höhe vorkommen – hier sehr zusammengefasst.

---

[3]Ebenfalls in IV, 77.

So etwa die von Paläphatos, einem Aristoteles-Schüler, der für jeden Mythos eine logische Erklärung suchte:

„Daidalos war in dem Gefängnis, er ließ sich selbst durch ein Fenster hinab und zog auch seinen Sohn herunter, bestieg ein Boot und verschwand. Minos bemerkte dies und schickte Schiffe zur Verfolgung. Die Verfolgten bemerkten dies, und da der Wind gerade stark und günstig war, schienen sie zu fliegen. Danach fuhren sie mit einem guten kretischen Südwind auf dem Meer und kenterten. Daidalos rettete sich an Land, Ikaros aber kam um, und daher wurde nach ihm das Ikarische Meer benannt. Als er von den Wellen angespült wurde, bestattete ihn sein Vater."

(Paläphatos, Abschnitt 12).

Eine gewisse Ähnlichkeit mit der vorherigen hat auch Pausanias Erzählung:

Als Dädalos aus Kreta floh, machte er für sich und seinen Sohn Ikaros nicht große Schiffe und brachte auf den Schiffen auch Masten an, was die damaligen Menschen noch nicht erfunden hatten, damit sie der Ruderflotte des Minos mit günstigem Wind entkommen könnten. Da rettete sich Dädalos selbst, aber das Schiff des Ikaros, der weniger gut zu steuern verstand, sei gekentert, so erzählt man, und die Flut trieb ihn an die damals noch namenlose Insel über Samos. Herakles kam dahin, erkannte den Leichnam und begrub ihn dort, wo sich auch jetzt für ihn ein mäßig großer Hügel befindet, auf einem ins Ägäische Meer vorspringende Vorgebirge. Von diesem Ikaros erhielt die Insel den Namen und das Meer um sie".

(9. Buch 11, 4–5).

Aber auch Hyginus, der anfangs die Sage ähnlich erzählt wie Apollodor und Diodor, fügt am Ende seiner 40. Fabula hinzu:

„Andre sagen: als Theseus den Minotauros tötete, führte er den Daidalos in seine Vaterstadt Athen zurück."

Und wie wir schon gesehen haben, distanziert sich auch der Historiograph Diodor vorsichtig von der Flug- und Sturz-Variation des Mythos.

Die letztgenannten Variationen des Mythos mögen realitätsnäher sein. Allerdings sind die Flug- und Absturz-Erzählungen nicht nur viel beeindruckender und pädagogisch hilfreicher, sondern auch sehr gut geeignet, um daraus Metaphern, Syndrome und Komplexe abzuleiten.

Der Ikaros-Komplex

Was also wird nun unter einem Ikaros-Komplex verstanden?

Der holländische Psychoanalytiker M. I. J. Vaessen schrieb im Jahre 1961, dass, obwohl ein französisches psychoanalytisches Wörterbuch 95 Komplexe anhand von griechischen Paradigmata aufzähle, er darin keinen Ikaros-Komplex gefunden habe. Dies habe er sehr bedauert, doch gleichzeitig sei er sehr froh darüber gewesen: Denn so habe er als erster den Ikaros-Komplex beschreiben können.

Doch das war nicht so! Er hat sich geirrt!

Der Ikaros-Komplex wurde schon lange vor ihm beschrieben – abgesehen davon, dass außerhalb der klassischen psychoanalytischen Szene schon vorher ein Ikaros-Komplex bekannt war[4]. Der amerikanische Psychoanalytiker Henry A. Murray beschrieb im Jahr 1955 im zweibändigen Werk „Clinical Studies of Personality" im Kapitel „American Ikarus" im Rahmen einer Kasuistik-Präsentation einen „Ikaros-Komplex" sowie eine Variante davon, die er „Solar-Komplex" nennt. Und der Holländer Van der Waals hatte schon im Jahr 1950 einen ähnlichen Begriff, nämlich *„Ikarusismus"*, verwendet. Sperber, Murray sehr treu folgend und von ihm auch bei der Vorbereitung seines entsprechenden Manuskriptes unterstützt, verwendete später den Begriff *„Icarian"* für Personen, die Merkmale des Ikaros-Komplexes im Sinne Murrays aufweisen. Ebenso wie Daniel Ogilvie, von Murrays Kasuistik und Theorien inspiriert. Der von Henry Murray dargestellte Patient war ein inkompetenter, nichtstuender junger Student, voll von Megalophantasien, die sich vor allem um das Fliegen drehten, gelegentlich begleitet von Phantasien, die mit Feuer, Wasser oder Durch-den-Raum-Fallen zu tun hatten. Anhand seiner Beobachtungen konzipierte Murray – unter Verwendung von nicht ganz einfachen Begriffen – einen Ikaros-Komplex, bestehend aus den folgenden sieben Komponenten:

---

[4] Offensichtlich beschrieb der französische Philosoph und Epistemiologe Gaston Bachelard auch einen Ikaros-Komplex. Jean-Paul Sartre berichtet darüber bei der Beschreibung einiger Aufs und Abs des französischen Autors und schweren Kriminellen Jean Genet. Auf Seite 175 der in den Bibliographischen Anmerkungen zitierten deutschen Edition ist zu lesen: *„So ist dieses Universum aus Bergfrieden, Minaretten, Kampanilen, dieses phallische Emporstehen der Natur die Vision eines Mannes, der im Begriff ist zu fallen und der hohe Mauern über sich aufsteigen sieht, die ihm sogar den Himmel verdecken. Genets Sexualität ist der Dynamismus des Fallens, die Schwerkraft des Bösen, die im Fleische empfunden wird. Bachelard würde bei ihm von einem „Ikaruskomplex" sprechen."*

Obwohl ich mehrere der vom fleißigen Komplexschöpfer Bachelard beschriebenen Komplexe – allerdings nicht im klassischen psychoanalytischen Sinne, die meisten davon gehören nicht in dieses Buch – ausfindig machen konnte, ist es mir leider nicht gelungen, für diesen die Quelle zu lokalisieren.

> **Der Ikaros-Komplex der fallenden Polarsterne**
>
> Murrays Komponenten des Ikaros-Komplexes:
>
> 1. Kynosuraler Narzissmus.
> 2. Aszensionismus verbunden mit
> 3. unerwünschtem oder zufälligem Fall oder Abstieg bzw. bewusstem oder unbewusstem Wunsch nach einem katastrophalen Fall/Abstieg bzw. unbewusst herbeigesehnter Abstieg.
> 4. Assoziiert mit der Fixierung auf bzw. Besessenheit von Feuer[5]
>   – und wenn Enuresis oder Inkontinenz ein Thema ist – dann auch
> 5. eine Fülle von wasserbezogenen Fantasien (beides im Rahmen von „urethralem Erotismus").
>   Als Konsequenz der oben dargestellten Aspekte
> 6. eine Sehnsucht nach Unsterblichkeit als eine Art von Wiederauferstehung, und
> 7. ein Verständnis von Frauen als Objekte, die narzisstischer Befriedigung dienen, in der Regel verbunden mit Bisexualität.

Diejenigen, die mit manchen dieser von Murray verwendeten Begriffe nichts anfangen können – auch ich gehörte dazu, bevor ich angefangen habe, mich intensiver mit dem Thema zu beschäftigen – sollten den ersten Schreck zu überwinden versuchen und nicht kapitulieren. In aller Bescheidenheit werde ich versuchen, mein neu erworbenes Wissen, irgendwie mit altem Wissen verwoben, weiter zu vermitteln.

Von zentraler Bedeutung für Murray ist der Begriff *„Azensionismus"*. Damit meint er die Sehnsucht nach Höherem: den Wunsch des Betroffenen, die Schwerkraft zu überwinden, groß herauszukommen, auf den Zehenspitzen zu tanzen, auf dem Wasser zu gehen, in die Luft zu springen und in der Luft zu schweben, aus einer Höhe zu fallen, ohne sich zu verletzen, von den Toten aufzuerstehen, usw. usw, wie er selbst schreibt.

Und was meint er mit *„kynosuralem Narzissmus"*? Zuerst das Wort „kynosural", abgeleitet vom griechischen „Kynosura", bedeutet wörtlich übersetzt „Hundeschwanz". Doch damit ist in diesem Zusammenhang nicht der reale Hundeschwanz gemeint, sondern der Schwanz des Sternbildes „Kleiner Bär", an dessen Ende der intensiv strahlende Polarstern steht. Der Name Kynosura war der Name einer den Nymphen, die den kleinen Zeus hüteten

---

[5] Murray verwendet dafür den Begriff „cathexion". Aus dem Kontext ist zu vermuten, dass „cathection" synonym mit dem (falschen) Wort „cathexis" verwendet ist, s. Fußnote im Kapitel „Prometheus-Komplex".

und pflegten. Aus Dankbarkeit dafür erhob Zeus sie später in den Himmel, wo wir sie bis heute vor allem als Polarstern bewundern.

Mit dem Begriff „kynosuraler Narzissmus" beabsichtigte Murray die Einführung eines Begriffes, der geeigneter wäre als die Bezeichnung „Exhibitionismus", um die Neigung eines Narzissten zu bezeichnen, Aufmerksamkeit und Bewunderung auf sich zu ziehen, so wie der leuchtende „Kynosura- Stern", der Polarstern, am Firmament.

Aus welchen mythologischen Quellen der Komplexschöpfer Murray Teile seiner obigen Theorien ableitet, verrät er uns nicht. Er erzählt uns ja nicht einmal den Mythos in irgendeiner seiner Variationen, sondern setzt ihn vielmehr als allgemein bekannt vor. Aus keiner der oben erwähnten Variationen der Erzählung um Dädalos und Ikaros lassen sich Schlussfolgerungen ziehen, die zu einem so gearteten Ikaros-Komplex führen können. Man muss befürchten, dass auch diese Komplexkonstruktion nicht unbedingt zu einer Verbesserung der Beziehung zwischen griechischem Mythos und Psychoanalyse beiträgt.

Und worin sieht Murray nun die Beziehung zwischen Ikaros-Komplex und Solar-Komplex? Der Ikaros-Komplex kann seiner Meinung nach als die unreife Form – eventuell als fortbestehende adoleszente Problematik – eines Solar-Komplexes angesehen werden. Er erklärt ihn uns – aber leider in nur wenigen Sätzen, sodass er für manche von uns doch kryptisch bleibt:

Der Solar-Komplex

Der Solar-Komplex bestehe aus den gleichen Komponenten wie der Ikaros-Komplex, so Murray, zu der zusätzlich eine sehr starke Ego-Struktur hinzukomme, unterstützt von tatsächlich belegten Fähigkeiten, die dazu dienten, die waghalsigen Ambitionen der Jugend zu dämpfen und sie in den Rahmen des Machbaren zu zwingen, wodurch auch die Gefahr des Falles neutralisiert werde.

Woher die Bezeichnung Solar-Komplex kommt, verrät uns sein Schöpfer übrigens nicht! In welcher Beziehung die oben beschriebene Konstellation zu Stella majestatis, der Sonne, oder Sol – Helios oder später Apollon – besteht, wird uns nicht offenbart. Doch der psychoanalytische Namensgeber des Komplexes lässt es uns erahnen – durch einen Halbsatz in seinem 26-seitigen Buchbeitrag. Seines kasuistischen Heros (des megalophantasierenden Studenten) ... *„ascensionism suggests that he belongs with the adolescent, overreaching, would-be solar heroes, Icarus and Phaëthon – father-superseding ent-*

husiasts with unstructural ego systems."[6,7] Allerdings bleiben Zweifel, ob wir das Kryptische richtig entziffern konnten: Stehen die beiden unreifen Jugendlichen Ikaros und Phaethon mit den ungezügelten waghalsigen Aktionen nicht in Kontrast zum Inhalt seines „Solar-Komplexes", der ein starkes Ego und Reifung voraussetzt? Oder hatten die unglücklichen Väter Helios und Dädalos – mit ihren in der Tat geprüften Fähigkeiten und Erfahrungen, die die unreifen Söhne vor waghalsigen Abenteuern warnten – einen „Solar-Komplex"? Jedenfalls waren beide nicht in der Lage, *„die waghalsigen Ambitionen der Jugend zu dämpfen und sie in den Rahmen des Machbaren zu zwingen, wodurch auch die Gefahr des Falles neutralisiert"* würde, wie Murrays Verständnis des von ihm definierten Komplexes suggeriert.

Nun noch zu der Variante des vermutlich vorläufig letzten Schöpfers eines Ikaros-Komplexes, der sich allerdings als der erste wähnte, nämlich dem schon genannten Niederländer Vaessen. Als mythographische Basis für seinen Ikaros-Komplex verwendete er keine Originalquelle, sondern die synthetische Nacherzählung aus Gustav Schwabs „Die schönsten Sagen des klassischen Altertums", die er wie ein Original behandelt.

> **Der Ikaros-Komplex als unbewusster Ikarusismus**
>
> Damit ist eine Disproportion zwischen Wunsch und Erreichbarkeit gemeint. Eine Disproportion, die auch die Möglichkeit des Fallens bzw. des Misserfolges in sich trägt bzw. steigert.
>
> Wie schon erwähnt, führte der Holländer Van der Waals im Jahr 1941 den Begriff „Ikarusismus" als einen späteren *„höheren"* Narzissmus ein, der sich von einer infantilen Narzissmus-Form abgrenzt. Die *„Höhenflüge"* des Ikarusismus bleiben aber immer im Bereich des Bewussten.
>
> Im Gegensatz dazu spielt sich die genannte Disproportion zwischen Wunsch und Erreichbarkeit beim Ikaros-Komplex nach Vaessen im Bereich des Unbewussten und des Konflikthaften ab. Eine wesentliche Rolle spielt dabei ein Minderwertigkeitsgefühl bei gleichzeitig vorhandenem Streben nach Macht.
>
> Die klinischen Bilder, in denen der Ikaros-Komplex einen klaren Anteil haben, sind nach Vaessen die „Doppelpersönlichkeit" und die „paranoide Megalomanie".

---

[6] Murray, S. 636.

[7] Ikaros kennen wir alle. Aber Phaëthon? Er ist der Sohn des Sonnengottes Helios. Er nötigt seinen Vater, ihm den Sonnenwagen zu überlassen, den aber nur der Sonnengott selbst lenken kann. Helios Mahnungen und Bedenken haben keinen korrigierenden Einfluss auf Phaëthon – ähnlich wie die des Dädalos auf Ikaros. Und so kommt es, wie es kommen muss: Phaëthon steuert den Sonnenwagen zu nah an die Erde, so dass sie verbrennt; dann entfernt er sich zu weit von ihr, so dass alles auf der Erde erfriert. Und so geht es auf und ab – bis Gottvater Zeus mit seinen Blitzen Phaëthon selbst verbrennt und so dem Spuk ein Ende bereitet. Diese archetypische Legende psychologisch erzählt findet man in Marneros „Mein Bruder Sisyphos, mein Freund der Minotauros".

Erfreulicherweise kann man zwischen der Kernaussage des griechischen Mythos und dem von Vaessen konstruierten Ikaros-Komplex keinen wesentlichen Widerspruch entdecken. Ob allerdings tatsächlich so ein Ikaros-Komplex bei einer *„Doppelpersönlichkeit"* – was immer das auch bedeutet – und bei einer *„paranoiden Megalomanie"* eine Rolle spielt oder nicht, ist nicht Thema der gegenwärtigen Ausführungen.

> ….. Und man hört Apollodor und Ovid und Hyginus und manche andere missmutig sagen: „Na, da gibt es doch noch die Hoffnung, dass nicht alle uns missbrauchen und uns solche Dinge unterstellen wie urethrische Erotik, Bisexualität oder die irgendwie andersgeartete sexuelle Ausbeutung der Frau, die bloß narzisstische Befriedigung bringen soll …."
>
> Doch aus dem Hintergrund hört man die wütenden Stimmen von Diodor und Paläphatos und Pausanias und manchen anderen: *„Und wir? Werden wir etwa totgeschwiegen, weil wir etwas anderes berichtet haben …?"*

13

Der Persephone-/Kore-Komplex

Das Grundthema des Mythos

Der Persephone-Komplex bzw. der Kore-Komplex (nach einer gebräuchlichen Bezeichnung für Persephone) wird abgeleitet aus dem uralten Demetra-Persephone-Mythos, der als der klassische Mythos zur Mutter-Tochter-Bindung gilt.

Der genannte Mythos wird in vielen verschiedenen Variationen erzählt, wobei jedoch das Grundthema dasselbe bleibt: Hades, der Gott der Unterwelt, entführt die jugendliche Persephone, Tochter von Demetra und Zeus, und macht sie zu seiner Frau und Herrscherin der Unterwelt. Demetra, die auch Zeus und Hades Schwester ist, sucht verzweifelt und tiefst deprimiert nach ihrer Tochter. Zeus vermittelt einen Kompromiss zwischen seinen beiden Geschwistern: Die eine Hälfte des Jahres (bzw. 9 Monate je nach Mythos-Variation) bleibt Persephone bei ihrer Mutter auf der Erde und die andere Hälfte (bzw. 3 Monate) bei ihrem Mann in der Unterwelt.

Die Legende ist seit dem Altertum ein beliebtes Thema bei Dichtern, Mythographen und Künstlern. Motive und Hergang sowie andere Aspekte der Entführung und der Rückkehr von Persephone variieren allerdings von Erzähler zu Erzähler.

Von den alten Quellen – damit sind Erzählungen bis kurz nach der Zeitenwende gemeint – berichten am ausführlichsten darüber der „Homerische Hymnos an Demetra" und Ovid in seinen „Metamorphosen".

Persephone im „Homerischen Hymnos an Demetra"

Der „Homerische Hymnos an Demetra" gehört offensichtlich zu den ältesten Texten, die sich mit dem Mythos befassen. Die Bezeichnung „homerisch" kann irritierend wirken. Es sei deswegen an dieser Stelle erwähnt, dass die „Homerischen Hymnen" eine Sammlung von 33 Gedichten und Lobpreisungen an die Götter sind, die nicht von Homer geschrieben wurden, zumindest in der Mehrzahl nicht, sondern von verschiedenen Dichtern in unterschiedlichen Zeitperioden, die sich wahrscheinlich vom 7. bis zum 2. Jahrhundert vor Chr. erstrecken. Der „Homerische Hymnos an Demetra" stammt vermutlich aus dem späten 7. Jahrhundert. Während Homer selbst in seiner „Ilias" und „Odyssee" Demetra vorwiegend als die Agrikultur-Göttin und Persephone als die *„furchtbare"* Herrscherin der Unterwelt präsentiert, verknüpft der „Homerische Hymnos" zwei Ereignisse miteinander: Den Raub von Persephone, Demetras Tochter, durch Hades, den Herrscher der Unterwelt, mit der Errichtung des Demetra-Heiligtums in Eleusis[1,2]. Der „Hymnos an Demetra" gehört mit 495 Versen zu den längsten Hymnen der Sammlung (nur der „Hymnos an Hermes" ist mit 580 Versen länger). Die Geschichte, hier in Zusammenfassung nach den in den „Bibliografischen Anmerkungen" genannten Übersetzungen aus dem Griechischen, von mir nach Konsultation des griechischen Originaltextes leicht modifiziert, lässt sich wie folgt erzählen:

> **Aus dem „Homerischen Hymnos an Demetra"**
>
> Hades, der Gott der Unterwelt, raubt Persephone mit Zustimmung und Hilfe seines Bruders Zeus, der auch Persephones Vaters ist, und entführt sie in sein Reich. Dies geschieht, während sie mit ihren Freundinnen, den Okeaniden, den Töchtern des uralten Wassergottes Okeanos, Blumen auf einer Wiese pflückt. Die Erdgöttin Gäa stellt dabei gemäß Zeus Willen dem Mädchen eine Falle: Sie lässt aus einer einzigen Wurzel hundert wunderschöne, betörend riechende Blütenstengel emporsprießen. Fasziniert reißt das Mädchen mit beiden Händen eine solche außergewöhnliche Blume aus dem Erdreich, welches dann plötzlich weit aufklafft. Heraus springt Hades mit seinem rabenschwarzen Wagen und entführt das heftigen Wiederstand leistende, schreiende Mädchen. Nichts

---

[1] S. etwa Anton Weiher oder.
[2] Ernst Günther Schmidt.

13 Der Persephone-/Kore-Komplex

und niemand hilft. Persephone wird zu Hades Frau und damit zur mächtigen Königin der Unterwelt.

Persephones Mutter Demeter irrt danach Tag und Nacht durch die Welt, mit Fackeln in beiden Händen, nicht essend, nicht trinkend, tief betrübt und verzweifelt, auf der Suche nach ihrer Tochter. Am neunten Tag erfährt sie zwar von Hekate, der vielfältigen Göttin des Bösen und der Dunkelheit, die aber auch von Gutem und Helligkeit nicht ganz frei ist, dass ihre Tochter entführt wurde. Aber nicht, wer der Entführer ist; Hekate konnte ihn nicht sehen. Nach langem Herumirren in der Welt erfährt Demeter schließlich von Helios, dem alles auf der Erde sehenden Sonnengott, was geschehen ist. Wobei dieser sie zu trösten versucht mit dem Argument, dass Hades ein mächtiger Gott sei und es eine Ehre für ihre Tochter, Ehefrau eines solchen Gottes zu sein. Für Demeter ist das nicht tröstlich, vielmehr wird sie neben ihrer Depression auch noch zornig. Sie meidet fortan den Olymp und irrt weiter durch die Welt. Sie verwandelt sich in eine Greisin, gibt sich den Name Doso, sitzt erschöpft und elend am „Brunnen der Jungfrauen" und erzählt den dort anwesenden vier Töchtern des Herrschers von Eleusis, Keleos, eine falsche Lebensgeschichte. Sie erweckt Mitleid und wird wohlwollend und herzlich in die Dienste des Königshauses aufgenommen. Königin Metaneira, die beim Anblick der Greisin von einer unerklärlichen Ehrfurcht ergriffen wird, bietet ihr an, in ihrem königlichen Sessel zu sitzen, was die Göttin aber ablehnt. Dann bietet ihr die Dienerin lambe einen gewöhnlichen Stuhl an, bedeckt mit einem Schaffell. Darauf schließlich sitzt Doso/Demeter, wortlos, tieftraurig, bewegungslos und ohne Speisen und Getränke anzurühren, immer nur an die verschwundene Tochter denkend. Irgendwann schafft es die gute lambe mit Scherzen und Spott, die Göttin zum Lachen zu bringen; das ist übrigens der Grund, warum Demeter die lambe in ihr Herz schließt. Wieder bietet ihr die Königin Speisen und Wein an, doch die Göttin lehnt ab und bittet um eine Mischung aus Mehl, Wasser und Kräutern, die sie auch bekommt. Im Palast gewinnt Doso/Demeter schließlich vollständig das Vertrauen von Königin Metaneira, die ihr die Erziehung ihres kleinen Sohnes Demophoon anvertraut. Die Königin verspricht der Greisin eine reiche Belohnung, wenn sie den Königssohn erfolgreich erzieht, bis er ein Jüngling ist.

Der Junge wächst in wundersamer Weise ohne Muttermilch und Speise heran – gottähnlich. Grund dafür ist, dass die Göttin ihn mit Ambrosia salbt und ihn wie ein Gotteskind erzieht. Sie entscheidet sich auch, das Kind unsterblich zu machen. Dafür praktiziert sie ein nächtliches Geheimritual, bei dem sie ihn ins Feuer hält. Eines Nachts wird sie dabei von Metaneira erwischt, die voll des Zornes, aber auch in Panik, ohne zu wissen, um was es geht, die Göttin in anklagendem Ton beschimpft. Nun gerät auch Demeter in Zorn. Sie nimmt das Kind aus dem Feuer und legt es auf den Boden. Dann gibt sie sich als Göttin zu erkennen und beschimpft ihrerseits die Königin. Sie gibt ihr zu verstehen, welchen Schaden sie angerichtet hat, der Königssohn kann nun nicht mehr unsterblich werden. Als Wiedergutmachung sozusagen verlangt sie von der Königin, einen Tempel über einer bestimmten Quelle in Eleusis zu bauen. Dort will die Göttin später einige von ihr ausgewählte Menschen in Mysterien einweihen. Nach der Fertigstellung des Tempels verbirgt sich Demeter dort zuerst vor Menschen und Göttern, voll der Trauer wegen der immer noch verschwundenen Tochter. Die Folge ist, dass auf der Welt nichts mehr wächst und durch eine Hungersnot die Vernichtung des gesamten menschlichen Geschlechtes und der Tiere droht.

> Das bringt Zeus, den Obersten Gott und Bruder sowohl von Demetra als auch von Hades, wieder auf den Plan. Er schickt einen Boten zu ihr und bittet sie, auf dem Olymp wieder ihren göttlichen Dienst aufzunehmen und Menschen und Tieren den Hungerstod zu ersparen. Dieser Aufforderung des Obersten Gottes kommt Demetra allerdings erst nach, als er einen Kompromiss mit Hades aushandelt. Danach verbringt Persephone neun Monate des Jahres bei ihrer Mutter auf der Erde, drei Monate bei Hades in der Unterwelt. Persephone kann sich nicht vollständig von der Unterwelt lösen, weil Hades sie gezwungen hatte, einen Granatapfelkern zu essen, und sie somit an ihn gebunden ist. Es ist nämlich so, dass derjenige, der von Hades Speisen kostet, für immer bei ihm bleiben muss. Nichtsdestotrotz sind Mutter und Tochter glücklich und die Welt vor der Hungersnot gerettet. Demetra erfüllt ihr Versprechen und bringt in ihrem Tempel in Eleusis einigen ausgewählten Menschen die weltberühmten „Eleusinischen Mysterien" bei.

Ähnlich erzählt *Apollodor*, der Mythograph der Jahre um die Zeitenwende, in seiner „Bibliotheke" (I, 29 ff.) die Geschichte; zwar mit einigen Abweichungen, die aber die Kernaussage des „Homerischen Hymnos" praktisch nicht verändern. Sehr zusammenfassend berichtet in wenigen Zeilen auch *Hyginus* in seinen „Fabulae" den Kern des Mythos, allerdings mit manchen topographischen und personellen Abweichungen von dem des „Homerischen Hymnos" (Fabula 146). Die „Orphischen Hymnen" (entstanden vermutlich im ersten nachchristlichen Jahrhundert)[3] erwähnen sowohl in den beiden Hymnen an Demetra, wie auch im Hymnos an Persephone das Geschehen nur stichwortartig. Sie berichten zwar, dass Persephone zur Heirat mit Hades gezwungen wurde, aber sie preisen gleichzeitig ihre Macht und Glorie, die sie damit als Königin der Unterwelt erlangt hat. Dort wird Persephone andeutungsweise auch als die Mutter der Eumeniden (die ursprünglich peinigenden Göttinnen des schlechten Gewissens, dann ins Gute umgewandelten Erinnyen) bezeichnet, die aus einer Verbindung mit Zeus entstanden seien. Auch andere eher beiläufige Erwähnungen von Persephone nehmen Bezug auf ihre mächtige Position in der Unterwelt, wie etwa in Homers „Odyssee" (11. Gesang) oder in Antoninus Liberalis „Metamorphosen Synagoge", die „Ansammlung von Verwandlungen", etwa in der Sage der Töchter des Orion.

Interessanterweise erwähnt ein anderer langer „Hymnos an Demetra" – der des alexandrinischen Dichters Kallimachos aus dem dritten vorchristlichen Jahrhundert – nur andeutungsweise die Episode mit der Entführung.

---

[3] S. J. O. Plassmann.

Kallimachos erklärt, worauf die diesbezügliche Zurückhaltung zurückzuführen ist: Die Geschichte sei so traurig, dass man am besten darüber kaum reden solle, sondern vielmehr über Demetras schöne und glorreiche Seiten. Interessanterweise erzählt Kallimachos, dass der Hesperos, der Abendstern, die trauernde Demetra dazu bewegte, etwas zu essen und trinken, während der „Homerische Hymnos an Demetra" von dem Mädchen Iambe spricht. Von den 137 Versen des Kallimachos-Hymnos beschäftigen sich nur ganze 10 mit diesem Thema und auch nur indirekt. Sie beschreiben bloß Demetras traurigen und verzweifelten Zustand bei der Suche nach der entführten Tochter.

Allerdings werden die Erzählungen der älteren Autoren von späteren Nacherzählern in mehreren Aspekten teilweise unkenntlich gemacht. Als Beispiel sei folgendes erwähnt: Autoren der christlichen Periode schreiben die Erheiterung Demetras nicht der guten Iambe zu, wie der Homerische Hymnos berichtet, sondern einer Baubo, die es mit recht obszönen Mittel erreicht habe. So etwa Arnobius von Sicca, der römische Autor des vierten nachchristlichen Jahrhunderts, der darüber in seinem „Adversus Nationes" (5. Buch, 25) berichtet – was er übrigens geschrieben hat, um die kirchlichen Oberen zu überzeugen, was für ein guter Christ er sei, da sie Zweifel an seiner Überzeugung hatten. Arnobius berichtet: Nachdem Demetra auf der Suche nach ihrer Tochter in elendem Zustand nach Eleusis gekommen sei, habe eine der einheimischen Frauen mit dem Namen Baubo Demetra bewirtet und ihr ein alkoholisches Mischgetränk, den Kykeón, angeboten. Den habe die Göttin jedoch wegen ihrer Trauer abgelehnt. Baubo habe dann mit verschiedenen Scherzen versucht, sie zu erheitern. Das sei ihr schließlich gelungen, als sie ihren Rock hochgezogen und ihr unbedecktes und offensichtlich enthaartes Genitale gezeigt habe.

Warum ich so etwas von einem so zwielichtigen Nacherzähler hier erwähne? Weil diese Paraphrasierung und Obzönisierung des Mythos die Kreativität mancher Psychoanalytiker beflügelte, die ganze Bücher, voll mit kaum nachvollziehbaren sexuellen Fantasien und Perversitäten dazu geschrieben haben[4].

---

[4] So etwa Devereux mit seinem Buch: „Baubo. Die mythische Vulva".

Persephone bei Ovid

Eine andere, möglicherweise auch in tiefenpsychologischem Sinn interessante, allerdings merkwürdigerweise von den Psychoanalytikern weitgehend ignorierte Variation des Mythos erzählt Ovid in seinen „Metamorphosen" (V. Buch, 340–572). Ovids Erzählung des Raubes und der Wiederkehr von Persephone ist die ausführlichste sowohl der alten als auch seiner zeitgenössischen Sagen[5]. Ovid verlegt Persephones Raub nach Sizilien und berichtet, dass das Geschehen Werk von Aphrodite war, und zwar im Rahmen ihres Expansionsdranges. In Zusammenfassung erzählt er die Geschichte, von mir leicht modifiziert, wie folgt:

> ### Persephones Entführung und Apotheose
>
> Eines Tages bricht der Vulkan Ätna aus. Natürlich war das das Werk des dort eingeschlossenen Ungeheuers Typhon, dessen Name bis heute im Wort Taifun weiterlebt. Hades macht sich große Sorgen, ob dadurch Risse an der Erdoberfläche entstanden sind, wodurch Licht in die Unterwelt eindringen könnte. Denn das vertragen bekanntlich die Seelen der Verstorbenen überhaupt nicht. Bei seiner Inspektion wird er von der Liebesgöttin Aphrodite beobachtet. Dabei fällt ihr auf, dass Hades nie verliebt war und dass in seinem Reich keine Liebe herrscht. Was bedeutet, dass dadurch ihr Machtbereich eingeschränkt ist. Von Expansionsgelüsten überwältigt, ruft sie sofort ihren geflügelten Begleiter Eros herbei (nach Ovid ist er ihr Sohn) und gibt ihm die Anweisung, er solle mit seinen Pfeilen auf das Herz des Herrschers der Unterwelt zielen. Es sei ihr unverständlich, sagt sie zu ihm, dass er, Eros, die Götter des Olymps und die Götter des Meeres bezwinge, aber den Gott der Unterwelt mit seinen Pfeilen bisher verschont habe. Eros solle dafür Sorge tragen, dass die Herrschaft seiner Mutter und seine eigene auch die Unterwelt einschließe. Es sei unerträglich, dass ein Drittel der Götterwelt ihrer Macht entgehe. Es bestehe die Gefahr, dass die anderen Götter sie beide, Aphrodite und Eros, nicht mehr ernst nehmen. Und das hätten sie beide dann ihrer Gleichgültigkeit zuzuschreiben. Auch die Tatsache, dass Athena und Artemis ihre Jungfräulichkeit nicht aufgeben und sich somit ihrer Macht entziehen, sei

---

[5]Mit Ausnahme des langen (in drei Gesängen), jedoch inkohärenten Gedichtes „Raub der Proserpina" von Claudius Claudianus (auf Deutsch besser bekannt als Claudian), des mysteriösen Dichters aus dem 4.–5. nachchristlichen Jahrhundert. Mysteriös deshalb, weil man nicht weiß, ob er tatsächlich aus Alexandria stammte, ob er Christ war, obwohl er Gedichte über Christus und seine Wunder geschrieben hat, ob er ein Grieche war, der spät Latein gelernt hat, um in Rom schneller Karriere zu machen, obwohl er auch Gedichte mit griechischen Titeln schrieb. Für einen möglichen Opportunismus und Karrierismus könnte die Tatsache sprechen, dass er mehrere Lobgedichte unter der griechischen Bezeichnung „Panegyrikós" (feierliche Lobrede) über die mächtigen Männer seiner Zeit schrieb. Nicht nur das Epigonale und Inkohärente, sondern auch die Zeit der Entstehung dieses Gedichtes macht das aber für uns uninteressant.

13 Der Persephone-/Kore-Komplex

ein Alarmzeichen dafür. Das bedeute, dass auch Demetras Tochter Persephone für immer Jungfrau bleiben werde, wenn sie beide es zulassen würden. Mit der Idee spiele die Kleine schon. Das sei zu verhindern. Und dazu müsse auch Hades Reich von ihnen, Aphrodite und Eros, erobert werden.

Gedacht, gesagt, getan!

Eros gehorcht sofort und lenkt unverzüglich und treffsicher seine Pfeile in Hades Herz. In dem Moment, als er vom Pfeil des Eros getroffen wird, erblickt Hades die blumenpflückende Persephone. Auf der Stelle entflammt sein Begehren, und er entführt sie, trotz ihres Widerstandes. Es erübrigt sich zu sagen, dass Persephones Anwesenheit am Ort des Geschehens Aphrodites Werk war. Auf dem Weg zur Unterwelt versucht die Quellennymphe Kyane, sich dem Entführer Hades mit seinem Opfer Persephone in den Weg zu stellen und ihn daran zu hindern, sein Ziel zu erreichen. Mit einem Streich wird sie von dem liebestoll gewordenen Gott mit Gewalt unschädlich gemacht; sie verwandelt sich zu leblosem Wasser.

Bald darauf beginnt die verzweifelte Mutter Demetra, ihre verschwundene Tochter zu suchen, überall, Tag für Tag, mit zwei brennenden Fichten als Fackeln in den Händen. Müde und erschöpft klopft sie an die Tür der kleinen Hütte einer alten Frau und bittet um Wasser. Die gute Frau gibt ihr ein süßes Getränk, über das sie vorher geröstete Gerste gestreut hat. Weil Demetra fast den ganzen Becher auf einmal leert, beschimpft sie ein frecher, unverschämter Junge als gierig. Dies kränkt die Göttin, und sie schleudert den Rest des Getränkes gegen ihn. Damit verwandelt sie ihn in eine Echse, die übrigens bis heute als „Sterneidechse" bekannt ist, weil die Gerstenkörner auf ihrer Haut wie Sterne aussehen.[6]

Demetra hat irgendwann den ganzen Erdkreis durchsucht, aber ihre Tochter nicht gefunden. Am Ende kommt sie zu dem Wasser, wo einst die Gewässernymphe Kyane herrschte. Dort entdeckt Demetra den Gürtel ihrer Tochter, der bei der Auseinandersetzung zwischen Hades und Kyane ins Wasser gefallen war. Sie ahnt jetzt, dass etwas Schlimmes mit ihrer Tochter passiert ist und gerät in noch größere Verzweiflung. Sie verflucht das Land, das sich ihr – der Fruchtbarkeitsgöttin - gegenüber so undankbar gezeigt und ihrer Tochter nicht geholfen habe. Und so weigert sich Demetra ab sofort, die Früchte der Erde wachsen und reifen zu lassen. Eine große Hungersnot bricht aus. Arethusa, eine andere Quellennymphe, bittet die Göttin um Mitleid mit den Menschen. Sie gibt ihr die Information, dass ihre Tochter Persephone die alles beherrschende Königin der Unterwelt und mächtige Ehefrau des Hades geworden ist. Als Demetra das hört, ist sie wie vom Blitz getroffen, zunächst völlig erstarrt. Doch dann eilt sie zu Zeus, ihrem Bruder und Persephones Vater. Sie bittet ihn, ja sie verlangt von ihm, dass er ihre und seine Tochter aus der Unterwelt zurückholt.

Zeus versucht, Demetra zu beschwichtigen. Um die Sache beim Namen zu nennen, so sagt er, es sei keine Entführung gewesen, sondern eine Liebesgeschichte. Persephone habe einen der mächtigsten Götter geheiratet,

---

[6] Während Ovid die Namen der Protagonisten dieser Episode nicht nennt, berichtet Antoninus Liberalis, der griechische Mythograph des zweiten nachchristlichen Jahrhunderts, Bezug nehmend auf Nikandros „Theriaka", in seiner „Metamorphosen Synagoge" („Ansammlung von Verwandlungen", Mythos 24), dass es sich dabei um Misme und ihren Sohn Askalabos handelte.

auf den man stolz sein müsse. Hades sei der Bruder des Obersten Gottes, und dass er die Unterwelt als Reich bekommen hat, sei bloß ein Zufall gewesen – das Los habe so entschieden. Jede Schwiegermutter wäre glücklich und stolz auf einem solchen Schwiegersohn! Nun aber, weil sie unbedingt wolle, dass Persephone zurückkomme, und ihn so inbrünstig darum bitte, werde er es arrangieren. Es sei aber nur unter einer Voraussetzung möglich, nämlich dass Persephone keine Speise der Unterwelt gekostet habe. Sonst müsse sie für immer dort bleiben, das sei eisernes Gesetz. Dieses Versprechen von Zeus erfreut Demetra sehr, sie ist sich auch sicher, dass Persephone in der Unterwelt nichts gegessen hat. Sie weiß noch nicht, dass ihre Tochter bei einem Spaziergang durch Hades Garten einen Granatapfel gepflückt und heimlich sieben Kerne davon gegessen hat. Und dass Askalaphos, ein Sohn vom Totenfluss Acheron und der Nymphe Orphne sie dabei beobachtet und an Hades verraten hat[7]. Somit ist also Persephones Rückkehr vereitelt. Persephone bestraft übrigens später den Verräter und verwandelt ihn in einen trägen hässlichen Vogel, der den Sterblichen Unheil verkündet – in einen Uhu.

Aber Zeus will trotzdem ein redlicher Vermittler sein und arrangiert eine Lösung, wonach Persephone die eine Hälfte des Jahres bei ihrem Gatten Hades bleibt und die andere Hälfte mit ihrer Mutter auf der Erdoberfläche. Nun ist Persephone eine Gottheit, sowohl im Reich der Toten als auch in dem der Lebenden. Ihr Gemütszustand ist für die Zukunft davon abhängig, zu welchem der beiden Reiche sie gerade gehört: Sonnig, wenn sie im Reich der Sonne ist, getrübt wenn sie in der Dunkelheit der Unterwelt verweilt.

Die Komplexe der Psychoanalyse

Es ist also kein Wunder, dass sich die verschiedensten Fachdisziplinen – Philosophie, Theologie, Literatur, Darstellende Kunst u. a. – mit dem Inhalt des Demetra-Persephone-Mythos beschäftigt haben. Und auch die Psychoanalyse, die ihn im Kontext weiblicher Erlebnisweisen betrachtet. C.G. Jung erklärte ihn als *„viel zu weiblich"* und als eine *„dem Manne fremde und ihn auch ausschließende Erlebnissphäre von Mutter und Tochter"*[8].

Aus den zahlreichen psychoanalytischen Arbeiten zum Thema konzentrieren wir uns an dieser Stelle auf zwei Richtungen, die sich nicht nur mit psychoanalytischen Überlegungen zum Mythos, sondern auch explizit mit einem „Persephone-Komplex" bzw. dem „Kore-Komplex" (nach einer anderen gängigen Bezeichnung für Persephone) beschäftigen.

---

[7]Es wird vermutet, dass Ovid den Name Askalabos, den der Sterneidechse, nicht nennt, um eine Verwechselung mit diesem Askalaphos zu vermeiden.
[8]C.G. Jung: „Zum psychologischen Aspekt der Kore-Figur". Dasselbe in:" Das göttliche Kind. Eine Einführung in das Wesen der Mythologie".

Der Persephone-Komplex und das monosexuelle Kind

Die amerikanische Psychoanalytikerin Susan Fairfield ist Schöpferin einer Variation des Kore-/Persephone-Komplexes. Sie gibt an, bei ihren Überlegungen, die der Kreierung des Komplexes zu Grunde liegen, dem uns bekannten „Homerischen Hymnos an Demeter", die *„älteste extensive"* Quelle zum Thema, wie sie zu Recht schreibt, zu folgen. Allerdings entstehen Zweifel schon beim Lesen der dritten Seite ihrer diesbezüglichen Publikation, ob sie das auch konsequent tut. Sie meint nämlich, die wahre Bedeutsamkeit des Hymnos könne nur richtig erkannt werden in einer Konstellation von verwandten Mythen – so ihre allerdings ein wenig gewagte Ansicht. Sie bringt sie im Telegrammstil zusammen, manche Aspekte pointierend, andere vollständig ignorierend, wieder andere paraphrasierend und manche einseitig interpretierend: Den Mythos von Uranos und seinem Sohn Kronos, von dessen Sohn Zeus und wiederum dessen Sohn Tantalos, von dessen Sohn Pelops und dessen Söhnen Atreus und Thyestes, von Atreus Sohn Agamemnon und dessen Ehefrau Klytämnestra, von deren Kindern Iphigenia, Elektra und Orestes (die fünf Letzteren nicht einmal beim Namen nennend), wie auch den Mythos von Erysichthon, den Mythos von Dionysos Zagreus, den Mythos von Aphrodite und Adonis, den Mythos von Ploutos (Gott des Reichtums) und den von Plouton (Synonym mit Hades), den Mythos von Demetra und Poseidon, den von Baubo[9] und den von Iakchos[10], bis hin zur Proserpina des erwähnten spätrömischen Dichters Claudianus. Sie umfasst also eine sich über Generationen und Generationen erstreckende, häufig unzusammenhängende Mythen-Chronologie, die bei den Titanen in der Vor-Götter-Zeit beginnt und im christlichen spätrömischen Zeitalter endet – um ihren Komplex zu definieren! Doch interessanterweise – einige werden sicherlich denken, fast skandalös – vernachlässigt sie dabei Ovids ausführliche Darstellung! Die, wie schon erwähnt, für die Psychoanalyse eventuell sehr interessant sein könnte, allerdings nicht im Sinne der in diesem Kapitel zitierten Komplexschöpferinnen.

---

[9] S. oben.
[10] Eine zwar wichtige, aber mit multiplen und ungeklärten Identitäten und Genealogien jubelnde und lärmende Gottheit der Eleusinischen Mysterien. Mal mit einer Erscheinungsform des Dionysos, mal mit seinem Sohn, mal mit dem Ehemann von Demetra, mal dem von Persephone, mal mit noch anderen gleichgesetzt (S. etwa bei Roscher).

Würde man übrigens alle gerade erwähnten Mythen, die die Autorin zusammenflickt, in ihren verschiedenen, sich nicht selten widersprechenden Variationen an dieser Stelle darstellen, dann gäbe das eine ziemlich umfangreiche Anthologie der griechischen Mythologie. Die Autorin begnügt sich mit etwas mehr als anderthalb Journalseiten!

> **Der Kore-Komplex als Gegenstück zum Ödipus-Komplex**
>
> Bezugnehmend auf die erwähnte Mythenreihe und nach einigen Exkursionen zu verschiedenen psychoanalytischen Interpretationsfeldern definiert Susan Fairfield ihren Kore-Komplex. Sie versteht darunter „äußerst überdimensionierte unbewusste Phantasien, die mit akuten Ängsten von Trennung-Individuierung verbunden sind. Diese häufig aggressiven Phantasien beinhalten eine Verdichtung von Generations- und Geschlechterrollen sowie orale und genitale Motive."
>
> Dabei vertritt sie die Auffassung, dass sich das präödipale Kind beider Geschlechter als Kore erfährt, d. h. als feminin in primärer Identifizierung mit der Mutter (in diesem Zusammenhang übersetzt sie das griechische Wort „Kore" mit Mädchen bzw. Tochter, in anderen jedoch als Jungfrau) Die Ansammlung von Ängsten, die diesen Fantasien zugrunde liegen, kennzeichnen nach Fairfields Auffassung den „Kore-Komplex" als ein entwicklungsmäßig früheres Gegenstück zum Ödipus-Komplex.

Ausgewählte Aspekte dieser Mega-Mythenreihe synthetisierend und abreviaturisch darstellend, dabei sogar die Hilfe eines Komödianten in Anspruch nehmend, der nur oberflächlich und sehr scherzhaft mit dem Mythos zu tun hat[11], will sie, nach eigener Bekundung, die *„wahre Identität"* von Demetra und Persephone, von Mutter und Tochter, sowie von Demetra und Hades erarbeiten. Beginnend von dort, *„wo des Kleinkindes Fantasie beginnt, mit der unscharfen Differenzierung zwischen Mutter und Kind"*. Für Demetras Tochter nimmt sie zwei Identitäten an: Nämlich die der vulnerablen heranwachsenden Kore, die sich ziemlich unterscheidet von der zweiten Identität, Persephone als Königin der Toten. Eines ihrer Argumente dafür ist, dass der *„Hymnos"* – sie meint damit den Homerischen – Demetras Tochter *„Kore"* nenne, solange sie Jungfrau sei, dass sie dann aber, nach der Entführung und als mächtige erwachsene Frau sowie Königin des Totenreiches *„Persephone"* genannt werde.

Das stimmt jedoch nicht! Die Bezeichnung *„Kore"* wird doch bis zum Ende des Hymnos verwendet. Als nämlich Persephone wieder zurück bei

---

[11]Gemeint ist Aristophanes Komödie „Die Thesmophoriasousen".

ihrer Mutter ist, als *„mächtige erwachsene Frau und Königin des Totenreiches"* – mit den Worten der Komplexschöpferin – und beide ihr Wiedersehen feiern, wird im griechischen Original die Bezeichnung „Kore" weiter verwendet (so etwa in Vers 445). Ähnlich auch, als Demetra zur Versöhnung mit Zeus auf dem Olymp ankommt, längst nachdem Persephone aus dem Totenreich zurückgekehrt ist; da wird sie *„Kore"* genannt (so etwa in Vers 463). Sogar der Schlusssatz (!) des Hymnos bringt die beiden Bezeichnungen zusammen und endet mit der Bitte an Demetra und ihre *„Kore, die herrliche Persephone"*, dem Dichter für seinen Gesang die Gnade eines fröhlichen Lebens zu schenken (Vers 493).

Wenn jemand aus dieser Kore der Schlussszenen des Hymnos eine reine Jungfrau machen will, muss er bzw. sie sich die Frage gefallen lassen, ob dem tendenziöse Absichten zugrundeliegen! Denn diejenigen, die sich die Argumentation der Dichotomie Kore/Persephone zu eigen machen, wählen - passend zu ihrer Theorie - nur eine der drei möglichen Bedeutungen des Wortes *„Kore"*. Nämlich die der Jungfrau. Sie erwähnen nicht, dass schon zu Beginn des Hymnos, im zweiten Vers, unmissverständlich von „Tochter" die Rede ist – das griechische Wort „Θυγάτηρ" (Thygáter) verwendend, das sich auch an verschiedenen anderen Stellen des Hymnos wiederfindet (etwa Vers 201). An Stellen, wo explizit Jungfrau gemeint ist, etwa wo der *„Brunnen der Jungfrauen"* erwähnt ist, wird im Original das griechische Wort „Parthénos" („Παρθένος", Jungfrau) verwendet. Die Bezeichnung „Kóre" bzw. „Koúre" wird von kompetenten deutschen Übersetzern, wie etwa Thasillo von Scheffer oder Anton Weiher, am häufigsten mit *„Tochter"* bzw. *„Mädchen"* übersetzt. Der Verdacht, dass die Fixierung der Psychoanalytikerin auf *„Jungfrau"* tendenziös sein könnte, ist also nicht ganz von der Hand zu weisen.

Der Persephone-Komplex als Angst vor dem Verlust der Jungfräulichkeit

Zwei andere Psychoanalytikerinnen, Nancy Kulish und Deanna Holtzman, bezeichnen den Persephone-/Demeter-Mythos als den wichtigsten Mythos über Frauen und die Mutter-Tochter-Beziehung. Auch sie nehmen als Basis ihrer Theorien den „Homerischen Hymnos an Demetra". Sie sehen im Persephone-Mythos ein inzestuöses und ödipales sexuelles Drama, dessen Hauptprotagonisten – Demetra, Zeus und Hades - Geschwister sind. Der Mythos erzähle, wie Persephone von ihrem Onkel geschändet und zu seiner

Königin wurde. Er beschreibe weiter die Transformation einer Jungfrau zu einer sexuell erfahrenen Frau. Die Autorinnen behaupten, dass die Wiesen in der griechischen Mythologie Schwellenstellen bedeuten, nicht nur mit dem Übergang zur Sexualität und Fertilität, sondern auch zur Unterwelt. Wie sie darauf kommen? Das bleibt ein Mysterium.

Wie auch immer: Der Verlust der Jungfräulichkeit werde von Frauen und Männern häufig als eine Vergewaltigung und Entführung aus der Welt der Kindheit fantasiert – also alles ein Grenz- bzw. Schwellenphänomen. Sie sehen eine verbotene Sexualität, die Parallelen zum biblischen Mythos von Adam und Eva aufweise, wobei im Persephone-Mythos die verbotene Frucht der Granatapfel sei. Das Essen von Granatapfelkernen impliziere, dass das Mädchen in die Sexualität eingeführt sei und sie akzeptiere. Als Psychoanalytikerinnen haben die Autorinnen nach ihrer eigenen Bekundung bemerkt, dass das Essen von Kernen eine allgemeine Fantasie von oraler *„Imprägnation"* sei. (Es sei hier bemerkt, dass Imprägnation in der Fachsprache das Eindringen einer Samenzelle in die Eizelle bei der Befruchtung bedeutet.) Aber auch das Blumenpflücken der Persephone solle Jungfräulichkeitsverlust und Imprägnation bedeuten. Durch die gefundene Lösung, zeitweise bei der Mutter, zeitweise beim Ehemann zu sein, bleibe einerseits das Mädchen loyal zur Mutter, könne aber andererseits seine Sexualität ausleben. Die Autorinnen vertreten die Auffassung, dass der paradoxe Kern des Persephone-Mythos – zum Sex gezwungen, wodurch sie aber zur mächtigen Königin wird – öfters übersehen werde. Und das sei die glückliche Lösung des ödipalen Konfliktes des kleinen Mädchens.

> **Der Persephone-Komplex und Ödipus**
>
> Die beiden eben zitierten Psychoanalytikerinnen sehen im Persephone-Komplex einen defensiven Verzicht des Mädchens auf eigene Kontrolle über ihre Sexualität, um die Bindung zur Mutter zu bewahren. Nach Ansicht der Autorinnen stellt der Persephone-Mythos das ödipale Dilemma auf eine Weise dar, die den Loyalitätskonflikt gegenüber Vater und Mutter, die Angst vor dem Verlust der Jungfräulichkeit und vor der Erwachsenensexualität sowie eine friedliche Lösung der Konfliktsituation betone. Der Persephone-Komplex sei mehr geeignet, die Probleme der Frau darzustellen, als der Ödipus-Mythos.

Kulish und Holtzman übersetzen das griechische Wort „Kore" mit „Jungfrau" (virgin) bzw. „unverheiratetes Mädchen" (unmarried girl). Dafür gibt es aber in der griechischen Sprache die Wörter „Parthénos" (παρθένος) für „Jungfrau" und „Anýpandros" (ανύπανδρος) für „unverheiratete Frau". Die geläufige Bedeutung des Wortes „Kore", nämlich Mädchen oder

Tochter, wird von den Autorinnen systematisch vernachlässigt – vielleicht, weil ihre übersetzerische Vorliebe besser zu ihren Theorien passt. Geht man davon aus, wäre auch das wieder nicht ganz untendenziös.

Kore/Persephone hat auch für diese Autorinnen zwei Identitäten, so wie wir es schon von Fairfield gehört haben: die der Jungfrau (Kore) und die der sexuell erfahrenen Frau (Persephone). Beleg dafür sei der „Homerische Hymnos an Demetra", die Behauptung Fairfields übernehmend, dass der Name Persephone erst nach dem Raub durch Hades den vorherigen Namen Kore ersetze. Dass es nicht so ist, wurde schon dargestellt.

Muss man zu dem Schluss kommen, dass für den Persephone-Komplex der Persephone-Mythos gebeugt wurde?

Diese Frage kann man nur mit einer weiteren Frage beantworten: Welcher Mythos ist denn überhaupt gemeint? Die hoffnungsvolle Verheißung der in diesem Kapitel erwähnten Autorinnen mit ihren Ankündigungen, nämlich dass sie sich an den „Homerischen Hymnos an Demetra" halten werden, erfüllt sich nicht. Wir haben es wieder mit einem zusammengeflickten Patchwork von verschiedenen, häufig sich widersprechenden Mythen-Variationen zu tun, offensichtlich alleine dem Ziel dienend, daraus eine Komplex-Theorie zu schöpfen.

> ..... Oh, was für eine babylonische Kakophonie und Verwirrung produziert der zusammen gezwungene Chor der Mythographen mit bis zu mehr als eintausend Jahren Altersunterschied! ... Nur Ovid sitzt traurig in einer Ecke und rätselt. Er wundert sich über manches und murmelt: *„Ich habe mir so viel Mühe gegeben, um diesen Mythos schön poetisch und möglichst den alten Griechen getreu zu erzählen. Warum bloß ignorieren mich diese Leute aus der neuen Welt? ...."*

14

Der Pygmalion-Komplex

Ein multifunktionaler König aus Zypern

Pygmalion, der mythische König von Zypern, stand Modell in verschiedenen Fachdisziplinen. Nicht nur in Literatur und Kunst, für Theater und Kinofilme, sondern auch in Psychiatrie, Psychologie und Sexualwissenschaften. Die drei letztgenannten Fachdisziplinen machten aus ihm einen Pygmalion-Komplex, den Pygmalion-Effekt, das Pygmalion-Syndrom, und auch den Pygmalionismus bzw. die Agalmatophilie. Uns interessiert auf unserem Expeditionskurs in die Welt der Komplexe allerdings nur der Pygmalion-Komplex.

Doch zunächst die Frage: Wer war eigentlich dieser polypragmatische bzw. multifunktionale König?

Vermutlich stammt die erste schriftliche Überlieferung des Pygmalion-Mythos aus der Feder von Philostefanos von Kyrene, einem griechischen Dichter des 3. vorchristlichen Jahrhunderts, Schüler und Freund des berühmten Dichters Kallimachos, uns auch aus dem Kapitel „Persephone-Komplex" bekannt. Leider sind von Philostefanos Werken nur Fragmente erhalten, bzw. wir wissen davon durch Texte nachchristlicher Autoren, wie etwa des griechischen Kirchenvaters Clemens von Alexandria (2.–3. Jahrhundert) oder des Römers Arnobius (4. nachchristliches Jahrhundert). Clemens von Alexandria schreibt in seinem „Protreptikós" [1]:

---

[1] „Aufforderungsschrift an die Griechen" wobei als Griechen (Hellenen) alle Anhänger der olympischen bzw. „hellenischen" Religion bezeichnet wurden. Er forderte sie damit auf der Basis von philosophischen Argumenten auf, das Christentum anzunehmen.

„*So hat sich dieser Zyprier Pygmalion in eine elfenbeinerne Statue verliebt; es war eine Statue der Aphrodite und sie war nackt; der Zyprier wird von der Gestalt überwältigt und kommt mit der Statue zusammen, und dies erzählt Philostephanos*".

Auf Philostephanos beruft sich auch der uns aus dem Kapitel „Persephone-Komplex" bekannte Arnobius von Sicca (4. nachchristliches Jahrhundert). Er schreibt: „*Philostephanos in seinen ‚Kypriaká' berichtet dass Pygmalion, König von Zypern, liebte wie eine Frau die Statue der Aphrodite, welche bei den Zypriern seit altersher für heilig und ehrwürdig gehalten wird, wodurch sich sein Denken, seine Seele, sein Verstand und seine Urteilskraft verdunkelten; und so entwickelte er in seiner Verrücktheit die Gewohnheit, sie wie seine Frau zu behandeln, bei ihr zu liegen, sie zu umarmen und zu küssen und auch noch andere eingebildete Dinge zu vollbringen, fortgetrieben von verrückt lustvollen Vorstellungen*".

Am ausführlichsten berichtet uns über den Fall Pygmalion Ovid in seinen „Metamorphosen" (X, 243–297), dabei offensichtlich an Philostephanos orientiert. Er erzählte, hier in zusammengefasster Form, folgendes[2]:

Eine Statue wird zum Leben erweckt

Nachdem Pygmalion sieht, wie die Töchter des Prorpoitos sündhaft ihr Leben verbringen, hat er keine Lust mehr, weder auf die Ehe, noch auf sonstige weibliche Gesellschaft in seinem Bett. Er ist angewidert von den Schwächen und Fehlern, mit denen die Natur das Frauenherz so reichlich versehen hat. Stattdessen widmet er sich mit großem Erfolg der Bildhauerei. Er erschafft aus schneeweißem Elfenbein eine Statue, mit einer Gestalt so schön, wie keine Frau auf der Welt sie haben kann. Sie wirkt so vollkommen und so lebendig, dass Pygmalion sich in sein Geschöpf verliebt!

Irgendwann kann er bei ihrem Anblick nicht mehr zwischen Vorstellung und Realität unterscheiden. Er muss mit seinen Händen prüfen, ob sein Geschöpf tatsächlich aus Elfenbein ist oder vielleicht aus Fleisch und Blut. Er will nicht wahrhaben, dass er nur lebloses Elfenbein berührt. Er küsst die Statue und glaubt, sie erwidere seine Küsse. Er spricht mit ihr, umarmt sie, drückt sie an sich. Er schmeichelt ihr, bringt ihr Geschenke – Blumen, Edelsteine, Bernstein und allerlei schöne Dinge -, so wie man es eben bei seinem Mädchen tut. Er kleidet sie in schöne Gewänder, schmückt ihren Hals, ihre Ohren, ihre Brust und ihre Finger mit kostbaren Schmuckstücken. Er bringt sie in sein Bett und schläft mit ihr.

---

[2]Bevor Ovid mit Pygmalions Geschichte beginnt, erzählt er eine andere Geschichte, die sich ebenfalls auf Zypern abspielt, und zwar im „*metallreichen Amathous*". Es ist die Geschichte der Töchter des Propoitos, die nach einem Fluch der Aphrodite Huren geworden sind – manche meinen sogar, sie seien die ersten schamlosen Huren überhaupt gewesen –, die dann, nachdem sie völlig von Scham entleert waren, sodass ihr Gesicht nicht mehr erröten konnte, zu Steinen verwandelt wurden. Dann folgt Pygmalions Geschichte.

> Am Festtag der Aphrodite, den ganz Zypern festlich begeht, tritt Pygmalion vor den Altar und betet darum, dass „*meine Gattin dem Mädchen aus Elfenbein gleiche*". Er sagt es so verschlüsselt, weil er nicht offen zu sagen wagt: „*Ich will das Mädchen aus Elfenbein als Gattin*". Doch Aphrodite hat es verstanden. Pygmalion geht nach Hause und bringt voller Sehnsucht die Statue in sein Bett. Er beginnt, sie leidenschaftlich zu küssen und zu streicheln. Und etwas Unglaubliches geschieht: Die Statue lebt! Aphrodite hat das Gebet des leidenschaftlich verliebten Bildhauers erhört! Und so kommt es zur Hochzeit zwischen der Schönen[3] und dem Künstler-König, mit Aphrodite als Trauzeugin. Aus dieser Ehe stammt Paphos, wovon die zyprische Stadt Paphos bis heute ihren Namen hat[4].

Die Pygmalion-Komplexe

Michael Sussman meint, dass die Bezeichnung „Pygmalion-Komplex", im Jahr 1965 von H. F. Searles geprägt worden ist, um die Befriedigung des Psychotherapeuten über der Besserung und Entwicklung seiner Patienten zu bezeichnen, die er als Teil des *„Psychotherapeuten-Narzissmus"* betrachtet[5]. Dabei beruft sich Searles nach meinen Recherchen zwar auf den Pygmalion-Mythos, allerdings ohne die von Sussman später kreierte Bezeichnung *„Pygmalion-Komplex"* zu verwenden. Dennoch suggeriert sein Text, dass er in der Tat einen Komplex gemeint hat und dass somit Sussman nicht ganz daneben liegt.

> **Der Pygmalion-Komplex des Therapeuten**
>
> Searles beschreibt mögliche Gründe für eine *„ödipale Liebesreaktion des Therapeuten auf seinen Patienten"*. Einer davon sei das Erwachen des Pygmalion im Therapeuten. Weil der Patient sich so wunderbar entwickle, sehe der Therapeut ihn aufgrund seines Narzissmus als seine eigene Schöpfung an, in die er sich verliebe. So wie Pygmalion sich in die von ihm geschaffene Skulptur verliebt hatte.[6]

---

[3]Der Schönen wurde der Name Galateia bzw. Galatea (die „Milchweiße") verliehen, aber erst von Künstlern des 18. und 19. nachchristlichen Jahrhunderts.

[4]Merkwürdigerweise meint Ovid, dass Paphos der Insel ihren Namen gab: „de qua tenet insula nomen." (X, 297, in seinen „Metamorphosen", Lateinisch/Deutsch, nach der Übersetzung von Michael von Albrecht, 2010, Reclam Stuttgart). Aber Paphos heißt bis heute die Stadt, die zeitweise auch Hauptstadt von Zypern war, und nicht die Insel. Ihren Name verdankt die Insel Zypern (griechisch Kypros, Κύπρος) dem Enkel (manche meinen der Enkelin, der Name ist sowohl männlich als auch weiblich) von Paphos Kypros. Der war der Sohn (oder die Tochter) von Aphrodite und Kinyras – König von Zypern und Paphos Sohn.

[5]Searles S. 77.

[6]Searles S. 300.

Auch der schweizerisch-amerikanische Psychoanalytiker Léon Wurmser benennt nicht expressis verbis einen „Pygmalion-Komplex", aber er meint wohl einen, und zwar in seinem Beitrag „*Die Mythen von Pygmalion und Golem – Vermenschlichung des Unbelebten, Verdinglichung des Menschen – Zur Dynamik des Narzißmus*".

Im Kontext eines gemeinten, aber nicht so genannten Pygmalion-Komplexes bringt der Psychoanalytiker Wurmser zwei Sorgen zum Ausdruck: Sorge um einen drohenden Untergang der Psychoanalyse! Alle Bedrohungen der Psychoanalyse hätten als gemeinsamen Faktor den der „*Entpersönlichung, der Enthumanisierung und der Verdinglichung*"[7]. Aber, und dies ist seine zweite Sorge, der von ihm gerade genannte Faktor habe *auch* eine kulturelle und weltpolitische Dimension. Damit sei eine Verbindung zu Pygmalion und seiner Statue erkennbar. Wurmser macht einen Streifzug durch Ovids „Metamorphosen" und fügt zum Pygmalion-Mythos auch den von Myrrha (Patrophilie)[8], von Byblis (Adelphophilie)[9], von Iphis (Transsexualität)[10], von Narkissos (Narzissmus)[11] und einige andere griechische Mythen hinzu. Und dann verbindet er all diese griechischen Mythen mit dem jüdischen Mythos von Golem, der eher magisch-mystisch-kabbalistisch als biblisch ist[12]. Was hat der jüdisch-magisch-mystisch-kabbalistische mit dem griechischen Mythos des Pygmalion zu tun? Eigentlich gar nichts. Aber Wurmser meint doch, wie wir bald sehen werden.

---

[7]Kursivschreibweise auch bei Wurmser selbst.
[8]S. Marneros „Mein Bruder Sisyphos, mein Freund der Minotauros".
[9]Ebenda.
[10]Ebenda.
[11]Ebenda.
[12]Das könnte der Grund sein, warum nicht einmal der Name „Golem" es geschafft hat, in der breiten religiös-lexikalischen Welt einen Platz zu finden – weder in „Das große Lexikon zur Bibel (herausgegeben von Klaus Koch et al.), noch in „Praktisches Bibel-Lexikon" (herausgegeben von Anton Grabner-Haider, noch im „Wörterbuch des Christentums" (herausgegeben von Volker Drehsen et al).
  In der kabbalistischen Literatur gehört offensichtlich Golem nicht unbedingt zu den zentralsten Begriffen (s. etwa „Die Kabbala", von Helmut Werner). Aus kabbalistischen Schriften erfahren wir unter anderen folgendes: Das hebräische Wort Golem bedeutet eigentlich „*Materie*" (Wurmser gibt als Übersetzung „*Formloses, Embryo*" an). Es sei von den jüdischen Philosophen im Allgemeinen verwendet worden, um die niedrigste Stufe menschlicher Existenz zu beschreiben, so Jeremy Rosen. Der Begriff Golem fand in Europa erst im späteren Mittelalter Verbreitung (S. etwa Werner w.o.). Im Verlauf der Zeit wird er häufig mit „*dumm und böse*" gleichgesetzt. Wurmser versteht Golem als das „*unbelebte Leben* [, das] *durch magisch-kabbalistische Formeln zum hilfreichen Diener und Beschützer erschaffen wird, der sich indes hernach in ein gefährlich dämonisches Ungeheuer wandelt.*" W.o. S. 78.

> **Wurmsers gemeinter, aber nicht so genannter Pygmalion-Komplex**
>
> Von psychoanalytischer Seite her lässt sich der Inhalt des Pygmalion-Mythos nach Ansicht Wurmsers „*als Abwehr gegen die heterosexuelle Intimität, aus Angst vor der wirklichen Natur der Frau verstehen, nämlich als Ausweg in eine daselbst widerspiegelnde Idealfigur, die keiner richtigen Frau, keines richtigen Geschlechtsverkehrs, keiner wirklichen weiblichen Scham bedarf, das, was wir psychoanalytisch als eine narzisstische Abwehr bezeichnen würden*"[13].

Wurmser sieht im Pygmalion-Mythos verschiedene wesentliche Aspekte, unter anderen auch „*Überschreitung einer grundlegenden Grenze, nämlich der zwischen Unbelebtem und Belebtem, und damit von der Personifizierung des Unpersönlichen*"[14]. Dies sei das Gemeinsame in allen von ihm vorher erwähnten Mythen, und darüber hinaus in allen Metamorphosen-Mythen. In dem Pygmalion-Mythos sei es aber am deutlichsten zu finden. Oder, in einem dynamischen Zusammenhang sollen auch die Gegensätze zusammen gehören: die Dehumanisierung des Seelischen, die Instrumentalisierung des Persönlichen und damit auch der Konflikt zwischen dem Wunsch, das Unbelebte zu animieren und den Mitmenschen zum Werkzeug zu entwerten, ihn zu missbrauchen. Zu den hauptsächlichen Aspekten zählt er auch die Idee von der Beseelung dessen, was man geschaffen hat, sowie die magische Verwandlung des Unbelebten in etwas Idealisiertes, Übernatürliches. Damit verbunden sei die Vergöttlichung des Dinges und dessen Anbetung, die Idolatrie. Der Mythos suggeriere auch den Gedanken der Verdoppelung des Selbst, namentlich in Gestalt des idealisierten Anderen. Das Thema des verdoppelten Selbst sei immer verknüpft mit dem der doppelten Wirklichkeit, und damit mit dem des zerbrochenen, gespaltenen, vielfachen Realitätserlebens. Die obigen Aspekte erzeugen nach Ansicht Wurmsers auch Fragen bezüglich der Dehumanisierung des Sexuellen, Sexualisierung des Dehumanisierten und der Perversion.

Am spezifischsten aber sei in dem Pygmalion-Mythos „*das Grauen von der Frau als wirkliches Gegenüber und ihre Ersetzung durch eine selbstgeschaffene Idealfigur, die scheinbare Sicherheit böte, doch paradoxerweise gerade diese befürchtete Drohung herbeiführt: die Drohung der verschlingenden, alle Grenzen missachtenden, todbringenden Gestalt des Weiblichen*"[15].

---

[13] Wurmser S. 87.
[14] Wurmser S. 77–90.
[15] Ebenda S. 100–101. Das im Text Unterstrichene ist im Original kursiv geschrieben.

Der jüdisch-kabbalistische Golem-Mythos stehe dagegen für die todbringende Gestalt des Männlichen. Wie wir vorher erfahren haben, sei Golem zwar zum „*hilfreichen Diener und Beschützer erschaffen, hat sich dann aber in ein gefährlich dämonisches, zerstörerisches, Ungeheuer gewandelt*". Dies sei die Verbindung des jüdisch-kabbalistischen Mythos mit der psychoanalytisch entdeckten „*todbringenden Gestalt des Weiblichen*" im griechischen Mythos des Pygmalion – als Gegensatz sozusagen.

Es ist evident, dass die obigen Aspekte wohl der Definition eines tiefenpsychologischen Komplexes entsprechen können, auch wenn das nicht so explizit vom Autor erwähnt wird. Ähnlich wie mit Freuds Prometheus-Herakles-Exegese, wie im Prometheus-Kapitel dargestellt.

Manche der obigen interpretativen Aspekte des Pygmalions-Mythos, die der hochgebildete Léon Wurmser präsentiert, sind für jeden, der den Mythos kennt, leicht nachvollziehbar. Andere wiederum dürften sich für manche von uns wie Privatmeinungen und persönliche Interpretationen anhören. Da es allerdings nicht Aufgabe unseres Vorhabens ist zu beurteilen, ob Deutungen inhaltlich zutreffen oder nicht, kann auch in diesem Falle gesagt werden: Auch wenn manche Deutungen nicht für jeden nachvollziehbar sind, wurden die mythischen „Fakten" doch im Großen und Ganzen nicht gebeugt. Dass die Fantasie, die freie Assoziation und die Kreativität keine Grenzen kennen, ist ja bekannt. Doch das hat weder mit Beugung des Mythos noch mit Treue zu ihm zu tun.

Aber eine Aporie bleibt doch, meine ich: Wieso sei in dem Pygmalion-Mythos am spezifischsten „*das Grauen von der Frau als wirkliches Gegenüber und ihre Ersetzung durch eine selbstgeschaffene Idealfigur, die scheinbare Sicherheit böte, doch paradoxerweise gerade diese befürchtete Drohung herbeiführt: die Drohung der verschlingenden, alle Grenzen missachtenden, todbringenden Gestalt des Weiblichen*"? War nicht Pygmalions innigster Wunsch die Belebung diese Idealfigur? War es auch nicht seine brennende Bitte an die Götter, das Unbelebte zum Belebten zu machen? Die Statue zur Frau zu verwandeln? Lebte danach Pygmalion mit seiner (so später getauften) Galatea nicht viele Jahre glücklich? Bekam er nicht Nachfahren mit ihr, deren Namen bis heute noch lebt als der Name der Insel (Kypros, Zypern) und der Stadt (Paphos), in der er mit seiner echten, lebendigen und wunderschönen Frau lebte und regierte? Einer quicklebendigen Frau! Keiner Statue! Offensichtlich ohne Angst vor „*der verschlingenden, alle Grenzen missachtenden, todbringenden Gestalt des Weiblichen*"! Eine Frau, die ihn sogar von seiner Abneigung gegen das Weibliche, die ihm die schamlosen Huren – die Propoitos-Töchter – eingejagt hatten, befreite?

Wie auch immer, Wurmser psychoanalysierte zwar Pygmalion, beschrieb aber dennoch nicht expressiv verbis einen „Pygmalion-Komplex". Trotzdem gibt es einen explizit so benannten Pygmalion-Komplex, und zwar bei Margarete Mitscherlich in „Die friedfertige Frau".

> **Pygmalion-Komplex: Die unbewusste weibliche Identifikation des Mannes**
>
> „Ein Phänomen, dass man als Pygmalion-Komplex bezeichnen könnte, beobachtet man bei Männern, die ihre unbewusste weibliche Identifikation und ihre geheimen Kinderwünsche zu realisieren versuchen und gleichzeitig ihre Macht über Frauen bestätigt wissen wollen."[16]

Solche Männer würden sich intensiv mit jungen Frauen befassen, sie würden beispielsweise ihre Schülerinnen und Patientinnen fördern, würden ihnen sozusagen neues Leben einhauchen, nämlich ihre Erfahrungen und ihr Wissen, und würden sie zu quasi-neugeborenen oder auch erstmals orgasmusfähigen Geschöpfen machen.

Der Pygmalion-Mythos widerspiegelt sich also in diesen merkwürdig widersprüchlichen Männern, die einerseits ihre weibliche Identifikation, andererseits aber ihre Macht über Frauen bestätigen wollen! Und genau dies finde sich im Mythos des zyprischen Königs? Aber was ist denn mit den weiblichen Psychotherapeutinnen und ihren männlichen – und auch weiblichen – Patienten? Erfreulicherweise besetzen Psychotherapeutinnen inzwischen ein ganz großes Terrain in den psychotherapeutischen Gefilden und werden wohl bald auch die Mehrheit der Psychotherapeuten stellen. Gibt es für sie einen Pygmalion-äquivalenten weiblichen Komplex? Oder bleibt es auch im Bereich des von Freund definierten weiblichen *„dunklen Kontinents"*?

Ein interessantes Beispiel für einen Pygmalion-Komplex ist nach Ansicht seiner Schöpferin Margarete Mitscherlich die Beziehung zwischen Sartre und de Beauvoir. De Beauvoir habe darauf verzichtet, Kinder zu bekommen; sie habe sich ganz auf Sartre eingelassen, der die Ansicht vertrat, dass im Leben von Mann und Frau allein ihre *„Werke"* zählen. Sartre habe schon seine erste Verlobte, Camille, von seiner Ansicht überzeugen können, *„und so gelang es ihm auch, diese selbstbewusste, unabhängige und anspruchsvolle Frau in seinen Bann zu schlagen"*[17]. Mit der Produktion von

---

[16]Mitscherlich S. 24.
[17]Ebenda S. 25.

geistigen Erzeugnissen seien Mann und Frau, so Sartre, auf einer Ebene der Fruchtbarkeit vereint.

„Sartre, der sicherlich weitgehend weiblich identifiziert war", habe die Gesellschaft von Frauen der von Männern vorgezogen. Allerdings sei seine genitale Potenz offenbar nicht besonders ausgeprägt gewesen und für ihn, so scheine es, ohne größere Bedeutung. Dennoch oder gerade deswegen sei es ihm gelungen, bei Frauen – von denen viele ihn bis zum Ende seines Lebens umhegten – im Mittelpunkt ihres Interesse zu stehen. So meint Margarete Mitscherlich.[18]

Ich frage mich, ob die Zeitzeugen, vor allem der engste Kreis der weiblichen Zeitzeugen, die Geschichte mit der schwach ausgeprägten genitalen Potenz des uns bekannten Sartre uneingeschränkt bestätigen würden! Und auch, ob Sartre, selbst damit konfrontiert, nicht bedeutungsvoll mit einem Lächeln des Wissens oder gar der Überlegenheit schweigen würde!

Margarete Mitscherlich, die deutsche Patentante des Pygmalion-Komplexes, erzählt übrigens überhaupt nichts von dem Mythos und nennt auch nicht die Stellen der Erzählung, auf die sich ihre Beobachtungen stützen. Beispielsweise wenn sie über Männer spricht, *„die ihre unbewusste weibliche Identifikation und ihre geheimen Kinderwünsche zu realisieren versuchen und gleichzeitig ihre Macht über Frauen bestätigt wissen wollen"*.

Insofern kann nicht abschließend beurteilt werden, in welcher Beziehung Mitscherlichs Pygmalion-Komplex zu dem Mythos, so wie er von Philostephanos und Ovid erzählt wurde, steht.

> … Und Ovid sitzt nach einem einsamen Spaziergang am Ufer des Schwarzen Meeres, damit sein Exil zu mildern versuchend, und murmelt: *„Mein lieber Philostephanos! Was haben die aus unseren Mythen gemacht! Viel mehr als ich deine Mythen jemals ausschmücken konnte! …"*

---

[18]Mitscherlich S. 25.

15

Der Adonis-Komplex

Der Adonis-Mythos

Der sogenannte Adonis-Komplex wird aus einem sehr alten griechischen Mythos abgeleitet, nämlich dem von Myrrha und ihrem Sohn Adonis[1]. Der Mythos wurde im Verlauf der Jahrhunderte unterschiedlich erzählt, mit einer Vielfalt an Genealogien, Topographien und Biografien. Die erste schriftliche Überlieferung soll aus dem 8. Jhd. von Hesiod stammen.[2] Auch in den „Orphischen Hymnen", etwa im 2. vorchristlichen Jahrhundert, findet sich ein Adonis gewidmetes Gedicht. Apollodor, wahrscheinlich im ersten oder zweiten Jahrhundert n. Chr., erzählt darüber in seiner „Bibliotheke" (III, 183–185). Antoninus Liberalis, der griechische Mythograph des zweiten nachchristlichen Jahrhunderts fasste in seiner „Metamorphosen Synagoge" was „Ansammlung von Verwandlungen" bedeutet, die Überlieferungen von viel älteren Mythographen zusammen, von denen die neueren Erzählungen erheblich abweichen. Dort erwähnt er in nur drei Zeilen die Legende von Adonis. Hyginus, eventuell 1. – 2. Jahrhundert n. Chr., berichtet in einigen seiner Fabulae über Adonis (Fab. 58,248,251,271), allerdings im Telegrammstil; im Gegensatz zu seinem vermutlich etwa ein bis zwei

---

[1]S. auch Marneros „Mein Bruder Sisyphos, mein Freund der Minotauros".

[2]Dies berichtet Apollodor in seiner „Bibliotheke" (III, 183 ff.), allerdings ohne die genaue Stelle zu nennen. Meine Bemühungen, sie ausfindig zu machen, waren nicht erfolgreich. Weder in Hesiods Hauptwerken („Theogonie" und „Werke und Tage"), noch in den ihm zugeschriebenen Werken „Frauenkataloge" oder „Der Schild des Herakles". Vielleicht befand sich die Stelle in den verlorengegangenen Fragmenten.

Jahrhunderte älteren Landsmann Ovid, der in seinem 10. Buch die ausführlichere Erzählung liefert. Er erzählt, hier zusammengefasst und leicht modifiziert, folgendes:

> **Der Mythos des schönen Adonis**
>
> Ovid stellt dem Adonis-Mythos den seiner Mutter – und Schwester – Myrrha (auch Smyrna genannt) und seines Vaters – und Großvaters – Kinyras, König von Paphos in Zypern, Enkel von Pygmalion, voran. Myrrha hatte eine pathologische sexuelle Neigung zu ihrem Vater Kinyras entwickelt.[3] Um ihre geliebte Pflegetochter zu retten, die sich aus Verzweiflung wegen ihrer unerfüllbaren Liebe selbst zu töten versucht, arrangiert ihre Amme eine sexuelle Begegnung zwischen Tochter und Vater – allerdings ohne dass der Vater weiß, mit wem er das Glück des Eros teilt, weil alles, das gehört auch zum Arrangement, im absoluten Dunkel stattfindet. Der König ist höchst erfreut, den jungen Körper zu umarmen, den ihm die Amme zugeführt hat, ohne die Identität des Mädchens zu offenbaren. So entschließt er sich in der siebten Nacht des Glücks, ein Licht zu entzünden, um endlich der Quelle seiner Ekstase ins Gesicht schauen zu können. Er schaut und erschaudert. Seine eigene Tochter! Entsetzt zieht er sein Schwert, um sie zu richten.
>
> Doch sie kann entfliehen. Der von Angst um ihr Leben und Gewissensbissen geplagten Myrrha gelingt es sogar, Zypern zu verlassen und ins Ausland zu gehen. Was sie zu Beginn ihrer Flucht nicht weiß, aber einige Wochen später feststellen muss: Sie ist schwanger! Das verzweifelte, unglückliche, schwangere Mädchen irrt fortan durch fremde Länder, bis sie Arabien erreicht. Neun Monate nach ihrer Flucht kommt sie hochschwanger in das Land von Saba in Arabien. Erschöpft und verzweifelt bittet sie inbrünstig Zeus und die anderen olympischen Götter, ihr die schwere Sünde zu verzeihen und sie von der Qual zu erlösen.
>
> Die Götter zeigen Mitleid mit der Gequälten und nehmen ihre Reue als echt an. Und so treffen die Olympier die Entscheidung, sie zu erlösen. Sie verwandeln Myrrha in einen Baum. Ihre Füße beginnen langsam zu Wurzeln zu werden, und die Dendropoese, das Baumwerden, schreitet schnell aufwärts. Je näher die Dendropoese ihrem Herzen und ihrem Gesicht kommt, desto mehr Tränen fließen aus Myrrhas Augen. Sie fließen bis heute noch – als die sehr begehrte, kostbare und hoch aromatische Myrrhe, die synonym auch Smyrne genannt wird, abgeleitet von Myrrhas zweitem Namen. Die Myrrhe quillt aus der Rinde des Baumes, der einst Myrrha bzw. Smyrna war. Das sind Myrrhas ewige Tränen.
>
> Kurz vor ihrer vollständigen Metamorphose zum Myrrhebaum gebiert Myrrha mithilfe der Götter ihren Sohn Adonis.
>
> Das Baumkind Adonis ist unübertrefflich schön und riecht dazu auch wunderbar nach Myrrhe.
>
> Adonis wächst zu einem wunderschönen jungen Mann heran. Um genau zu sein, zum schönsten Mann der Welt. Kein Wunder also, dass sich Aphrodite

---

[3] S. Marneros w. o.

unsterblich in ihn verliebt. Sie vergisst darüber ihre zahlreichen anderen Liebhaber, so auch den Kriegsgott Ares. Ihren Ehemann sowieso, den hässlichen und hinkenden Hephästos, den Gott der Schmiedekunst. Aphrodite hat Herz und Augen nur für Adonis. Häufig vernachlässigt sie alles, um einige sehr glückliche und erotisch sehr, sehr intensive Tage mit Adonis, die meisten davon auf Zypern, zu verbringen. Aber, wie es so häufig der Fall ist, dauert das Glück nicht ewig an, auch nicht für Götter. Eines Tages, als Aphrodite Zypern für kurze Zeit verlässt und sich von Adonis verabschiedet, geschieht das Unglück. Ein prächtiger Eber erscheint in Adonis unmittelbarer Nähe. Dieser vergisst sofort Aphrodites Mahnung, nie Jagd auf einen Eber oder andere wilde Tiere, wie etwa Löwen und Bären, zu machen – die seien zu gefährlich. Adonis nimmt seinen Speer und zielt. Aber statt dass Adonis den Eber jagt, jagt der Eber Adonis. Und er verletzt ihn tödlich mit seinen scharfen Hauern. Nicht einmal die Bemühungen der mit ihrem von Schwänen gezogenen Schnellwagen sofort zum Unglücksort geeilten Aphrodite können Adonis retten. Er stirbt in ihren Armen, blutend und nass von ihren Tränen. Dort, wo Adonis Blut und Aphrodites Tränen hinfließen, springen augenblicklich Blumen aus der Erde, die bis heute wachsen. Manche sagen, wo Adonis Blut hinkam, entstand die wunderschöne blutrote Anemone, und aus Aphrodites Tränen spross die rosarote Wildrose. An der aus Adonis Blut entstandenen blutroten Anemone, das ist die griechische Bezeichnung für die rote Mohnblume, kann man sich leider immer nur für kurze Zeit erfreuen. Sie ist allzu empfindlich und schnell vergänglich, und so verweht sie im Wind. Daher ihr Name Anemone, „die vom Winde Verwehte". Denn Anemos heißt in der griechischen Sprache „der Wind".

Das ist die Geschichte von Adonis, wie ihr ausführlichster Überlieferer Ovid sie uns erzählt. Schauen wir nun, was die Komplexeschöpfer daraus gemacht haben.

Ein Adonis-Komplex voll zwanghafter Überzeugungen

Adonis und der zwanghaft ersehnte Körper

Als Adonis-Komplex wird die zwanghafte Vorstellung von Männern bezeichnet, ihren Körper zu korrigieren und zu optimieren, so dass sie möglichst für immer eine ideale Figur haben.

Das ist die Definition der amerikanischen Autoren Harrison Pope, Katharine Phillips und Roberto Olivadia in ihrem Buch „Der Adonis-Komplex"[4]. Redlicherweise erwähnen die Autoren, dass sie nicht die ersten

---

[4] Pope et al S. 8.

sind, die den Ausdruck Adonis-Komplex verwenden. Der Anthropologe David Gilmore habe ihn schon vorher, im Jahre 1994, verwendet. Die zitierten drei Autoren bemerken, dass er keinen psychopathologischen Komplex definiert habe, sondern vielmehr die übermäßige kulturelle Beschäftigung mit männlicher Schönheit meine. Ihre eigene Definition schließe diese Vorstellung mit ein, umfasse aber auch ein breiteres Spektrum an Sorgen um das männliche Körperbild, einschließlich der Unzufriedenheit mit dem Körper und Körperbildstörungen[5]. Wir dürfen also annehmen, dass die erste psychiatrisch-psychologische Beschreibung die hier zitierte von Pope, Phillips und Olivadia aus dem Jahr 2000[6] ist. Allerdings verwenden die Autoren eine sehr magere, nicht einmal sechs ganze Zeilen umfassende Synthese des Mythos, ohne eine Quelle zu benennen. Sie schreiben:

„*In der griechischen Mythologie war Adonis ein Halbgott*[7] *– der Gipfel männlicher Schönheit. Er war so schön, dass er die Liebe Aphrodites gewann. Aber Persephone*[8]*, die Adonis aufgezogen hatte, weigerte sich, ihn ihr zu überlassen. Daher handelte Zeus, der Göttervater, einen Kompromiss aus: Adonis sollte jedes Jahr vier Monate bei Persephone in der Unterwelt und vier Monate bei Aphrodite verbringen. Die restlichen vier Monate standen zu seiner freien Verfügung. Es heißt, dass er diese Monate ebenfalls mit Aphrodite verbrachte"*[9]

Woher haben die Autoren diese Version des Mythos? Sie zitieren weder einen alten Mythographen, noch einen neuzeitlichen Mythennacherzähler. Die Quellen der obigen freien Komposition der Autoren bleiben im Dunkeln. Das einzige, was sie dazu schreiben, ist das lapidare: „*Es gibt viele Variationen des Adonis-Mythos*"[10]. Wenn die Autoren die Quelle ihrer Erkenntnisse nicht preisgeben, dann machen wir uns selbst auf die Suche.

Wie leicht zu erkennen ist, kann es Ovid nicht sein. Wie er den Mythos erzählt, haben wir gerade erfahren. Die Episode mit Persephone, die fast die ganze knappe Erzählung der Schöpfer des Adonis-Komplexes beansprucht, wird mit keinem Wort von Ovid erwähnt. Allerdings ruft der Dichter den Namen Persephone einmal am Ende des Mythos an, aber ohne irgendeinen inhaltlichen Zusammenhang, so wie eine Art von Stoßgebet. Antoninus Liberalis, der ältere griechische Mythographen zusammenfasst,

---

[5] Ebenda S. 328.
[6] Deutsch 2001.
[7] War er aber nicht!
[8] Die Herrscherin der Unterwelt, wie wir wissen.
[9] Pope et al. S. 18.
[10] Ebenda S. 328.

sagt zu Adonis bloß folgendes: *„Das Kind aber wurde nach dem Willen des Zeus aufgezogen, erhielt den Namen Adonis, und ihn liebte Aphrodite wegen seiner Schönheit gar sehr."*[11] Auch Hyginus verwendet dafür in seiner Fabula Nr.251 (in der er aufzählt, welche Menschen mit Erlaubnis der Moiren aus der Unterwelt zurückkehrten) einen einzigen Satz dafür: *„Adonis, Sohn des Kinyras und der Smyrna, durch den Willen von Aphrodite."* (Gemeint ist damit, dass er aus der Unterwelt zurückkehren durfte). Und auch in der etwas sibyllinisch formulierten Orphischen Hymne „Dem Adonis", möglicherweise aus dem zweiten vorchristlichen Jahrhundert, ist er kurz erwähnt. Dort steht:

*„... Geboren im Lager der lieblichen,
Schöngelockten Persephoneia;
Einmal wohnst du im Tartarus,
In den umwölkt, finsteren Tiefen,
Und dann lenkst du die blühende,
Jugendliche Gestalt
Wieder hinauf zum Olymp."*

Bis jetzt kein Wort über einen Kampf zwischen Aphrodite und Persephone um Adonis erotische Gunst.

Aber Apollodor, der Mythograph des ersten oder zweiten nachchristlichen Jahrhunderts, äußert sich dazu: Er beschreibt in seiner schon wiederholt erwähnten „Bibliotheke" eine Aphrodite-Persephone-Rivalität um den schönen Jüngling: *„Adonis war noch ein zartes Kind, da versteckte ihn Aphrodite heimlich vor den Göttern wegen seiner Schönheit in einer Kiste und ließ ihn zu Persephone bringen. Als diese ihn gesehen hatte, wollte sie ihn nicht mehr zurückgeben. Zeus musste als Richter entscheiden. Durch seinen Spruch wurde das Jahr in drei Teile geteilt: einen Teil durfte Adonis für sich bleiben, den anderen musste er bei Persephone verbringen, den dritten bei Aphrodite. Er gab aber Aphrodite auch noch den Teil, der ihm selbst als sein eigener gehörte. Später wurde er auf der Jagd von einem Wildschwein verletzt und fand so den Tod."* (III, 183–185).

Man darf vermuten, dass die Autoren, wissentlich oder unwissentlich, der eher knappen Erzählung Apollodors folgen, ihn aber nicht zitieren. Es gibt aber auch weitere Quellen, die über die Rivalität zwischen Persephone und Aphrodite um den schönen Adonis berichten, sie scheinen jedoch spätere Produktionen von sogenannten Scholiasten, also Kommentatoren der alten Texte, zu sein.[12]

---

[11] Antoninus Liberalis S. 34.
[12] S. etwa bei Roscher.

Es stellt sich nun also die Frage, wie die Komplexschöpfer auf der Basis ihrer oben wiedergegebenen kurzen Zusammenfassung mit Fokus auf der Aphrodite-Persephone-Rivalität zu ihrer Definition des „Adonis-Komplexes" kommen. Denn sie meinen damit folgendes: Sehr viele Männer haben Adonis als Ideal und tun alles, um immerwährend schön zu bleiben. Sie schlucken Pillen und Elixiere, lassen sich operieren, trainieren stundenlang, verbringen große Teile ihres Lebens im Fitnessstudio, um einen „Adonis-Körper" zu erlangen bzw. zu erhalten. Die Komplexschöpfer sehen im Adonis-Komplex eine Reaktion auf eine „Körperdysmorphe Störung". Darunter versteht man eine übertriebene Sorge um einen möglichen oder eingebildeten Körpermangel oder die Angst, der eigene Körper sei unschön und unattraktiv. So eine Sorge kann den Menschen unglücklich machen und ihn sozial isolieren. Es kostet oftmals eine Menge Energie und finanzielle Mittel, um eine vermeintliche Korrektur zu erreichen. Übermäßiges Training, Diäten, Substanzkonsum und chirurgische Eingriffe sind nicht selten die Mittel, die dabei angewendet werden. Nach Ansicht der Autoren kann der Adonis-Komplex das Leben ganz normaler (*„amerikanischer"*) Männer, junger wie alter, beeinträchtigen und eine verkrüppelte männliche Identität, chronische Depressionen, Zwangshandlungen und häufig schwer gestörte Beziehungen zu Familienmitgliedern und Partnern hervorrufen.

Wenn wir uns nun wieder die bekannte Frage stellen, ob nämlich der namensgebende Mythos die Benennung des beschriebenen Zustandes als *„Adonis-Komplex"* rechtfertigt, dann müssen wir darauf eine Doppelantwort geben.

Erstens: Wie im Ödipus-Kapitel erwähnt, wird in der Tiefenpsychologie als Komplex eine Gruppe von Vorstellungen, in der Regel verdrängte, verstanden, die als zusammenhängendes Ganzes in gegenseitiger Verbindung stehen und das Denken, Fühlen und Handeln eines Menschen, vorbei an seiner bewussten Kontrolle, beeinflussen. Komplexe entstehen danach in der Regel aus konflikthaften Situationen, vermutlich aus der frühesten Kindheit. Versteht man also den Adonis-Komplex genau in diesem tiefenpsychologischen Sinne, dann muss man sagen:

Adonis hatte nie solche tiefenpsychologisch interpretierbaren Konfliktsituationen, wie die Schöpfer des Adonis-Komplexes sie annehmen. Und die am Adonis-Komplex Leidenden haben keine unbewusste, sondern eine sehr bewusste Problematik, und sie reagieren darauf mit einer sehr bewussten und konkreten Bewältigungsstrategie. Adonis selbst hatte nie die beschriebenen Symptome des Adonis-Komplexes. Er war von Natur aus schön! Er wollte auch nicht schöner werden. Er war sehr zufrieden mit dem, was ihm die Natur mitgegeben hatte. Nimmt man also eine solche Deutung des Adonis-Komplexes an, dann muss man deutlich sagen: Nein, keine Version des Mythos, alte oder neue, knappe oder ausführliche, rechtfertigt diese Bezeichnung.

Zweitens: Nimmt man aber an, dass die Autoren den Adonis-Mythos bloß als Namensgeber für das oben beschriebene Syndrom verwendet haben (Syndrom wohl gemerkt, als bewusste Erlebnis- und Verhaltensweise, aber nicht tiefenpsychologisch fundierter – unbewusster – Komplex), um zu zeigen, dass die Betroffene sich nach einem wunderschönen Adonis-Körper sehnen, dann ist das mit dem Mythos kompatibel. Unter der Voraussetzung, dass man sich einig darüber ist, dass es sich hierbei um ein psychiatrisch-psychologisches Syndrom und nicht um einen tiefenpsychologischen Komplex handelt, wäre die Namensgebung formal richtig.

Aber wäre sie auch kompatibel mit der klinischen Realität?

Eher nicht, denn die klinische Praxis lehrt uns, dass Patienten mit einer „Körperdysmorphen Störung", von denen die Komplexschöpfer ja ausgehen, sich nach einem „normalen", „nicht-dysmorphen" oder höchstens „normal-schön aussehenden" Körper sehnen und nicht nach einer adonisch oder aphroditisch oder sonst wie olympisch gestalteten Figur.

Also je nachdem, wovon man ausgeht, kann man den Mythos als gebeugt oder nicht gebeugt betrachten.

> ….In seltener Übereinstimmung rufen Mythographen und Hymnologen, zornig und empört: „Aber Adonis hatte nie die Bestrebung, schöner zu werden. Er war schon der Schönste! Adonis hat nie einen Schönheitswahn gehabt! Schönheit hat er in höchstem Maße gleich mit seiner Geburt von Mutter Natur in vollendeter Form reichlich bekommen …"

Ein etwas anderer Adonis-Komplex

Nach der sehr, sehr kompakten online verfügbaren „Encyclopedia of Psychological Complexes" ist der Adonis-Komplex etwas anders als das gerade beschriebene. Dabei werden allerdings weder zu den Quellen, noch zu dem Schöpfer des Komplexes Angaben gemacht.

> **Der verwechselte Adonis-Komplex**
>
> Der Adonis-Komplex wird demnach wie folgt definiert: Der sei ein maskuliner Komplex, der in der Wahrnehmung einer Einmaligkeit der Schönheit des eigenen Körpers bestehe, bereichert durch die Überzeugung von ihrer großen Wirkung auf die soziale Umgebung (also die Mitmenschen). Er weise folgende psychologische Aspekte auf:
> Permanente subjektive Wahrnehmung einer außenordentlichen physischen Attraktivität.
> Ein Erleben der vermeintlichen Macht, die der eigene Charme auf andere ausübe.
> Verlangen nach gebührender Aufmerksamkeit, die sich gewöhnlich in übertriebenen Verhaltensweisen zeige.
> Empfinden einer gewähnten eigenen Exklusivität, das eine ständige Stimulation benötige.
> Extremer Egoismus.
> Manchmal nehme der Adonis-Komplex gravierende Formen an, die gefährlich für andere werden könnten.

Ich denke, dass die Autoren der zitierten Enzyklopädie Adonis mit Narkissos verwechselt haben. Was sie beschreiben, ist der pure Narzissmus. Mit dem Adonis-Mythos hat das nicht das Geringste zu tun. Es gibt keine mythologische Quelle, die etwas so absurdes über den schönsten Mann der Welt erzählt.

> *… Und der Chor der Mythographen, alten und neuen, knappen und ausführlichen, schaut verwundert und schickt ein bitteres Stoßgebet in Richtung Olymp: „Oh Zeus ! Oh Zeus! Bestrafe die Sünder, die unsere Erzählungen bis zur Unkenntlichkeit verfälschen. Kennen die sie überhaupt? Eine Frage, die uns wohl nur das Orakel von Delphi beantworten kann. …"*

16

Der Phädra-Komplex

Die Geschichte von Phädra und Hippolytos

Alle psychoanalytischen Theorien zur Phädra-Problematik werden aus Euripides Drama „Hippolytos" abgeleitet. Insofern brauchen wir uns für unsere Erkundungsexpedition nur darauf zu konzentrieren. Es sei hier vorangestellt, dass Phädra die Tochter von Minos, des legendären Königs von Kreta, und seiner Frau Pasiphaë ist, und somit auch Schwester des Minotauros. Ihre ältere Schwester Ariadne war die erste große Liebe von Theseus, dem Bezwinger des Minotauros. Allerdings endet diese Liebe unglücklich, denn Ariadne wurde vom Gott Dionysos aus Theseus Umarmung entrissen und entführt.[1] Nach einer weiteren, ebenfalls unglücklich endenden Liebe zu der Amazonenkönigin Hippolyte, die ihm den Sohn Hippolytos gebar, heiratet Theseus, inzwischen König von Athen, die viel jüngere Phädra. Das Drama, das sich zwischen den drei Protagonisten – Hippolytos, Phädra und Theseus – abspielt, wird uns, psychologisch meisterhaft interpretiert, von Euripides, dem „Psychologen unter den Tragikern", wie er von vielen genannt wird, überliefert.

Zu Beginn wird von Euripides eine Szene dargestellt, in der Phädra sich seit Tagen krank in ihr Zimmer zurückgezogen hat.

„*Krank, bettlägerig und im Zimmer versteckt zehrt sich ab ihr Leib, der feine Schleier bedeckt ihr blondes Haar.*"
(V. 133–134)

---

[1] S. etwa in Marneros „Mein Bruder Sisyphos, mein Freund der Minotauros".

Sie leidet an Appetitlosigkeit, Interessenlosigkeit, Antriebslosigkeit. Eine große Adynamie hat sie überfallen, sodass sie nicht einmal die Kraft hat, ihren Kopf zu heben. Sie nimmt an Gewicht ab, und ihr Körper verfällt.

„Der Leib der Königin
verblüht und wird mager und elend ..."
(V. 174–175)

Ihr Herz ist voller Kummer, sie findet keine Ruhe. Sie ist erfüllt von Pessimismus und Hoffnungslosigkeit. Sie klagt über Mattigkeit, die ihre Glieder befallen hat, leidet an quälender Schlaflosigkeit. Und in den schlaflosen Nächten, aber auch tagsüber, grübelt sie vor sich hin, ein *„Grübeln des Wahnes"*. Sie macht sich Selbstvorwürfe, für die Menschen in ihrer Umgebung nicht verständlich, nicht ableitbar. Sie ist unfähig, Entscheidungen zu treffen. Sie kann ihren Zustand nicht überwinden und will sterben.

„Der Wahnsinn ist furchtbar. Besser dann wäre es,
selbstvergessend zu sterben!"
(V. 248–249)

Ihre Amme, die sie einst erzog, ist davon überzeugt, dass sie dem Tod bewusst entgegenstrebt, indem sie jegliche Nahrungsaufnahme verweigert. Der Tod sei ihr Ziel. Sie spricht mit niemandem, auch nicht mit ihrer Amme.

Schließlich, nach vielen Mühen, gelingt es der Amme doch, etwas über die Ursache von Phädras Depression zu erfahren:

Sie ist hoffnungslos verliebt, wähnt diese Liebe jedoch als unerfüllbar.

Das ist der Grund für ihren schrecklichen Zustand!

Die Amme kennt das Mittel dagegen: Der geliebte Mann muss her – ungeachtet der Tatsache, dass Phädra mit König Theseus verheiratet ist. Es soll alles geheim gehalten werden. Das größere Problem aber ist das Objekt von Phädras unstillbarer Liebe. Es ist Hippolytos, ihr Stiefsohn! Der Sohn ihres Mannes aus seiner früheren Verbindung mit der Amazonenkönigin Hippolyte. Und noch dazu ist er ein Misogyn, ein Frauenhasser!

Hippolytos verehrt Artemis und mit ihr Keuschheit und Jungfräulichkeit, wofür Artemis als Symbol steht. Und er verachtet die Liebesgöttin Aphrodite. Er hat keinen Blick für erotische Reize und spürt kein Liebesverlangen. Im Gegenteil, er verachtet all das. Aphrodite kann nicht ertragen, dass er

„... allein von allen Bürgern hier im Lande
nennt mich die allerschlimmste Gottheit,
verschmäht die Liebe, hasst die Vermählung."
(V. 12–14)

16 Der Phädra-Komplex

Und so zieht Hippolytos ihren Zorn auf sich. Sie, die Liebesgöttin, bestraft ihn mit einem diabolischen Plan: Der Pfeil des Eros trifft das Herz von Phädra, seiner jungen Stiefmutter, und er, der Stiefsohn, ist das Objekt ihrer Liebe. Eine doppelte Hürde: Zum einen ist es moralisch unmöglich, auch und vor allem wegen der ethischen Vorstellungen von Phädra, da sie Treue und Ehre hoch schätzt, und zum anderen wegen Hippolytos misogyner Einstellung. Er ist nicht nur ein Verehrer der Keuschheit, Jungfräulichkeit und erotischen Abstinenz, sondern auch ein notorischer Frauenhasser.

Aber da kommt die Amme ins Spiel. Nur eines kann ihre Herrin retten: Die Erfüllung ihrer Liebe. So fasst sie den Plan, Hippolytos die Liebe von Phädra zu offenbaren und ihn zu motivieren, sie zu erwidern. Bevor sie ihm jedoch all dies anvertraut, soll er mit einem heiligen Eid zum Schweigen verpflichtet werden. Hippolytos schwört, bevor er weiß, um was es überhaupt geht, dass er niemandem etwas sagen wird. Und dann hört er das Unerhörte. Er reagiert wütend und zornig und offenbart dabei seine tiefgreifende Misogynie, die über die Verachtung der Liebe und des Eros hinausgeht und die Frau vollständig entwertet, wie ein paar Verse aus seinem Hohelied der Misogynie zeigen:

„Warum hast du, oh Zeus, der Weiber falsches Geschlecht
im Sonnenlicht dieser Welt geschaffen?
Wenn dein Plan die Fortpflanzung der Menschheit war,
sollte das ganz ohne Frauen geschehen."
(V. 616–619)

Die Frau wird als *„Plage"*, als *„Unkraut"*, als *„großes Übel"* (γυνή κακόν μέγα) bezeichnet.

... Oh, seid verflucht! Ja, unersättlich ist mein Weiberhass.
Frauen sind und bleiben immer eine schlimme Brut.
(V. 665–666)

Verständlich, dass Aphrodite eine so blinde Misogynie nicht ungestraft lassen kann! Und die Strafe der Göttin der Liebe ist hasserfüllt und furchtbar: Nach der zornigen Reaktion von Hippolytos und dem missglückten Vermittlungsversuch der Amme bekommt Phädra Angst, dass der Ehemann alles erfährt und sie dadurch Ehre, Würde und Integrität verliert. Um dem zu entgehen und weil Hippolytos Reaktion sie weiter in die Depression treibt, erhängt sie sich. Aus Furcht, dass sie noch nach ihrem Tod entehrt werden könnte, wenn Hippolytos seinem Vater von dem Geschehen erzählt, schreibt sie vor ihrem Tod einen Brief an ihren Gatten, der gerade auf Reisen ist. Darin beschuldigt sie Hippolytos der sexuellen Nötigung. Der vom Suizid seiner geliebten Ehefrau tief getroffene Theseus schenkt dem Inhalt des Briefes Glauben und macht seinem Sohn schwere Vorwürfe.

Aber dieser blinde fanatische Frauenhasser zeigt Charakter! Er versucht zwar, seine Unschuld zu beweisen und sich zu verteidigen, allerdings ohne ein Wort über die wahren Umstände zu verlieren, ohne einen Hinweis, der Phädra verraten könnte. Er fühlt sich seinem Eid verpflichtet und entehrt die Tote nicht. Er bricht sein Wort auch dann nicht, als der Vater einen schweren Fluch gegen ihn ausspricht, ihn aus dem Land verbannt und Poseidon bittet, ihn zu vernichten. Zutiefst verletzt durch das Unrecht und den väterlichen Fluch verlässt Hippolytos mit seinen Gefolgsleuten Athen, um ins Exil zu gehen. Auf der Uferstraße jedoch zeigt Poseidon, dass er den Fluch des Vaters erhört hat. Eine riesige Welle erfasst das Gespann von Hippolytos. Pferde und Wagen werden ins Meer gerissen und ziehen Hippolytos mit sich. Er überlebt, vom Zaumzeug auf einen Felsen gedrückt. Schwer verletzt wird er zu seinem Vater gebracht, der aber, immer noch zornig, kein Mitleid mit seinem dem Tode nahen Sohn zeigt. Und noch immer offenbart Hippolytos dem Vater die Wahrheit über Phädra nicht. Er fühlt sich an sein Wort gebunden, er hat geschworen, niemandem etwas zu sagen. Erst Artemis, die Göttin, die Hippolytos so verehrt, die als Dea ex machina kommt, offenbart dem König die ganze Wahrheit. Theseus ist bis ins Mark getroffen von dem Unrecht, das er seinem Sohn angetan hat. Er nimmt den Fluch zurück, doch es ist zu spät. Hippolytos stirbt.

Der Phädra-Komplex

Ein nicht ganz korrekter Phädra-Komplex

„Wir können die inzestuöse Liebe von einer Mutter zu ihrem Sohn als Phädra-Komplex bezeichnen, obwohl Euripides den Hippolytos nicht zum Sohn, sondern Stiefsohn von Phädra machte" schrieb im Jahr 1944 der österreichisch-amerikanische, sehr umstrittene Psychoanalytiker Fritz Wittels.

Wittels unternimmt dadurch schon wieder eine seiner uns nicht unbekannten Akrobasien, wie wir sie auch in Bezug auf den Medea-Komplex kennengelernt haben. Dort unterstellte er, dass Medeas Kindermord durch Rivalität und Hass gegen die rasch reifende Tochter erklärbar sei, obwohl Medea überhaupt keine Tochter hatte! Im Falle des Phädra-Komplexes erklärt er seine Unterstellung, dass Euripides aus dem Sohn einen Stiefsohn *„machte"*, nicht durch Belege, sondern durch seine eigene Spekulation. Er führt aus: *„Offenkundig war Inzest undenkbar und unerträglich für das Bewusstsein sogar auch zu diesen Zeiten und musste irgendwie gemildert werden. Die negative Seite des Komplexes, d. h. Hass gegen den Rivalen, war weniger anstößig als*

16 Der Phädra-Komplex

Liebe, die die Inzest-Barriere überschritt. Daher konnte eine Medea in all ihrer Unbarmherzigkeit gezeigt werden, aber nicht eine Mutter, die sich nach der sexuellen Liebe mit ihrem Sohn sehnt", so Wittels. Wie er zu dieser Unterstellung kommt, alle Quellen zur Geschichte von Phädra, Hippolytos und Theseus über Bord werfend, bleibt genauso rätselhaft wie seine Interpretationen nicht nur beim Medea-Mythos, sondern auch bei anderen griechischen Mythen. Wittels verschweigt übrigens, dass für das sexuelle Begehren der Mutter gegenüber dem Sohn seine psychoanalytischen Kollegen schon seit den Zwanzigerjahren des vorigen Jahrhunderts den Iokaste-Komplex reserviert haben[2]. Merkwürdig auch, dass er Iokaste überhaupt nicht erwähnt in seiner zitierten Publikation „Psychoanalysis and Literature".

Spätere Psychoanalytiker stellten ihre diesbezüglichen Theorien in den richtigen mythologischen Rahmen und definierten als Phädra-Komplex die sexuelle Neigung von Stiefmüttern zu ihren Stiefsöhnen und in einer erweiterten Form von Stiefeltern zu Stiefkindern.[3]

> **Der Phädra-Komplex als normal-psychologische Angelegenheit**
> Alfred Messer definiert als Phädra-Komplex nicht nur die die erotische Neigung einer Stiefmutter zu ihrem Stiefsohn, sondern er erweitert es bewusst auf die seiner Auffassung nach nicht-pathologische (wenn auch sicher Familiensituationen komplizierende) erotische Neigung von Stiefeltern zu Stiefkindern.
> Er betrachtet den Phädra-Komplex als das Gegenstück zu Ödipus- bzw. Elektra-Komplex, mit dem Unterschied, dass es sich bei den beiden letzteren um die erotische Neigung von biologischen Kindern zu biologischen Eltern handelt.

Dass der Psychoanalytiker Wittels den griechischen Mythos von Phädra recht willkürlich verwendet, ist evident. Die sexuelle Neigung einer Stiefmutter zu ihrem Stiefsohn aber, die andere Psychoanalytiker als Phädra-Komplex definieren, etwa der schon zitierte Alfred Messer, ist kompatibel mit Euripides Drama. Man kann auch die Erweiterung auf Stiefeltern und Stiefkinder beider Geschlechter hinnehmen, nachdem auf die Abweichung vom Mythos bewusst hingewiesen wird. Inkompatibel jedoch mit der mythischen Substanz ist der umgekehrte Weg, nämlich die erotische Neigung des Stiefkindes zu einem Stiefelternteil, was die kasuistischen Überlegungen Messers – auf die hier nicht weiter eingegangen wurde – suggerieren.

---

[2] S. Kapitel „Der Iokaste-Komplex".
[3] So etwa Alfred Messer.

.... Und Euripides, der sich in seiner attischen Grotte verkrochen hat, wo er gewöhnlich Ruhe sucht, um seine Tragödien zu schreiben, mahnt alarmiert: „Vorsicht! Vorsicht! Bleiben Sie doch meinem Drama treu ...!"

17

Der Mitos des Mythos

„*Die Psychoanalyse nach Freud und Jung hat sich buchstäblich von griechischen Mythen genährt*", haben wir von George Steiner zu Beginn unserer Expedition zur Klärung des Beziehungsstandes zwischen Psychoanalyse bzw. Tiefenpsychologie und griechischer Mythologie gehört. Es mag so sein. Aber auch Nahrungsmittel bester Qualität erfordern gute Kenntnis über sie sowie Wissen über die richtige Zubereitung und gute Behandlung, damit ihr hoher Nährwert, ihr Geschmack und ihr Aroma erhalten bleiben.

Hat die Psychoanalyse die griechischen Mythen mit gutem Wissen und Gewissen richtig und sachgemäß behandelt?

Zur Beantwortung dieser Frage haben wir den Mythos als Mitos verwendet.

Mit dem Wort Mitos assoziiere ich immer Ariadne → Theseus → Minotauros → Labyrinth → Rettung!

Das wurde zu Beginn dieses Buches gesagt. Es wurde auch erklärt, dass es sich dabei um den berühmten „Ariadne-Mitos" handelt, besser bekannt als „Ariadne-Faden". Und im Umgangssprachlichen noch besser bekannt als „roter Faden". Damit hat das kluge Mädchen Ariadne ihren geliebten Theseus aus den Irrgängen der Minotauros-Behausung, dem dunklen Labyrinth, gerettet. Nach vollendetem Werk, dem Sieg über den anthropophagen Halbmenschen, stand der leuchtende, rettende Ausgang vor Theseus Augen.

Alles das wurde zu Beginn dieser Expedition gesagt.

Mit dem Mitos des Mythos, damit sind des Mythos ursprüngliche Quellen gemeint, wurde der Versuch unternommen, eine Beziehungsklärung zwischen Psychoanalyse und griechischer Mythologie herbeizuführen. Die Ergebnisse wurden offengelegt. Und sie zeigten sehr häufig:

Eine Beziehungsstörung!

Diese offenbarte die Beziehungsklärung. Nicht bei allen, aber bei den meisten Fällen. Schade!

Natürlich wurden hier nur ausgewählte psychoanalytisch definierte Komplexe dargestellt. Natürlich wurden einige mehr als die in diesem Buch untersuchten beschrieben. Es müssten inzwischen weit über hundert sein, glaubt man dem niederländischen Psychoanalytiker Vaessen. Natürlich hätte man Lust, auch Komplexe wie den Alkestis-, Artemis- (bzw. Diana-), Eurydike-, Kassandra-, Klytämnestra-, Medusa-, Orpheus- oder Perseus-Komplex und noch manche andere mehr darzustellen und ihre Beziehung zu den ursprünglichen Mythen zu untersuchen. Einige Gründe haben aber dagegen gesprochen:

1. Ihr Bekanntheitsgrad bzw. die Relevanz für die Psychoanalyse ist offensichtlich geringer als die der dargestellten.
2. Das Buch wäre so voluminös geworden, dass es manchen Leser abschrecken würde.[1]

Und, last but not least:

3. Es hätte nicht mehr an Erkenntnisgewinn gebracht als das schon Untersuchte.

Die einschränkende Auswahl hat also ihren Sinn.

Und zum Schluss, George Steiner paraphrasierend: Wie aufbauend und gesund wäre es gewesen, wenn die Psychoanalyse die reichhaltige Nahrung der griechischen Mythen richtig behandelt und schonend zubereitet hätte!

Und:

Wie schön wäre es gewesen, wenn dem Mitos des Mythos folgend bei der unternommenen Beziehungsklärung am Ende, wie bei Theseus im Labyrinth, das Licht der durch Mythen-Treue gekennzeichneten engen Beziehung zwischen den beiden Kulturträgern – griechischer Mythologie und Psychoanalyse – gestanden hätte!

Aber des Mythos Mitos hat eher deren Beziehungsstörung ans Licht gebracht.

---

[1] Es wird der Versuch unternommen, auch die eher vernachlässigten psychoanalytischen Komplexe kurz zu beschreiben, und zwar in Marneros *„Enzyklopädie Eponymer Syndrome und Begriffe in Psychiatrie und Klinischer Psychologie. Von Achilles-Komplex über Othello-Syndrom bis Zooanthropie"* (2019). Springer, Heidelberg.

Bibliografische Anmerkungen

A. Mythographische Quellen

Griechische Quellen

Antoninus Liberalis: „Sammlung von Verwandlungssagen" in Mader, Ludwig: „Griechische Sagen", Patmos, Düsseldorf, (2003)
(Die Nummerierung der Mythen im Text folgt der von Ludwig Mader angegebenen)
Apollodor: „Die griechische Sagenwelt. Apollodors mythologische Bibliothek". Aus dem Griechischen von Christian Gottlob Moser und Dorothea Vollbach (1988), Aufbau Verlagsgruppe, Berlin, bzw. Anaconda, Köln (2008), wie auch in: Mader Ludwig: „Griechische Sagen", Patmos, Düsseldorf, (2003)
Apollodor: „Epitomé", w.v.
Appolonios Rhodios:
a) „Die Fahrt der Argonauten" (Griechisch/Deutsch), übersetzt von Paul Dräger, (2002), Reclam, Stuttgart
b) „Die Argonauten", verdeutscht von Thassilo von Scheffer (1947), Dietrich'sche Verlagsbuchhandlung, Wiesbaden
Äschylos: Tragödien, diverse Auflagen
Aristophanes: „Die Frauen am Thesmophorenfest" In: „Aristophanes. Sämtliche Komödien" (Deutsch) Übersetzung von Ludwig Seeger, Bd. II, (1968), Artemis Verlag, Zürich und Stuttgart

Clemens von Alexandria: „Protreptikós", (IV, 57,3). Übersetzung d. V. aus: Otto Stählin „Clemens Alexandrinus, erster Band, „Protrepticus" und Pädagogus" Hinrichs'sche Buchhandlung, 1905, online Edition
Diodor von Sizilien: „Historische Bibliothek", aus dem Griechischen übersetzt von Julius Friedrich Wurm, 1827, erstes Bändchen (Bücher I–V), Verlag der Meßler'schen Buchhandlung Stuttgart.
Euripides: Tragödien, diverse Auflagen
Herodot: „Historien", „Griechisch/Deutsch", herausgegeben von Josef Felix, 2000, Tusculum Sammlung, Artemis & Winkler, Zürich und Düsseldorf
Hesiod:
a) „Theogonie" (Griechisch/Deutsch)
b) „Werke und Tage" (Griechisch/Deutsch)
Beides übersetzt von Albert von Schirding (2002), Tusculum, Artemis & Winkler, Zürich und Düsseldorf
c) „Frauenkataloge" in Gesammelte Werke (Deutsch), übersetzt von Tassilo von Scheffer (1965) Dieterich'sche Verlagsbuchhandlung, Leipzig
Homer:
a) „Ilias", diverse Auflagen
b) „Odyssee", diverse Auflagen
c) „Homerische Hymnen" (Griechisch/Deutsch) übersetzt von Anton Weiher, (1989), Tusculum, Artemis & Winkler, Zürich und Düsseldorf, oder „Götterhymnen", aus dem Griechischen von Thassilo von Scheffer, Anaconda, Köln (2006)
Kallimachos: Werke (Griechisch/Deutsch) herausgegeben und übersetzt von Markus Asper, Wissenschaftliche Buchgesellschaft, Darmstadt (2004)
Nonnos: „Dionysiaka", verdeutscht von Thassilo von Scheffer, Dieterich'sche Verlagsbuchhandlung, Wiesbaden (o. J.)
Orphische Hymnen etwa in: „Orpheus. Altgriechische Mysterien", übertragen und erläutert von J.O. Plassmann. Diederichs, München (1992)
Palaiphatos: „Unglaubliche Geschichten" (Griechisch/Deutsch) Übersetzung aus dem Griechischen von Kai Brodersen (2002), Reclam, Stuttgart
Pausanias: „Beschreibung Griechenlands", aus dem Griechischen übersetzt von Ernst Meyer (1972), dtv, München
Pindar: „Oden" (Griechisch/Deutsch) aus dem Griechischen übersetzt von Eugen Dönt (1986), Reclam, Stuttgart

Quintus Smyrnäos: „Posthomerica in 14 Büchern. Der Untergang Trojas". Übersetzung aus dem Griechischen von Peter Sturm, Akademiker-Verlag, Saarbrücken (2013)
Sophokles: Tragödien, diverse Auflagen

Lateinische Quellen

Arnobius von Sicca: „Adversus Nationes". Im Deutschen „Des Afrikaner's Arnobius sieben Bücher wider die Heiden". Hrsg. von Franz von Besnard. Vogel'sche Verlagsbuchhandlung, 1842 (online)
Oder folgende Übersetzung ins Englische (wobei die englische Übersetzung kohärenter als die obige ist):
Arnobius: „Against the Heathen". Translated by Hamilton Bryce and Hugh Campbell. In: Alexander Roberts, James Donaldson, A. Cleveland Coxe (Hrsg.): Ante-Nicene Fathers. Band 6, Christian Literature Publishing Co., Buffalo (NY) 1886 (online bei newadvent.org)
Hyginus:
a) „Fabulae". Eine Reise durch die wundersame Welt der griechischen Mythologie (Lateinisch/Deutsch) übersetzt von Lucius Annaeus Senecio, (2014), Autumnus, Berlin.
b) „Fabulae" (deutsch, übersetzt von Franz Peter Waiblinger, (2016), dtv, München.
c) „Griechische Sagen" (Deutsch): übersetzt von Ludwig Mader in „Griechische Sagen" (2003), Patmos, Düsseldorf.
(*Die Nummerierung der Fabulae im Text folgt der von Ludwig Mader angegebenen*)
Ovid:
a) „Metamorphosen", (Lateinisch/Deutsch): nach der ersten deutschen Prosaübersetzung durch August von Rode neu übersetzt und herausgegeben von Gerhard Fink (2005) Albatros Verlag, Düsseldorf
(Deutsch): diverse Auflagen
b) „Ars amatoria. Liebeskunst" (Lateinisch/Deutsch) übersetzt von Michael von Albrecht, 1996, Reclam, Stuttgart
c) „Heroides – Epistulae" (Lateinisch/Deutsch), übersetzt von Bruno W. Häuptli, Patmos, Düsseldorf (2009)

Deutschsprachige Quellen (eine Auswahl)

Fink, Gerhard: „Die schönsten Sagen der Antike", Fischer, Frankfurt am Main (2003)

Irmscher, Johannes: „Sämtliche Fabeln der Antike", Anaconda, Köln, (2006)

Von Ranke-Graves, Robert: „Griechische Mythologie", Anaconda, Köln (2008)

Kerényi, Karl: „Die Mythologie der Griechen", Band I und II, dtv, München, (1988)

Köhlmeier, Michael: „Das große Sagenbuch des klassischen Altertums", Piper, München (2003)

Mader, Ludwig: „Griechische Sagen", Patmos, Düsseldorf, (2003)

Roscher, W.H.: „Ausführliches Wörterbuch der griechischen und römischen Mythologie", Teubner, Leipzig, (1884)

Schwab, Gustav: „Sagen des klassischen Altertums", Knaur, (2001)

Schwab, Gustav: „Die schönsten Sagen des klassischen Altertums", Einsslin-Laiblin, Reutlingen, (1955)

B. Sonstige Quellen

Accorinti, Domenico: „Nonnos und der Mythos: Heidnische Antike aus christlicher Perspektive". In: Hartmut Leppin (Hrsg.) „Antike Mythologie in christlichen Kontexten der Spätantike" (2015) de Gruyter, München, Boston

Bachelard, Gaston: „Psychoanalyse des Feuers", (1938), deutsch (1985) Hanser, München, Wien

Bergmann, Martin: „In the Shadow of Molloch" (1992) Columbia University Press, N.Y.

Berkel, Irene: „Missbrauch als Phantasma: Zur Krise der Genealogie" (2006) Fink, Paderborn

Besdine, Matthew: „The Jocasta Complex, Mothering and Genius" (1968), The Psychoanalytic Review, 55/2. 259–277

Besdine, Matthew: „The Jocasta Complex, Mothering and Women Geniuses" (1971), The Psychoanalytic Review, 58/1 51–74

Besdine, Matthew: „The Unknown Michelangelo" (1985) Vanguard Press, N.Y.

Bittner, Günther: „Vater werden ist (nicht?) schwer – zur Psychodynamik archaischer Zeugungsängste", in Heinz Walter und Helmwart Hierdeis (Hrsg.): „Väter in der Psychotherapie. Der dritte im Bunde?" (2013), Schattauer Stuttgart

Bloch, Ernst: „Das Prinzip Hoffnung", 3. Bd. (1977), Suhrkamp, Frankfurt a. M.

Borneman, Ernest: „Psychoanalyse des Geldes" (1977) Suhrkamp, Frankfurt a. M.

Bourcillier, Patricia: „Magersucht und Androgynie oder Der Wunsch, die Geschlechter zu vereinen" (1992) Steinhäuser, Wuppertal

Britton, Ronald: „Forever Fathers Daughter: The Athene-Antigone Complex" In: J. Trowell & A. Etchegoyen (Eds.) „The Importance of Fathers" (2002). Brunner/Routledge, London

Britton, Ronald: „Sexualität, Tod und Über-Ich" (2006), Klett-Cotta, Stuttgart

Bruyn G.W, U.J. de Jong: „The Midas-Syndrome. An inherent psychological marriage-problem" Amer. Imago (1959) 610, 3, 251–262

Christlieb, Wolfgang: „Der entzauberte Ödipus. Ursprünge und Wandlungen eines Mythos" (1979) Nymphenburger Verlagsbuchhandlung, München

Colman, Andrew W.: „Oxford Dictionary of Psychology" (2015), Oxford University Press

Dalma, Juan: „Nota sombre el complejo de Layo (El padre frente al hijo)". Prensa Med. Argent. (1953), 10; 40 (28): 1806–9

DeLia, Demetria: „The Achilles Complex: A paradigm for understanding murderous impulses and their manifestations" Unpublished doctoral dissertation, New York University

DeLia, Demetria: „The Achilles Complex: Preoedipal trauma, rage, and repetition" Psychoanalytic Review (2004) 91(2)179–199

De Saussure, Raymond: „Le Complexe de Jocaste", Internationale Zeitschrift für Psychoanalyse (1920) 6 (2), 118–122

Devereux, Georges: „Why Oedipus Killed Laius: A Note on the Complementary Oedipus Complex in Greek Drama" In: International Journal of Psychoanalysis (1953), 34:132–141

Devereux, Georges: „Träume in der griechischen Tragödie. Eine ethnopsychoanalytische Untersuchung (Deutsch 1985), Suhrkamp, Frankfurt a. M. (Französisches Original 1976)

Devereux, Georges: „Baubo. Die mythische Vulva", (1981), Syndikat, Frankfurt a. M.

Drehsen, Volker, Hermann Häring, Karl-Josef Kuschel und Helge Siemers: „Wörterbuch des Christentums", (o. J). Orbis, München

El Khayat, Rita: „Wenn sie Mütter werden. Medea und die Frauen des Mittelmeeres", Hans Schiler, Berlin 2009

Faber, Richard: „Der Prometheus-Komplex" (1984) Königshausen+ Neumann, Würzburg.

Fairfield, Susan: „The Kore complex: The myths and some unconscious fantasies". Int. J. Psyco-Anal (1994) 75, 243–263

Figlio, Karl: „Psychoanalysis, Science and Masculinity" (2001), Brunner-Routledge, Philadelphia

Freud, Sigmund: „Anfänge der Psychoanalyse 1887–1902. Briefe an Wilhelm Fließ", 1972, Fischer, Frankfurt a. M.

Freud, Sigmund: „Die Traumdeutung" (1900) Entweder als Studienausgabe, 1994, S. Fischer, Frankfurt a. M., S. oder In GW II/III, 1976, Fischer, Frankfurt a. M.

Freud, Sigmund: „Über die weibliche Sexualität" (1931) in: Sexualleben (1972), S. Fischer, Frankfurt a. M.

Freud, Sigmund: „Zur Gewinnung des Feuers", Imago (1932) 18, 8–13

Gadamer, Hans Georg: „Prometheus und die Tragödie der Kultur". (1946), In: Gadamer H-G (Hrsg.) Gesammelte Werke. Band 9. „Ästhetik und Poetik" (1993). Mohr, Tübingen

Halberstadt-Freud, Hendrika C.: „Elektra versus Ödipus. Das Drama der Mutter-Tochter-Beziehung" (2000), Klett-Cotta, Stuttgart

Grabner-Haider, Anton (Hrsg.): „Praktisches Bibel Lexikon" (2005), Matrix, Wiesbaden)

Harsch, Wolfgang: „Der Midas-Komplex. Zur unbewussten Bedeutung von Gold, Geld und Kapital" (2012) Psychosozial-Verlag, Gießen

Hilgers, Micha: „Mensch Ödipus" (2007), Vandenhoeck & Rupprecht, Göttingen

Hölter, Reinhild: „Shadowed reality or the 'Prometheus-complex': analytical psychotherapy after political imprisonment and persecution". Journal of Analytical Psychology (2005) 50, 521–537.

Hoffmeister Johannes: „Wörterbuch der philosophischen Begriffe" (1955), Meiner, Hamburg

Jackson, Leonard: „Literature, Psychoanalysis and the New Sciences of Mind" (2014) Routledge, London, New York

Jacobs, John: „Euripides' Medea: A Psychodynamic Model of Severe Divorce Pathology", American Journal of Psychotherapy (1988) XLII, 308–319

Jens, Walter: „Die Götter sind sterblich" (1983) C. H. Beck, München

Jung, Carl Gustav: „Versuch einer Darstellung der psychoanalytischen Theorie", SA, Frühe Schriften IV (1973) Walter-, Olten und Freiburg i. B.

Jung, C.G.: „Zum psychologischen Aspekt der Korefigur" In: C.G. Jung und K. Kerényi: „Einführung in das Wesen der Mythologie. Das göttliche Kind/das göttliche Mädchen", 1951, Rhein-Verlag, Zürich

Kaschak, Ellyn: „Engendered Lives. A New Psychology of Women's Experience" (1992) Basic Books, NY

Kernberg, Otto, Hans-Peter Hartmann: „Narzissmus", (2006), Schattauer, Stuttgart

Koch, Klaus, Eckart Otto, Jürgen Roloff und Hans Schmoldt (Hrsg.): „Das große Lexikon zur Bibel" (2004), Tosa, Wien

Krüll, Marianne: „Freud und sein Vater" (1992) Fischer, Frankfurt a. M.

Kulish N., D. Holtzman: „Persephone, the loss of virginity and the female oedipal complex" Int. J. Psycho-Anal (1998) 78, 57–71

Levy, Iris: „The Laius Complex: From Myth to Psychoanalysis" Intern. Forum Psychanal. (2011) 20 (4), 222–228.

Lissner, Ivar: „Wir sind das Abendland. Gestalten, Mächte und Schicksale Europas durch 7000 Jahre" (1966) Deutscher Bücherbund, Stuttgart

Lütkehaus, Ludger: „Der Medea-Komplex" In Lütkehaus, Ludger: „Mythos Medea. Texte von Euripides bis Christa Wolf" (2007) Reclam, Stuttgart

Lütkehaus, Ludger: „Der Medea-Komplex. Mutterliebe und Kindermord", in Bernhard Zimmermann (Hrsg.) „Mythische Wiederkehr. Der Ödipus- und Medea-Mythos im Wandel der Zeiten" (2009) Reihe Paradigmata, Rombach, Freiburg i. Br.

Marneros, Andreas: „Das neue Handbuch der Bipolaren und Depressiven Erkrankungen" (2004) Thieme, Stuttgart

Marneros, Andreas: „Intimizid. Die Tötung des Intimpartners" (2008) Schattauer, Stuttgart

Marneros, Andreas: „Irrsal! Wirrsal! Wahnsinn! Persönlichkeit, Psychose und psychische Konflikte in Tragödien und Mythen" (2013) Schattauer, Stuttgart

Marneros, Andreas: „Feuer für ausgebrannte Helden. Die Suche nach Orientierung. Ein Abenteuer mit Prometheus und Herakles", (2015), CMZ, Rheinbach

Marneros, Andreas: „Homers Ilias psychologisch erzählt. Der Seele erste Worte" (2017) Springer-Verlag, Heidelberg

Marneros, Andreas: „Homers Odyssee psychologisch erzählt. Der Seele erste Irrfahrt" (2017) Springer-Verlag, Heidelberg

Marneros, Andreas: „Mein Bruder Sisyphos, mein Freund der Minotauros. Archetypen in der griechischen Mythologie psychologisch erzählt" (2018) Springer-Verlag, Heidelberg

Marneros, Andreas: „Enzyklopädie der Eponymen Syndrome und Begriffe in Psychiatrie und Klinischer Psychologie" (2019), Springer, Heidelberg

Marx, Karl: „Differenz der demokritischen und epikureischen Naturphilosophie" (1841) Hrsg. Georg Mende (1964), Verlag der Friedrich-Schiller-Universität Jena

Masson, Jeffrey M.: „Was hat man dir, du armes Kind, getan?" (1986) Rowohlt, Frankfurt a. M.

Masson Jeffrey M.: „Sigmund Freud. Briefe an Wilhelm Fließ. 1887–1904. Ungekürzte Ausgabe (1999) Fischer, Frankfurt a. M.

McGuire, W., W. Sauerländer (Hrsg.): „Sigmund Freud, C.G. Jung. Briefwechsel" (1984), Fischer, Frankfurt a. M.

Messer, Alfred: „The Phaedra complex", Arch Gen Psychiatr (1969) 21 (2) 213–218

Messer, Alfred: „Stepparents and Stepchildren: The Phaedra Complex", Medical Association of Georgia Journal (1990) 79 (10): 747–748

Murray, Henry A.: „American Ikarus", in: A. Burton, R.E Harris (Eds): „Clinical Studies of Personality", Vol. II, (1955), Harper, New York. S. 615–641

Mitscherlich, Margarete: „Die friedfertige Frau" (1994, Erstveröffentlichung 1985/1987) Fischer, Frankfurt a. M.

Naiman, J.: „Freud's Jocasta and Sophocles' Jocasta: clinical implications of the difference", Int J Psychoanal (1992) 73: 95–101

Ogilvie, Daniel: „Fantasies of flight" (2004) Oxford University Press

Olivier, Christiane: „Jokastes Kinder. Die Psyche der Frau im Schatten der Mutter" (1989, französische Ausgabe 1980), dtv, München

Onfray, Michel: „Anti Freud. Die Psychoanalyse wird entzaubert" (2011), Knaus, München

Paulic, Vlasta: „The Antigone Complex: From Desire to Guilt and Back". In Henderson David (Ed.) „Psychoanalysis, Culture and Society" (2012), Cambridge Scholars Publishing, Newcastle u. T.

Plassmann, J.O.: „Orpheus. Altgriechische Mysterien", 1992, Dieterich's gelbe Reihe, München

Pope, Harrison, Katharine A. Phillips, und Roberto Olivardia: „Der Adonis-Komplex. Schönheitswahn und Körperkult bei Männern" (2001) dtv, München

Rank, Otto: „Das Inzestmotiv in Dichtung und Sage" (1912) Deutike, Leipzig

Rank, Otto: „Grundzüge einer Genetischen Psychologie aufgrund der Psychoanalyse der Ichstruktur. Teil II Gestaltung und Ausdruck der Persönlichkeit" (1928), Franz Deutike, Leipzig und Wien

Rosen, Jeremy: „Kabbala. Inspirationen" (2005) Patmos, Düsseldorf

Ross, John M.: „Oedipus Revisited. Laius and the Laius Complex" Psychoanal Study Child (1982) 37:160–200

Sartre, Jean-Paul: „Saint Genet. Komödiant und Märtyrer" (in Französisch publiziert 1952, deutsche Edition 1986) Rowohlt, Reinbek

Searles, Harold F.: „Collected Papers on Schizophrenia and Related States" (1965) Third Impression 2005, Karnac Classics, London, New York

Schäfer, Martina: „Die Wolfsfrau im Schafspelz. Autoritäre Strukturen in der Frauenbewegung", (2001) Hugendübel (Sphinx) Kreuzlingen, München

Schlagmann, Klaus: „Die Wahrheit über Narziß, Iokaste, Ödipus und Norbert Hanold" (1996) Verlag Der Stammbaum und die sieben Zweige, Saarbrücken

Schlagmann, Klaus: „Ödipus – komplett betrachtet" (2005) Verlag Der Stammbaum und die sieben Zweige, Saarbrücken

Schmidt, Ernst Günther: Einleitung zu „Die Homerischen Götterhymnen", aus dem Griechischen übersetzt von Thassilo von Scheffer, (2006) Anaconda, Köln

Schreier, Josefine: „Warum gibt es keinen Orest-Komplex?" Wiener Archiv der Psychologie, Psychiatrie und Neurologie (1955) 4, 198–205

Schreier, Josefine: „Göttinnen. Ihr Einfluss von der Urzeit bis zur Gegenwart" (1978) Frauenoffensive, München

Sjöholm, Cecilia: „The Antigone Complex. Ethics and the Invention of Feminine Desire" (2004) Stanford University Press

Sperber, M.A.: „Albert Camus. Camus' The Fall: The Ikarus Complex". American Imago (1969) 26:269–280

Steiner, George: „Die Antigonen. Geschichte und Gegenwart eines Mythos", Gesammelte Schriften, 4, 2014, Suhrkamp, Berlin

Stern, Edward S.: „The Medea Complex: The mother's homicidal wishes" (1948) Br J Psychiatry, 94:321–331

Stimmel, B.: „The cause is worse: remeeting Jocasta", Int J Psychoanal (2004) 85:1175–1189.

Sussman, Michael B.: „A Curious Calling. Unconcious Motivations for Practising Psychotherapy" (2007) 2. Edition, Jason Aronson, Lanham

Vaessen, MIJ.: „The Icarus Complex" Psychiat Neurol. Neurochir. (1961) 65:285–304

Van der Waals, H.G.: „Narcisme et Icarisme" Psychiat. Neurol. Bl. (Amst.) (1941) 45:613. Zitiert nach Vaessen

Vinnai, Gerhard: „Jesus und Ödipus" (1999) Fischer, Frankfurt a. M.

Voegelin, Eric: „Wissenschaft, Politik und Gnosis" (1959) Bösel, München

Wallerstein, Judith: in: Wallerstein JS, Blakslee S. „Second Chances" (1989) Ticknor & Fields, NY.

Walther, Lutz (Hrsg.): „Mythos Elektra" (2010) Reclam, Stuttgart

Walther, Lutz, Martina Hayo (Hrsg.): „Mythos Antigone" (2004) Reclam, Leipzig

Weiher, Anton: Einleitung zu „Homerische Hymnen" (Griechisch/Deutsch), 1989 Artemis, München Zürich

Wellisch E.: „Isaac and Oedipus" (1954) Routledge, Abingdon

Werner, Helmut: „Die Kabbala" (o. J.) Komet, Köln

Wertham, Fredric: „Dark Legend. A Study of Murder" (1941) Duell, Sloan & Pearce, New York

Wertham, Fredric: „The matricidal impulse" J. Rim. Psychopath. (1941)2:9

Whitehead, Clay C.: „On Prometheus" Int. Rev.Psycho-Anal. (1987) 14:527–540

Wieland, Christina: „The Undead Mother" (2000) Karnac, London, NY

Wittels, Fritz: „Psychoanalysis and Literature" In: Sandor Lorand (Ed.) Psychoanalysis today (1944) International University Press, NY

Wolman, Benjamin B.: „The Antigone Principle" (1965) Amer Imago 22, 3, 186–201

Wurmser, Léon, Heidi Gidion: „Die eigenen verborgensten Dunkelgänge. Narrative, psychische und historische Wahrheit in der Weltliteratur" (1999) Vandehoeck & Ruprecht, Göttingen

Zusne, Leonard: „Eponyms in Psychology" (1987) Greenwood Press, N.Y.

Sachverzeichnis

A

Abstinenz-Prinzip 9
Achilles
   Komplex 159
      pränatale Entstehung 159
      präödipale Entstehung 159
   Mythos 162
Adonis
   Komplex 231
   Mythos 232
Agamemnon 107
Ägeus 141, 144
Ägisthos 99
Agora 3
Alternativtötung 140
Anna-Antigone 36, 90
Anorexie 83
Antigone 36, 79, 82
   Etymologie 93
   Komplex 82, 85
   Prinzip 88, 96
Apostat 2
Ariadne-Mitos 1, 245
Athena-Antigone-Komplex 89
Athena-Mythos 91

Atreus 22
   Komplex 150
   Mythos 150
Autonomie der Frau 79
Azensionismus 204

B

Bachelard, Gaston 192
Baubo 213
Besdine, Matthew 55
Bittner, Günther 63, 64, 67, 72
Bloch, Ernst 182
Borneman, Ernest 175
Botschaft
   pananthropische 4
   panepochale 4
   pankulturelle 4
Bourcillier, Patricia 83
Bruyn, G. W. 175, 179

C

Chrysippos 22, 150
Chrysothemis 110, 120

D

Dädalos 68, 199
Dalma, Juan 64, 65
de Beauvoir, Simone 229
de Jong, U. J. 175, 179
de Saussure, Raymond 56, 65
DeLia, Demetria 159
Demetra 209
Devereux, Georges 44, 54, 56, 61, 62, 64, 65
Dilemma, ödipales 220
Doxopatres, Johannes 182

E

Eifersucht 117
El Khayat, Rita 152
Elektra 99
   Bisexualität 119
   Geschlechtlosigkeit 120
   Homosexualität 103
   Komplex 89, 99
      Gegenstück 243
   Mänlichkeits-Komplex 118
Eltern-Komplex 189
Eteokles 80
Eurydike 81

F

Fairfield, Susan 217, 218, 221
Figlio, Karl 123
Fließ, Wilhelm 12
Frauenhasser 240
Freud, Anna 11, 90
Freud, Sigmund 2, 4, 11, 12, 19, 101, 175, 183
   Freud'sche Dyade 37
   Freud-Komplex 47
   Freuds Schlüssel 40

G

Golem 226

H

Hades 209
Halberstadt-Freud, Hendrika C. 103
Hämon 81
Harsch, Wolfgang 177
Hephästos 91
Hippolytos 239
Hölter, Reinhild 194
Holtzman, Deanna 219
Hydra 187

I

Ignoranz des Maskulinen 79
Ikaros 68
   Komplex 7, 199
   Mythos 199
Ikarusismus 203, 206
Imprägnation 220
Intimizid 140
Iokaste 18, 49, 51
   Komplex 52
Ismene 36, 80, 82

J

Jackson, Leonard 14
Jens, Walter 3
Josef-Komplex 76
Jung, Carl Gustav 53, 100, 216
Jungfräulichkeit (Angst von dem Verlust) 220

K

Kannibalismus 167
Kaschak, Ellyn 85
Kastration 15
Kerényi, Karl 196
Kind, präödipales 218
Klytämnestra 107
Komplex
   Begriffsbestimmung 12
   maskuliner 238

Kore-Komplex 209
Kränkung, narzisstische 138
Kreon 26, 80, 82, 136
Kreusa 135
Krise, katathyme 130
Kulish, Nancy 219

Laios 22, 23, 150
    Komplex 52, 61
Lust, homosexuell betonte 184

Männlichkeitskomplex, weiblicher 89
Marx, Karl 181
Masochismus 96, 104, 118
Matriarchat 128
Matrizid 129
Matthäus 77
Medea
    Komplex 53, 133, 145
    der Nazis 152
    Syndrom 137, 153, 155
        im engeren Sinne 155
        im weiteren Sinne 155
Merope 24, 25
Messer, Alfred 243
Michelangelo Buonarotti 55
Midas
    Komplex 175
    Mythos 176
    Syndrom 179
Minos-Komplex 67
Misogynie 240
Mitscherlich, Margarete 229
Murray, Henry A. 203
Mutter, nackte 15
Mutterhass-Monodie 112
Mythenvariation 7
Mythographie der Seele 2

Naiman, J. 59
Narzissmus 238
    kynosuraler 204
    maligner 139, 144
Nekrophilie 170
Neonatizid 21
Neutralität 9

Ödipus
    auf Kolonos (Tragödie) 36
    Etymologie 23
    Komplex 11, 53, 57, 161, 190
        Alternative 82
        Gegenstück 218, 243
        Nebenerscheinung 129
        weiblicher 99
    Mythos 19
    wahre Eltern 40
Olivadia, Roberto 233
Orestes 107
    Komplex 123
Orestie 109

Parental-Alienation-Syndrome 156
Patient, posttraumatischer 196
Patriarchat 128
Paulic, Vlasta 83
Peleus 163
Pelops 22
Penisneid 13
Penissymbol 184
Persephone-Komplex 209
Perversion, sexuelle 167
Phädra 239
    Komplex 242
Phlilips, Katharine 233
Phönix 187

Polybos 23
Polyneikes 80
Pope, Harrison 233
Prometheus 91
  Komplex 181
  Mythos 182
Psychoanalyse, Faszination 2
Psychologie
  antigonale 85
  feministische 85
Psychoneurose 18
Pygmalion
  im Therapeuten 225
  Komplex 223
  Mythos 223

Rank, Otto 65, 189
Reaktion, maligne 138
Ross, John 64

Sadismus 104, 118
Sartre, Jean-Paul 229
Schlüssel der Tragödie 42
Schreier, Josefine 123, 127
Schwab, Gustav 201, 206
Searles, H.F. 225
Selbstblendung 34
Sex and Crime 13, 17
Sexualserienmörder 160
Sjöholm, Cecilia 82
Skurrilität 16
Solar-Komplex 203, 205
Sphinx 26
Steiner, George 3, 5, 9, 79, 82, 83, 245, 246
Stern, Edward S. 147
Stimmel, Barbara 58

Störung, körperdysmorphe 236, 237
Subkomplex
  der Mutter 53
  der Tochter 53
  des Sohnes 53
Subordination 85
Suizid, erweiterter 149
Sussman, Michael 225
Syndrom 8

Teiresias 24, 29
Thersites 171
Theseus 69, 141, 145, 239
Thetis 163
Thyerstes 22
Tötung, sadistische 173
Transvestismus 167
Trauma, neonatales 159
Traumdeutung 44
Traumzensur 44
Triebverzicht 186
Triumph, narzisstischer 143

Vaessen, M. I. J. 201, 203, 206
Van der Waals, H.G. 206
Vorstellung, zwanghafte 233

Wellisch, Erich 53, 56, 65
Wertham, Frederic 129
Wieland, Christina 123
Wittels, Fritz 103, 146, 242
Wolman, Benjamin B. 88, 96, 97
Wunschdenken 32
Wurmser, Léon 226

GPSR Compliance

The European Union's (EU) General Product Safety Regulation (GPSR) is a set of rules that requires consumer products to be safe and our obligations to ensure this.

If you have any concerns about our products, you can contact us on

ProductSafety@springernature.com

In case Publisher is established outside the EU, the EU authorized representative is:

Springer Nature Customer Service Center GmbH
Europaplatz 3
69115 Heidelberg, Germany